Studienbücher Informatik

Markus Nebel

Formale Grundlagen der Programmierung

 Springer Vieweg

Prof. Dr. Markus E. Nebel
Fachbereich Informatik
Technische Universität Kaiserslautern
Deutschland

ISBN 978-3-8348-1889-8   ISBN 978-3-8348-2296-3 (eBook)
DOI 10.1007/978-3-8348-2296-3

Die Deutsche Nationalbibliothek verzeichnet diese Publikation in der Deutschen Nationalbibliografie;
detaillierte bibliografische Daten sind im Internet über http://dnb.d-nb.de abrufbar.

Springer Vieweg
© Vieweg+Teubner Verlag | Springer Fachmedien Wiesbaden 2012

Einbandentwurf: KünkelLopka GmbH, Heidelberg

Gedruckt auf säurefreiem und chlorfrei gebleichtem Papier

Springer Vieweg ist eine Marke von Springer DE.
Springer DE ist Teil der Fachverlagsgruppe Springer Science+Business Media
www.springer-vieweg.de

Vorwort

Um Aufgaben an einen Computer zu übertragen, muss über ein Programm festgelegt werden, welche Operationen er in welcher Reihenfolge ausführen soll. Ein dafür in einer höheren Programmiersprache wie C# oder Java geschriebenes Programm muss dabei in eine für den Computer (oder eine virtuelle Maschine) ausführbare Form übersetzt werden. Diese Arbeit übernehmen sog. *Compiler*, die als einen der ersten Schritte zu entscheiden haben, ob das zu verarbeitende Programm syntaktisch korrekt ist; Programme mit einem Syntaxfehler werden nicht compiliert. Doch wie kann man einem Computer beibringen, zwischen den unendlich vielen syntaktisch korrekten und inkorrekten Programmen zu unterscheiden? Und warum ist diese Gängelung des Programmierers – das eine fehlende Semikolon hätte sich der Computer doch ignorieren können – unvermeidbar? Das vorliegende Buch führt zur Beantwortung dieser und verwandter Fragen in das Gebiet der formalen Sprachen und Automaten ein und behandelt eine Fülle klassischer Konzepte und Resultate aus diesem Bereich der Theoretischen Informatik. Doch die Erkennung der korrekten Syntax eines Programmes durch den Compiler ist (im besten Fall) erst die halbe Miete. Die Übersetzung in ein äquivalentes, durch den Computer ausführbares Programm liefert die nächsten Fragen. So ist zunächst unklar, was unter *äquivalentem Programm* zu verstehen ist. Anschaulich wird klar sein, dass beide Programme dieselbe Funktionalität bereitstellen, dieselbe Funktion berechnen sollen. Doch um diese Anschauung mit Substanz zu füllen, müssen wir dem Programm in Java sowie einem Programm in Java-Bytecode der virtuellen Maschine eine eindeutige Semantik zuordnen. Auf ihrer Basis kann dann ein Äquivalenzbegriff sauber eingeführt und eine Codegenerierung aufgebaut werden. Darüber hinaus bietet eine formale Semantik die Möglichkeit zu untersuchen, ob ein gegebenes Programm tatsächlich die Funktion berechnet, für die es ersonnen wurde. Kann uns ein Computer vielleicht sogar diese Verifikation abnehmen? Aus den zuvor beschriebenen Motiven heraus bildet die Betrachtung der Semantik von Programmiersprachen den zweiten Schwerpunkt dieses Buches.

Last but not least sollte sich jeder Informatiker die Frage stellen – und dies ist zuvor bereits angeklungen – welche Aufgaben ein Computer überhaupt erledigen kann. Kann er die Korrektheit von Software verifizieren? Kann er bestimmen, ob zwei Programme für beliebige Eingaben dasselbe tun? Es mag den Laien, der einen Computer oft als "übermenschlich" leistungsfähig ansieht, verwundern, aber den Möglichkeiten einer primitiven Rechenmaschine, wie sie selbst moderne Computer darstellen, sind deutliche Grenzen gesetzt. Viele aus praktischer Sicht wünschenswerte Funktionen können von einem Computer nicht übernommen werden, und dies lässt sich mit mathematischer Rigorosität beweisen. Die zugehörigen Ideen, Konzept und Resultate bilden die dritten Säule des vorliegenden Textes. Die verwandte Fragestellung nach der effizienten algorithmischen Lösung von Problemen (das Ob und Wie) werden in dem Buch *Entwurf und Analyse von Algorithmen* [Neb12] aus derselben Reihe behandelt.

Dieses Werk ist über viele Jahre gewachsen und hat seinen Ursprung in der Vorlesung "Theoretische Informatik", die ich vor vielen Jahren bei der Hoechst AG im Zuge deren Ausbildung zum

Mathematisch Technischen Assistenten gehalten habe. Gegenstand dieser Veranstaltung waren formale Sprachen und die Berechenbarkeit. Zur Ausarbeitung meiner ersten entsprechenden Materialien benutze ich Unterlagen aus meiner Studienzeit (das Vorlesungs-Skript von Prof. Dr. Rainer Kemp zur Vorlesung "Theoretische Informatik II" an der Goethe Universität Frankfurt) sowie das Buch "Mathematik mit Kalkülen und Maschinen" von E. Cohors-Fresenborg. Seit meinem Wechsel an die Technische Universität Kaiserslautern im Jahr 2005 halte ich dort regelmäßig die Vorlesung "Formale Grundlagen der Programmierung". Entsprechend entwickelte ich das Material weiter – insbesondere war eine Anpassung an die universitäre Lehre notwendig – und Inhalte wie die formale Semantik wurden ergänzt. Für letzteres diente mir ein Vorlesungs-Skript von Prof. Dr. Helmut Seidl als Vorlage. Die zahlreichen und durchweg positiven Rückmeldungen meiner Studentinnen und Studenten zum letztlich so entstanden Manuskript haben mich schließlich dazu bewogen, das Ganze – nach einer erneuten Überarbeitung – als Buch zu veröffentlichen. Herausgekommen ist ein Werk, das im Umfang je nach Hörerschaft die in einer einzelnen Vorlesung vermittelbare Stoffmenge übersteigen kann. Es ist jedoch einfach möglich, eine sinnvolle Stoffauswahl zu treffen und dabei unterschiedliche, den Hörern angepasste Akzente zu setzen. Alle Kapitel sowie die zugehörigen Aufgaben sind dabei so gehalten, dass sie im Bachelor-Bereich unterrichtet werden können, eine mathematische Vorbildung vorausgesetzt. Auch kann das gesamte Werk problemlos für ein autodidaktisches Studium herangezogen werden und interessierte Studierende können so die in einer Vorlesung nicht behandelten Kapitel oder Sektionen eigenständig erarbeiten.

Selbstverständlich hatte ich auch Unterstützung bei der Erstellung dieses Buches, und ich möchte nicht versäumen, den beteiligten Personen (in chronologischer Reihenfolge ihrer Beiträge) zu danken. Es sind dies mein Lehrer und Mentor Prof. Dr. Rainer Kemp, der inzwischen leider verstorben ist. Herrn Uli Laube gilt mein Dank für die Erzeugung der einen oder anderen Grafik. Frank Weinberg und Hannah Fudeus trugen während der Betreuung meiner Vorlesungen in Kaiserslautern dazu bei, manchen Fehler zu entdecken und ersannen Übungsaufgaben zu dem Stoff. Herr Sebastian Wild verfasste als Tutor zur Vorlesung verschiedene den Stoff ausführlich erklärende und vertiefende Papiere, die er mir dankenswerter Weise zur Bereitstellung auf der Webseite zum Buch überlassen hat. Herrn Dr. Reinhard Kirchner danke ich für das Foto der Walther Handrechenmaschine. Als letztes möchte ich Herrn Prof. Dr. Walter Hower danken, der als Herausgeber dieser Reihe die fast finale Form des Buches Korrektur las.

Allen Studenten wünsche ich viel Vergnügen beim Studium dieses Werkes, den notwendigen Fleiß, um den behandelten Stoff zu vertiefen, und letztlich viel Freude an den dabei gewonnen Erkenntnissen und ihrer Anwendung. Allen Dozenten wünsche ich, dass ihnen das vorliegende Buch eine Hilfe dabei sein möge, den spannenden Stoff der formalen Grundlagen zu Syntax, Semantik und Berechenbarkeit zu unterrichten, und letztlich dieselbe Freude die ich verspüre, wenn ihn meine Studentinnen und Studenten schließlich verinnerlicht haben.

Kaiserslautern im März 2012   MARKUS E. NEBEL

Inhaltsverzeichnis

1 Einleitung

Die Programmierung dient keinem Selbstzweck, sondern ist Teil des Weges hin zu einer Problemlösung auf Basis eines Computers. Der Begriff des Problems ist dabei in einem technischen, mathematischen, formalen Sinne zu verstehen, hierbei aber recht weit gefasst. Wir geben einige Beispiele:

1. Wir wollen im Urlaub möglichst viele Sehenswürdigkeiten besuchen, dabei aber möglichst wenige Kilometer mit dem Auto fahren. Wir suchen also eine kürzeste Rundreise, die ausgehend von unserem jetzigen Standort jede Sehenswürdigkeit besucht und am Ende zu unserem Startpunkt zurückführt (Rundreiseproblem).

2. Wir machen eine Wanderung und wollen unseren Rucksack mit verschieden schweren Gegenständen beladen, die von unterschiedlichem Nutzen für unsere Wanderung sind. Die Kapazität des Rucksacks sei dabei mit 15 kg beschränkt. Wir suchen dann eine Bepackung des Rucksacks, die hinsichtlich des Nutzens der mitgeführten Gegenstände die Kapazität von 15 kg optimal nutzt (Rucksackproblem).

3. Aus einer Platte Holz wollen wir eine Vielzahl von Brettern aussägen, die alle verschiedene Maße haben. Dabei wollen wir bestimmen, welches Brett an welcher Stelle auszusägen ist, damit der Verschnitt minimiert wird (Cutting-Problem).

4. Wir haben ein Computerprogramm, das für manche Eingaben in eine Endlosschleife gerät, also nicht anhält. In diesem Fall liefert es dann auch kein sinnvolles Ergebnis, weshalb wir seine Ausführung für solche Eingaben gleich unterlassen wollen. Wir suchen also nach einem Hilfsprogramm, das uns für eine Eingabe bestimmt, ob unser Programm mit dieser Eingabe terminieren würde oder nicht (Halteproblem).

Mit diesem weit gefassten Problem-Begriff stellt sich sofort die Frage danach, ob wir tatsächlich alle Probleme mit Hilfe eines Computers lösen können (generelle Lösbarkeit) bzw. ob in allen Fällen eine effiziente Lösung möglich ist. Letztere Frage ist von daher interessant, da es ja sein könnte, dass es zwar ein Programm zur Lösung des betrachteten Problems gibt, das dabei aber viele Jahre an Rechenzeit benötigt, um einzelne Eingaben zu verarbeiten. Ein solches Programm wird niemand wirklich als praktikable Lösung des Problems betrachten, geschweige denn verwenden. In diesem Buch werden wir uns im vierten Kapitel mit der generellen Lösbarkeit von Problemen widmen; das Ob und Wie der effizienten Lösbarkeit wird im Buch *Entwurf und Analyse von Algorithmen* [Neb12] aus derselben Reihe behandelt.

Wissen wir, dass ein Problem gelöst werden kann und wie ein Algorithmus für seine Lösung aussieht, so ist als nächstes ein Computerprogramm zu erstellen, das diesen Algorithmus realisiert. In der Regel werden wir uns dabei einer höheren Programmiersprache wie C oder Java bedienen, und ein entsprechendes Programm verfassen. An dieses Programm müssen wir die

Forderung knüpfen, dass es syntaktisch korrekt ist und tatsächlich eine Lösung für unser anfäng-
liches Problem berechnet. Doch wie gelingt es überhaupt, die unendliche Menge aller syntaktisch
korrekten Programme einer Programmiersprache zu spezifizieren? Sicher ist nur, dass wir sie
nicht einfach alle aufzählen können – zumindest nicht, wenn wir irgendwann einmal damit fertig
werden wollen. Und unsere Aufgabe wird noch komplexer. Wirklich geeignet sind nämlich nur
solche Spezifikationen, die es uns erlauben, bei Eingabe eines Quelltextes durch den Compiler
oder den Interpreter effizient zu verifizieren, dass dieser syntaktisch korrekt ist? Die wesentlichen Konzepte zu diesem Problemkreis sind Gegenstand des zweiten Kapitels dieses Buches.
Bevor wir dann unser Programm benutzen, um Lösungen für das behandelte Problem zu erzeugen, sollten wir sicherstellen, dass es korrekt arbeitet. Doch hier sind wir schon einen Schritt zu
weit. Denn bevor ein Programm einer höheren Programmiersprache überhaupt arbeiten kann, ist
es in ein *äquivalentes* Programm in der zu unserem Computer gehörigen Maschinensprache zu
übersetzen. Äquivalent heißt dabei, dass sich das Maschinenspracheprogramm genauso verhält
wie das in der höheren Programmiersprache – doch wie verhält sich dieses? Diese Frage haben
wir noch nicht geklärt! Neben der Syntax der Programme ist nämlich auch noch deren Semantik
(Bedeutung) festzulegen. Von daher werden wir in Kapitel 3 Formalismen betrachten, die eine
Festlegung der Semantik (und vieles mehr) gestatten. Dabei gehen Syntax und Semantik Hand
in Hand, denn es gelingt nur, die Semantik syntaktisch korrekter Programme festzulegen. Entsprechend reicht das Fehlen eines Semikolons als Syntaxfehler bereits aus, damit ein Compiler
die Verarbeitung des Quellcodes verweigern muss – er kann schlicht nicht bestimmen, was das
ihm übergebene Programm denn tun soll.

Doch kommen wir zu der Frage zurück, wie wir nachweisen können, dass unser Programm korrekt arbeitet. Um zu belegen, dass dieses tatsächlich das gewünschte Verhalten besitzt, könnten
wir Tests anstellen, d. h. wir könnten für eine endliche Menge von Beispieleingaben überprüfen,
ob die erzeugte Ausgabe die gewünschte ist. Auf diesem Wege sind wir aber nicht in der Lage,
die Abwesenheit von Fehlern zu belegen. Eine große Anzahl von Eingaben, für die das korrekte
Ergebnis beobachtet wird impliziert bestenfalls eine geringere Wahrscheinlichkeit für einen Fehler. Stichproben dieser Art gestatten es lediglich, die Existenz von Fehlern zu beweisen, nämlich
genau dann, wenn wir eine glückliche Wahl unserer Testfälle treffen und eine fehlerhafte Ausgabe entdecken. Von daher bietet es sich an, nach verlässlicheren Methoden zu suchen und auch
hier werden wir erfahren, dass eine formal definierte Semantik einer Programmiersprache einen
Ansatz bietet, die Korrektheit eines Programmes im mathematischen Sinne zu beweisen.

2 Syntax von Programmiersprachen – Formale Sprachen und Automaten

In diesem Kapitel werden wir sehen, wie die formal saubere Definition der Syntax einer Programmiersprache gelingt und wie der Aufwand, den wir für die Entscheidung darüber treiben müssen, ob ein Programm syntaktisch korrekt ist oder nicht, wesentlich von der Komplexität der Strukturen abhängt, die wir in der Syntax erlauben. Auf Basis der in diesem Kontext entwickelten Theorie ist es heute möglich, einen Compiler als Praktikumsaufgabe implementieren zu lassen, wogegen die Entwicklung des ersten FORTRAN-Compilers bei IBM etwa 30 Mannjahre benötigte.

Grundlage unserer Formalisierung werden sog. *formale Sprachen* sein, deren Begrifflichkeit wir uns zunächst zuwenden.

2.1 Grundlegende Definitionen

Definition 2.1

Eine endliche, nicht leere Menge Σ bezeichnen wir als *Alphabet*. Wir definieren induktiv folgendes Produkt:

1. $\Sigma_1 := \Sigma$;

2. $\Sigma_{n+1} := \Sigma \times \Sigma_n$, $n \geq 1$.

Die Menge $\Sigma^+ := \bigcup_{n \in \mathbb{N}} \Sigma_n$ heißt die Menge aller *Wörter über* Σ. Ist $w \in \Sigma_n$, dann heißt n die *Länge* von w (Schreibweise $|w|$), mit $|w|_s$, $s \in \Sigma$, bezeichnen wir die Anzahl der Vorkommen des Symbols s in w. Anstelle von $w = (s_1, s_2, \ldots, s_n) \in \Sigma^+$ schreiben wir vereinfacht $w = s_1 s_2 \ldots s_n$.

Definition 2.2

Seien $u = u_1 u_2 \ldots u_n \in \Sigma^+$ und $v = v_1 v_2 \ldots v_m \in \Sigma^+$ zwei Wörter über Σ, dann heißt die Verknüpfung $\cdot \in \mathrm{ABB}(\Sigma^+ \times \Sigma^+, \Sigma^+)$ mit

$$u \cdot v := u_1 u_2 \ldots u_n v_1 v_2 \ldots v_m$$

Konkatenation von u und v. Für $\underbrace{u \cdot u \cdots u}_{n\text{-mal}}$ schreiben wir u^n, anstelle von $u \cdot v$ schreiben wir vereinfacht uv.

Das *leere Wort* ε erfüllt

$$\varepsilon \cdot v = v \cdot \varepsilon = v$$

für alle $v \in \Sigma^+$; entsprechend gilt $|\varepsilon| = 0$ und wir definieren $\Sigma^\star := \Sigma^+ \cup \{\varepsilon\}$. Des Weiteren definieren wir $u^0 := \varepsilon$ für alle $u \in \Sigma^\star$.

Bemerkung 2.1

Jedes Wort $w \in \Sigma^+$ läßt sich eindeutig als Produkt von Elementen aus Σ darstellen. $(\Sigma^+, \cdot)$ ist eine freie, links- und rechtskürzbare Halbgruppe, $(\Sigma^\star, \cdot)$ ist ein freies Monoid mit Eins-Element ε.

Definition 2.3

Sei Σ ein Alphabet. Eine Teilmenge $\mathscr{L} \subseteq \Sigma^\star$ heißt *formale Sprache über* Σ. Für $\mathscr{L}_1, \mathscr{L}_2 \subseteq \Sigma^\star$ definieren wir

- $\mathscr{L}_1 \cdot \mathscr{L}_2 := \{uv \mid u \in \mathscr{L}_1 \wedge v \in \mathscr{L}_2\}$;
- $(\mathscr{L}_1)^+ := \bigcup_{i \geq 1} \mathscr{L}_1^i$ für $\mathscr{L}_1^1 := \mathscr{L}_1$ und $\mathscr{L}_1^i := \mathscr{L}_1 \cdot \mathscr{L}_1^{i-1}, i > 1$;
- $(\mathscr{L}_1)^\star := (\mathscr{L}_1)^+ \cup \{\varepsilon\}$.

Beispiel 2.1

Mit $\Sigma = \{a, b\}$ ist $\mathscr{L} := \{a^n b^n \mid n \in \mathbb{N}\}$ eine formale Sprache über Σ. Es ist $\mathscr{L} \cdot \mathscr{L} = \mathscr{L}^2 = \{a^n b^n a^m b^m \mid m, n \in \mathbb{N}\}$. Es ist $\varepsilon \notin \mathscr{L}$, mit $\mathscr{L}' := \{a^n b^n \mid n \in \mathbb{N}_0\}$ gilt aber $\varepsilon \in \mathscr{L}'$, da $a^0 b^0 = \varepsilon$.

Es ist nun möglich, die Menge aller syntaktisch korrekten Programme einer gegebenen Programmiersprache als eine formale Sprache über einem geeignet gewählten Alphabet aufzufassen. Es stellt sich dann sofort die Frage nach einer kompakten Beschreibung dieser Sprache, die von der Aufzählung all ihrer Elemente absieht (lässt man beliebig große Programme zu, ist die Menge aller syntaktisch korrekten Programme in der Regel unendlich, womit die Aufzählung als Beschreibung ohnehin entfällt).

Definition 2.4

Eine *Chomsky-Grammatik* G ist ein 4-Tupel $G = (I, T, P, S)$ mit

1. I ist eine endliche Menge (von Nichtterminalen/Hilfszeichen),

2. T ist eine endliche Menge (von Terminalen),

3. $I \cap T = \emptyset$,

4. $S \in I$ ist das *Startsymbol* oder *Axiom*,

5. $P \subseteq (I \cup T)^\star I (I \cup T)^\star \times (I \cup T)^\star$ ist eine endliche Relation (*Produktionssystem*); $(\alpha, \beta) \in P$ heißt *Produktion*.

Wir schreiben auch $\alpha \rightarrow \beta$ anstelle von $(\alpha, \beta) \in P$.

Bemerkung 2.2

Wenn nichts anderes angegeben wird, bezeichnen im Rest dieses Kapitel Großbuchstaben Hilfs- und Kleinbuchstaben Terminalzeichen. Wir verwenden griechische Buchstaben, um Wörter aus Nichterminalen und Terminalen zu bezeichnen.

Definition 2.5

Sei $G = (I, T, P, S)$ eine Chomsky-Grammatik und seien $\alpha, \beta \in (I \cup T)^\star$. β heißt *direkt ableitbar* aus α (Schreibweise $\alpha \Rightarrow \beta$), falls gilt:

$$(\exists \alpha_1, \alpha_2, \alpha', \beta' \in (I \cup T)^\star)(\alpha = \alpha_1 \alpha' \alpha_2 \wedge \beta = \alpha_1 \beta' \alpha_2 \wedge (\alpha', \beta') \in P).$$

β heißt *ableitbar* aus α, falls $\alpha \overset{\star}{\Rightarrow} \beta$ mit $\overset{\star}{\Rightarrow} := (\Rightarrow)^\star$ (hier bezeichnet $\star$ die reflexive, transitive Hülle der Relation $\Rightarrow$).

Beispiel 2.2

Sei $G = (\{S,A,B\},\{a,b\},P,S)$ mit $P = \{S \to aSA,\ S \to aB,\ BA \to bBa,\ aA \to Aa,\ B \to ba\}$. Es ist $S \Rightarrow aSA \Rightarrow aaSAA \Rightarrow aaaBAA \Rightarrow aaabBaA \Rightarrow aaabbaaA \Rightarrow aaabbaAa \Rightarrow \ldots$ und entsprechend $S \overset{*}{\Rightarrow} aaabbaAa$. Eine solche Folge von Ableitungsschritten nennen wir *Ableitung* (hier von *aaabbaAa*) bzgl. der Grammatik G.

Definition 2.6

Sei $G = (I,T,P,S)$ eine Chomsky-Grammatik. Die Menge der *Satzformen* $\vartheta(G)$ ist definiert als

$$\vartheta(G) := \{\alpha \in (I \cup T)^\star \mid S \overset{*}{\Rightarrow} \alpha\}.$$

Die Menge $\mathscr{L}(G) := \vartheta(G) \cap T^\star$ heißt die von G *erzeugte Sprache*.

Beispiel 2.3

Betrachte die Grammatik aus Beispiel 2.2. Man erkennt,

- $S \to aSA$ und $S \to aB$ erzeugen genau die Wörter der Form $a^n B A^{n-1}$, $n \geq 2$.

- $B \to ba$ kann erst angewendet werden, wenn kein A mehr auftritt; wird nämlich $B \to ba$ früher angewandt, dann kann $BA \to bBa$ (diese Produktion eliminiert A) nicht mehr benutzt werden.

- Um also alle A zu eliminieren, muss $BA \to bBa$ genau $(n-1)$-mal angewendet werden, was durch $aA \to Aa$ ermöglicht wird. Damit ergibt sich

$$S \overset{*}{\Rightarrow} a^n B A^{n-1} \overset{*}{\Rightarrow} a^n b^{n-1} B a^{n-1}.$$

- Die Produktion $B \to ba$ erzeugt hieraus das Wort $a^n b^n a^n$, $n \geq 2$.

Mit $S \Rightarrow aB \Rightarrow aba$ liefert die Formalisierung dieser Argumentation $\mathscr{L}(G) = \{a^n b^n a^n \mid n \in \mathbb{N}\}$.

Definition 2.7

Sei $G = (I,T,P,S)$ eine Chomsky-Grammatik.

G heißt vom *Typ 0*, falls $P \subseteq I^+ \times (I \cup T)^\star$ gilt.

G heißt *kontextsensitiv-löschend*,
falls $(\forall(\alpha,\beta) \in P)(\alpha = \alpha_1 A \alpha_2 \wedge \beta = \alpha_1 \gamma \alpha_2 \wedge A \in I \wedge \alpha_1, \alpha_2, \gamma \in (I \cup T)^\star)$.

G heißt *monoton*, falls $(\forall(\alpha,\beta) \in P)(|\alpha| \leq |\beta|)$. Die einzige mögliche Ausnahme ist die Regel $S \to \varepsilon$; wenn P diese Regel enthält, so darf S auf keiner rechten Seite einer Regel aus P vorkommen.

G heißt *kontextsensitiv* (oder *vom Typ 1*), falls $(\forall(\alpha,\beta) \in P)(\alpha = \alpha_1 A \alpha_2 \wedge \beta = \alpha_1 \gamma \alpha_2 \wedge A \in I \wedge \alpha_1, \alpha_2 \in (I \cup T)^\star \wedge \gamma \in (I \cup T)^+)$. Die einzige mögliche Ausnahme ist die Regel $S \to \varepsilon$; wenn P diese Regel enthält, so darf S auf keiner rechten Seite einer Regel aus P vorkommen.

G heißt *kontextfrei* (oder *vom Typ 2*), falls $P \subseteq I \times (I \cup T)^\star$ gilt.

G heißt *linear*, falls $P \subseteq I \times T^\star \{I,\varepsilon\} T^\star$ gilt.

G heißt *rechtslinear* (oder *vom Typ 3*), falls $P \subseteq I \times T^\star \{I,\varepsilon\}$ gilt.

G heißt *linkslinear*, falls $P \subseteq I \times \{I,\varepsilon\} T^\star$ gilt.

Beispiel 2.4

(a) Mit $G = (\{S,A,B,C\},\{a,b,c\},P,S)$, $P = \{S \to ABC, A \to a, aB \to b, C \to c\}$ ist G nicht vom Typ 0, da $(aB,b) \in P$; G ist nicht kontextsensitiv-löschend (warum?), aber G ist eine Chomsky-Grammatik.

(b) $G = (\{S,A,B\},\{a,b\},P,S)$ mit $P = \{S \to AB, AB \to BA, A \to a, B \to b\}$ ist vom Typ 0, aber weder kontextsensitiv-löschend noch kontextsensitiv.

(c) $G = (\{S,A\},\{a,b\},P,S)$ mit $P = \{S \to aSb, S \to ab\}$ ist kontextfrei und linear.

Satz 2.1

Zu jeder Chomsky-Grammatik $G = (I,T,P,S)$ existiert eine Chomsky-Grammatik $G' = (I',T,P',S)$ mit

1. $\mathcal{L}(G) = \mathcal{L}(G')$,

2. $P' \subseteq (I'^{+} \times I'^{\star}) \cup (I' \times T)$.

Ist G vom Typ 0, kontextsensitiv-löschend, kontextsensitiv oder kontextfrei, so ist dies auch G'.

Beweis: Sei G die betrachtete Grammatik und $I' := I \dot\cup \{A_a \mid a \in T\}$.
Definiere $\varphi \in \mathsf{ABB}(I \cup T, I' \cup T)$ durch

$$\varphi(X) = \begin{cases} X & \text{falls } X \in I \\ A_X & \text{falls } X \in T \end{cases}.$$

Sei $\tilde\varphi$ die Fortsetzung von φ zu einem Homomorphismus. Wir definieren P' durch

$$P' = \{(\tilde\varphi(\alpha), \tilde\varphi(\beta)) \mid (\alpha,\beta) \in P\} \cup \{(A_a,a) \mid a \in T\}.$$

Es folgt leicht, dass $\mathcal{L}(G) = \mathcal{L}(G')$ gilt und G' ist vom gleichen Typ wie G. Offensichtlich erfüllt P' die Bedingung 2. $\qquad\square$

Beispiel 2.5

Betrachte G aus vorherigem Beispiel (a). G' gemäß Satz 2.1 ist $G' = (\{S,A,B,C,A_a,A_b,A_c\},\{a,b,c\},P',S)$ mit $P' = \{S \to ABC, A \to A_a, A_aB \to A_b, C \to A_c, A_a \to a, A_b \to b, A_c \to c\}$.

Passend zu den verschiedenen Typen einer Chomsky-Grammatik definieren wir die Klassen all der Sprachen, die von einer Grammatik des jeweiligen Typs erzeugt werden können. Dabei sei nachfolgend $G = (I,T,P,S)$ stets eine Chomsky-Grammatik:

$$
\begin{aligned}
\mathsf{CHL}(T) &:= \{\mathcal{L} \subseteq T^{\star} \mid (\exists G = (I,T,P,S))(G \text{ ist beliebig} \wedge \mathcal{L} = \mathcal{L}(G))\}, \\
\mathsf{CHL0}(T) &:= \{\mathcal{L} \subseteq T^{\star} \mid (\exists G = (I,T,P,S))(G \text{ ist vom Typ } 0 \wedge \mathcal{L} = \mathcal{L}(G))\}, \\
\mathsf{CSLL}(T) &:= \{\mathcal{L} \subseteq T^{\star} \mid (\exists G = (I,T,P,S))(G \text{ ist kontextsensitiv-löschend} \wedge \mathcal{L} = \mathcal{L}(G))\}, \\
\mathsf{CSL}(T) &:= \{\mathcal{L} \subseteq T^{\star} \mid (\exists G = (I,T,P,S))(G \text{ ist kontextsensitiv} \wedge \mathcal{L} = \mathcal{L}(G))\}, \\
\mathsf{CFL}(T) &:= \{\mathcal{L} \subseteq T^{\star} \mid (\exists G = (I,T,P,S))(G \text{ ist kontextfrei} \wedge \mathcal{L} = \mathcal{L}(G))\}, \\
\mathsf{LINL}(T) &:= \{\mathcal{L} \subseteq T^{\star} \mid (\exists G = (I,T,P,S))(G \text{ ist linear} \wedge \mathcal{L} = \mathcal{L}(G))\}, \\
\mathsf{RLINL}(T) &:= \{\mathcal{L} \subseteq T^{\star} \mid (\exists G = (I,T,P,S))(G \text{ ist rechtslinear} \wedge \mathcal{L} = \mathcal{L}(G))\}, \\
\mathsf{LLINL}(T) &:= \{\mathcal{L} \subseteq T^{\star} \mid (\exists G = (I,T,P,S))(G \text{ ist linkslinear} \wedge \mathcal{L} = \mathcal{L}(G))\}.
\end{aligned}
$$

Bemerkung 2.3

Da eine Chomsky-Grammatik vom Typ 0 ein Spezialfall einer beliebigen Chomsky-Grammatik ist, folgt $\mathsf{CHL0}(T) \subseteq \mathsf{CHL}(T)$. Da für G eine beliebige Chomsky-Grammatik die Grammatik G' in Satz 2.1 vom Typ 0 ist, folgt $\mathsf{CHL}(T) \subseteq \mathsf{CHL0}(T)$ und damit insgesamt $\mathsf{CHL0}(T) = \mathsf{CHL}(T)$.

Definition 2.8

Eine Familie[1] $\mathscr{L}$ von Sprachen heißt *abgeschlossen* unter einer Operation ω, wenn die Anwendung von ω auf Sprachen aus $\mathscr{L}$ wieder Sprachen aus $\mathscr{L}$ liefert.

Wir werden später die Abschlusseigenschaften beispielsweise der durch kontextfreie Grammatiken erzeugten Sprachen untersuchen, wobei in Ergänzung zu Definition 2.3 die nachfolgend aufgelisteten Operationen Gegenstand unserer Untersuchungen sein werden. Weil Sprachen zunächst vor allem Wortmengen sind, betrachten wir als erstes die

- **mengentheoretischen Operationen**

$$
\begin{aligned}
L_1 \cup L_2 &:= \{w \mid w \in L_1 \ \vee \ w \in L_2\} \\
L_1 \cap L_2 &:= \{w \mid w \in L_1 \ \wedge \ w \in L_2\} \\
L_1 \setminus L_2 &:= \{w \mid w \in L_1 \ \wedge \ w \notin L_2\} \quad \text{(Differenz)} \\
L_1 / L_2 &:= \{x \mid (\exists y \in L_2)(xy \in L_1)\} \quad \text{(Rechtsquotient)} \\
\complement_\Sigma L &:= \Sigma^* \setminus L \quad \text{(Komplement bzgl. Alphabet } \Sigma \text{ mit } L \subseteq \Sigma^*\text{)}
\end{aligned}
$$

- **Spiegelbild** einer Sprache $L \subseteq \Sigma^\star$

$$
L^R = \{w^R \mid w \in L\},
$$

wobei mit $w = w_1 w_2 \cdots w_n$, $w_i \in \Sigma$, $1 \le i \le n$, $w^R = w_n w_{n-1} \cdots w_1$ gilt.

- **Substitution auf** Σ

  Sei Σ ein Alphabet; für jedes $a \in \Sigma$ sei Σ_a ein Alphabet und $\tau(a) \subseteq \Sigma_a^\star$; die Abbildung ($\wp$ bezeichne die Potenzmenge)

$$
\tau \colon \Sigma^\star \to \wp\bigl((\cup_{a \in \Sigma} \Sigma_a)^\star\bigr)
$$

mit $\quad \tau(\varepsilon) = \varepsilon, \quad \tau(x_1 \ldots x_n) = \tau(x_1) \ldots \tau(x_n) \quad$ für $x_1, \ldots, x_n \in \Sigma$ heißt *Substitution* auf Σ.

Wir erweitern τ zu einer Abbildung auf Sprachen

$$
\tau \colon \wp(\Sigma^\star) \to \wp\bigl((\cup_{a \in \Sigma} \Sigma_a)^\star\bigr)
$$

gemäß

$$
\tau(\mathscr{L}) = \{x \mid x \in \tau(w) \quad \text{für ein} \quad w \in \mathscr{L}\}.
$$

Eine Substitution τ heißt *ε-frei*, wenn $\varepsilon \notin \tau(a)$ für jedes $a \in \Sigma$.

---

[1] Als Familien werden wir vor allem jene formale Sprachen untersuchen, die durch eine Chomsky-Grammatik desselben Typs erzeugt werden können.

- **Homomorphismus** auf Σ

    Seien Σ und Γ Alphabete; eine Abbildung $h\colon \Sigma^\star \to \Gamma^\star$ mit $h(xy) = h(x)h(y)$ heißt *Homomorphismus* auf $\Sigma^\star$ in $\Gamma^\star$. Ein Homomorphismus ist festgelegt durch Vorgabe von $h(a)$ für jedes $a \in \Sigma$ und die Erweiterung auf $\Sigma^\star$ gemäß $h(\varepsilon) = \varepsilon$ und $h(x_1 \ldots x_n) = h(x_1) \ldots h(x_n)$.

    Die Erweiterung zu einer Abbildung $h\colon \wp(\Sigma^\star) \to \wp(\Gamma^\star)$ wird wie bei Substitutionen erklärt.

    Ein Homomorphismus h heißt ε-frei, wenn $h(a)$ ε-frei ist für jedes $a \in \Sigma$.

Bemerkung 2.4

1. Ist τ Substitution auf Σ und enthält jedes $\tau(a)$, $a \in \Sigma$, genau ein Wort, so ist τ ein Homomorphismus.

2. Der oben eingeführte Begriff des Homomorphismus entspricht der üblichen Definition eines Homomorphismus eines Monoids auf ein anderes.

Bevor wir unseren Programmen eine Bedeutung zuordnen können, ist zu entscheiden, ob ein vorgelegter Programmtext auch tatsächlich ein syntaktisch korrektes Programm in der betrachteten Programmiersprache darstellt. Diese Entscheidung bezeichnet man als *Wortproblem* – für $\mathscr{L}$ die (formale) Sprache aller syntaktisch korrekten Programme ist $w \in \mathscr{L}$ bzw. $w \notin \mathscr{L}$ zu entscheiden. Geht man noch einen Schritt weiter und fragt für $w \in \mathscr{L}$ danach, welche Ableitungen für w und eine die Sprache $\mathscr{L}$ erzeugende Grammatik G existieren, so spricht man vom *Analyseproblem*.

Bemerkung 2.5

Für eine Menge A bezeichnen wir die Funktion

$$\chi_A(x) := \begin{cases} 1 & \text{falls } x \in A \\ 0 & \text{falls } x \notin A \end{cases}$$

als *charakteristische Funktion der Menge A*. Damit liegt das Wortproblem zur Sprache $\mathscr{L}$ in der Berechnung der Funktion $\chi_{\mathscr{L}}$.

Bemerkung 2.6

Ein alternativer Formalismus zur Erzeugung von Sprachen ist das *Kalkül*, das wie folgt definiert ist: Ein Kalkül ist gegeben durch zwei Alphabete, das Zeichenalphabet A und das Variablenalphabet V, wobei $A \cap V = \emptyset$ gilt, sowie eine (potentiell unendliche) Menge von Regeln. Jede Regel hat die Gestalt

$$\frac{\alpha_1, \ldots, \alpha_n}{\beta} \quad \text{oder} \quad \frac{}{\beta} \; ,$$

wobei die α_i und β Wörter über dem Alphabet $A \cup V$ sind, die α_i heißen die *Prämissen*, β heißt die *Konklusion* der Regel, $1 \leq i \leq n$.

Als Beispiel betrachten wir die *Aussageformen* $\mathscr{A}_X$ über der Variablenmenge $X = \{x_1, x_2, x_3\}$. Wir setzen $A := X \cup \{(,), \neg, \wedge, \vee, \Rightarrow, \Leftrightarrow\}$ und $V = \{\varphi, \psi\}$ und verwenden zur Erzeugung der Aussageformen die folgenden Regeln:

$$\frac{}{x}, \; \frac{\varphi}{(\neg \varphi)}, \; \frac{\varphi, \psi}{(\varphi \circ \psi)}, \text{ für alle } x \in X \text{ und } \circ \in \{\wedge, \vee, \Rightarrow, \Leftrightarrow\}.$$

Da eine Regel ohne Prämisse stets angewendet werden kann, ist jede der Variable x_1, x_2 und x_3 für sich eine syntaktisch korrekte Aussageform. Auf solche können wir aber auch Regeln mit Prämissen anwenden, wobei die Variablen der Prämissen mit bereits abgeleiteten Wörtern zu belegen sind. Setzen wir dabei $\varphi = x_1$ und $\psi = x_2$ so können wir mit Hilfe der Regel $\frac{\varphi, \psi}{(\varphi \wedge \psi)}$ die Aussageform $(x_1 \wedge x_2)$ ableiten; wenden wir auf diese und erneut auf x_1 die Regel $\frac{\varphi, \psi}{(\varphi \Rightarrow \psi)}$ an, so resultiert $((x_1 \wedge x_2) \Rightarrow x_1)$.

Allgemein wird eine Regel wie folgt angewandt: Die Variablen ihrer Prämissen werden mit bereits abgeleiteten Wörtern belegt. Von dieser Belegung abhängig wird das Resultat der Regelanwendung bestimmt, indem jedes Vorkommen einer Variable in der Konklusion durch das Wort entsprechend ihrer Belegung ersetzt wird. Entsteht so das Wort W und wurden die Wörter $W_1, \ldots, W_n$ verwendet, um die Prämissen zu belegen, so sagt man, das Wort W sei mit Hilfe einer Kalkülregel aus den Wörtern $W_1, \ldots, W_n$ direkt *abgeleitet* worden. Allgemein gilt, dass eine *Ableitung* für ein Wort W innerhalb eines Kalküls durch eine Folge $(\phi_1, \phi_2, \phi_3, \ldots, \phi_n)$ gegeben ist, wobei $\phi_n = W$ ist und für ϕ_i, $1 \leq i \leq n$, gilt, dass ϕ_i die Konklusion einer Regel ist, deren Prämissen alle mit Wörtern aus $\{\phi_1, \ldots, \phi_{i-1}\}$ belegt wurden. Man beachte, dass damit ϕ_1 stets die Konklusion eines Axioms sein muss, was auch bedeutet, dass ein Kalkül zur Erzeugung (Ableitung) von Wörtern mindestens eine Regel ohne Prämisse haben muss, damit der Ableitungsprozess überhaupt gestartet werden kann.

Mit unserem vorherigen Beispiel korrespondiert die Ableitung $\big(x_1, x_2, (x_1 \wedge x_2), ((x_1 \wedge x_2) \Rightarrow x_1)\big)$. Dabei wurde x_1 doppelt verwendet, ohne dass eine mehrfache Erzeugung gefordert wurde.

Ein Wort W heißt in einem Kalkül K *ableitbar* (Bezeichnung $\vdash_K W$), wenn es in dem Kalkül K eine Ableitung für W gibt.

Anwendungen der Kalküle werden wir später im Verlauf dieser Abhandlung kennenlernen; weitere Details und Beispiele finden sich in den Aufgaben.

2.2 Das Wort- und Analyseproblem

Um das Wortproblem zu lösen, werden wir Modelle von Rechenmaschinen betrachten, die dafür konstruiert sind, Wörter als Eingaben zu verarbeiten. In einem abstrakten Sinn sind diese Maschinen programmierbar und eine jede Sprache wird sich mittels einer passend programmierten Maschine *erkennen* lassen. Unter *erkennen* verstehen wir dabei den Umstand, dass uns die Maschine signalisiert, ob oder ob nicht das eingegebene Wort zur betrachteten Sprache gehört. Für die verschiedenen Sprachklassen wird es notwenig sein, auf verschieden komplexe Maschinenmodelle zurückzugreifen. Mit dem einfachsten unter ihnen wollen wir beginnen.

2.2.1 Endliche Automaten

Definition 2.9

Ein *nichtdeterministischer endlicher Automat* (NEA) ist ein 5-Tupel $A = (Z, T, \delta, z_0, E)$, mit

(a) Z ist eine endliche Menge von *Zuständen*,

(b) T ist das Alphabet der *Eingabezeichen*,

(c) $\delta \subseteq (Z \times (T \cup \{\varepsilon\})) \times Z$ ist eine endliche Relation (*Transfer-Relation*),

(d) $z_0 \in Z$ ist der *Startzustand*,

(e) $E \subseteq Z$ sind die *Endzustände*.

Anschaulich ist die Funktionsweise eines NEA A die folgende: A hat ein Eingabeband, auf dem ein Eingabewort symbolweise abgespeichert ist. Des Weiteren verfügt der Automat über einen

Lesekopf, der ihm jeweils ein Symbol des Eingabebandes ausliest. Zu Beginn einer Berechnung steht der Lesekopf immer auf dem ersten Symbol der Eingabe.

Befindet sich A im Zustand $z \in Z$ und ist das Zeichen unter dem Lesekopf gleich $a \in T$, so verhält sich A wie folgt:

- Falls $((z, \varepsilon), z') \in \delta$, dann bleibt der Lesekopf auf derselben Position stehen und A wechselt in den Zustand z'. Eine solche Zustandsänderung bezeichnen wir als ε-*Übergang*.

- Falls $((z, a), z') \in \delta$, dann bewegt A seinen Lesekopf um ein Symbol nach rechts und A geht in den Zustand z'.

Da δ eine Relation ist, ist der Folgezustand z' bei gegebenen Zustand z und Eingabezeichen $a \in T$ nicht zwingend eindeutig bestimmt. Es ist dies der Grund, warum wir den Automaten als *nichtdeterministisch* bezeichnen. Dabei ist zu bemerken, dass die Möglichkeit eines ε-Übergangs nicht davon abhängt, welches Zeichen der Automat gerade liest, sondern nur von der Programmierung der endlichen Kontrolle (Zustandsmenge und Überführungsrelation). Sieht diese für den aktuellen Zustand die Möglichkeit eines ε-Übergangs vor, so ist dieser immer möglich, egal welches Zeichen der Lesekopf liest. Wir wollen nun sehen, wie wir diese Anschauung einer Berechnung formalisieren können:

Definition 2.10
Sei $A = (Z, T, \delta, z_0, E)$ ein NEA. Ein Wort $k \in T^\star Z T^\star$ heißt *Konfiguration*. Die Relation $\vdash_A \subseteq (T^\star Z T^\star)^2$ ist definiert durch $(u, v \in T^\star, a \in T \cup \{\varepsilon\}, z \in Z)$:

$$uzav \vdash_A \begin{cases} uaz'v & \text{falls } ((z, a), z') \in \delta \\ uz'av & \text{falls } ((z, \varepsilon), z') \in \delta \end{cases}.$$

Anschaulich ist A in der Konfiguration $uzav$, falls sich A im Zustand z befindet, die gesamte Eingabe das Wort uav ist und der Lesekopf auf dem Zeichen a steht.

Definition 2.11
Sei $A = (Z, T, \delta, z_0, E)$ ein NEA. Die Menge $T(A) := \{w \in T^\star \mid (\exists z \in E)(z_0 w \vdash_A {}^\star wz)\}$ heißt die von A *akzeptierte Wortmenge* (hierbei ist $\vdash_A {}^\star$ wieder die reflexive, transitive Hülle der Relation $\vdash_A$).

Damit ist festgelegt, wie wir das Wortproblem mittels eines NEA lösen; all jene Eingabewörter, für die es möglich ist, dass der NEA nach dem Lesen aller Eingabezeichen in einen Endzustand gelangt, werden als Elemente der erkannten formalen Sprache betrachtet. Es wird nun darum gehen, zu klären, welche Sprachen wir so akzeptieren können und ob der Nichtdeterminismus und die ε-Übergänge dabei von Bedeutung sind.

Definition 2.12

Sei $A = (Z, T, \delta, z_0, E)$ ein NEA. A heißt *deterministisch* (DEA), falls für alle $a \in T \cup \{\varepsilon\}$ gilt:

(i) $((z, a), z') \in \delta \wedge ((z, a), z'') \in \delta \curvearrowright z' = z''$, und

(ii) $((z, \varepsilon), z') \in \delta \curvearrowright ((z, b), z'') \notin \delta$ für alle $z'' \in Z$ und alle $b \in T$.

A heißt *eindeutig*, falls für $w \in T(A)$ genau eine Folge $z_0, z_1, z_2, \ldots, z_k$ mit

$$z_0 w \vdash_A \alpha_1 z_1 \beta_1 \vdash_A \alpha_2 z_2 \beta_2 \vdash_A \ldots \vdash_A w z_k$$

und $z_k \in E$ existiert. A heißt *ε-frei*, falls es keine Zustände z, z' mit $((z, \varepsilon), z') \in \delta$ gibt. Wir nennen A *vollständig spezifiziert*, falls $(\forall (z, a) \in Z \times T)(|\delta(z, a)| \geq 1)$.

Beispiel 2.6

Betrachte den endlichen Automaten $A = (\{z_0, z_1, z_2, z_3\}, \{0, 1\}, \delta, z_0, \{z_2, z_3\})$ mit $\delta = \{((z_0, 0), z_0), ((z_0, 1), z_1), ((z_0, \varepsilon), z_2), ((z_1, 0), z_3), ((z_1, 1), z_2), ((z_2, 1), z_2), ((z_2, 0), z_1), ((z_3, 0), z_3), ((z_3, 1), z_1), ((z_3, \varepsilon), z_3), ((z_3, \varepsilon), z_2)\}$. Wir können einen endlichen Automaten stets in Form eines *Transfergraphen* darstellen; einem Digraph, dessen Knoten die Zustände und dessen Kanten die Zustandsübergänge (Transfer-Relation) repräsentieren, wobei Markierungen der Kanten angeben, welche Symbole an den Transitionen beteiligt sind. Der Transfergraph zu unserem Beispielautomaten A ist nachfolgend angegeben.

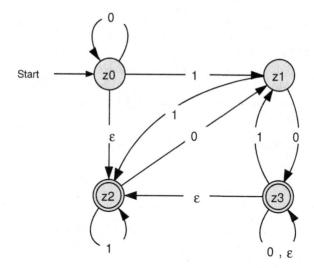

Der Automat A ist vollständig spezifiziert. A ist nichtdeterministisch, da z.B. $((z_3, \varepsilon), z_3) \in \delta \wedge ((z_3, \varepsilon), z_2) \in \delta$ oder $((z_0, 0), z_0) \in \delta \wedge ((z_0, \varepsilon), z_2) \in \delta$ gilt. Es ist $w = 0110001 \in T(A)$, da $z_0 0110001 \vdash_A 0 z_0 110001 \vdash_A 01 z_1 10001 \vdash_A 011 z_2 0001 \vdash_A 0110 z_1 001 \vdash_A 01100 z_3 01 \vdash_A 01100 z_2 01 \vdash_A 011000 z_1 1 \vdash_A 0110001 z_2$ und $z_2 \in E$ gilt. Der drittletzte Schritt ist dabei ein nichtdeterministischer; A hätte hier auch die 0 verarbeiten und im Zustand z_3 verbleiben können. A ist auch nicht eindeutig, da z.B. $z_0 101 \vdash_A 1 z_1 01 \vdash_A 10 z_3 1 \vdash_A 10 z_2 1 \vdash_A 101 z_2$ und $z_0 101 \vdash_A z_2 101 \vdash_A 1 z_2 01 \vdash_A 10 z_1 1 \vdash_A 101 z_2$ zwei verschiedene Berechnungen sind, die das Wort 101 akzeptieren.

Bemerkung 2.7

1. Es gilt: A deterministisch $\curvearrowright$ A eindeutig. Die Umkehrung ist im Allgemeinen falsch!

2. Ein NEA $A = (Z, T, \delta, z_0, E)$ lässt sich stets auch als Transfertafel darstellen:

Z	a_1	a_2	$\dots$	a_r	$\dots$
			$T \cup \{\varepsilon\}$		
z_0					
z_1					
$\vdots$					
z_i				$\delta(z_i, a_r)$	
$\vdots$					

3. Ist A ein DEA, dann ist δ rechtseindeutig, d. h. δ ist eine Funktion $Z \times (T \cup \{\varepsilon\}) \to Z$. Wir schreiben dann anstatt $((z,a),z') \in \delta$ vereinfacht $\delta(z,a) = z'$. δ lässt sich auf $T^\star$ zu $\underline{\delta}$ fortsetzen durch $\underline{\delta}(z,\varepsilon) = z$, $\underline{\delta}(z,ax) = \underline{\delta}(\delta(z,a),x)$, wobei $x \in T^\star$ und $a \in T$ gilt.

Falls nicht ausdrücklich ausgeschlossen, sind im Folgenden alle endlichen Automaten vollständig spezifiziert.

Satz 2.2
Zu jedem NEA $A = (Z, T, \delta, z_0, E)$ existiert ein DEA $B = (Q, \Sigma, \phi, q_0, F)$ mit $T(A) = T(B)$.

Beweis: Definiere $\mathscr{E}_0 \subseteq Z \times Z$ durch $(z, z') \in \mathscr{E}_0 \leftrightarrow ((z,\varepsilon), z') \in \delta$. Sei $\mathscr{E}$ die reflexive, transitive Hülle von $\mathscr{E}_0$, d. h. $\mathscr{E} := \mathscr{E}_0^\star$. Anschaulich bedeutet $(z, z') \in \mathscr{E}$, dass entweder $z = z'$ gilt, oder der NEA A die Möglichkeit hat, alleine durch ε-Übergänge, d. h. ohne ein einziges Symbol zu verarbeiten, vom Zustand z in den Zustand z' gelangen kann.
Wir definieren B wie folgt:

- $Q := \wp(Z)$ ($\wp$ bezeichne die Potenzmenge),

- $\Sigma := T$,

- $\phi : Q \times \Sigma \to Q$ mit

$$\phi(V, a) := \{z' \mid (\exists z \in Z)(\exists v \in V)(((v,a),z) \in \delta \wedge (z,z') \in \mathscr{E})\},$$

- $q_0 := \{z \in Z \mid (z_0, z) \in \mathscr{E}\}$,

- $F := \{X \in Q \mid X \cap E \neq \emptyset\}$.

Wir zeigen: $\bar{z} \in \phi(q_0, x) \leftrightarrow (\exists r \geq 0)(\exists b_1, \dots, b_r \in T \cup \{\varepsilon\})(\exists z_0, z_1, \dots, z_r \in Z)(x = b_1 \dots b_r \wedge z_r = \bar{z} \wedge (\forall i \in [0:r[)(((z_i, b_{i+1}), z_{i+1}) \in \delta))$.

Induktion über $|x|$: $|x| = 0 \curvearrowright x = \varepsilon$. Nach Definition von $\underline{\phi}$ gilt $\phi(q_0, \varepsilon) = q_0$ und damit $\bar{z} \in \phi(q_0, \varepsilon) \leftrightarrow (z_0, \bar{z}) \in \mathscr{E} = \mathscr{E}_0^\star \leftrightarrow (\exists r \geq 0)(\exists z_0, \dots, z_r \in Z)(z_r = \bar{z} \wedge (\forall i \in [0:r[)((z_i, z_{i+1}) \in \mathscr{E}_0))$. Da $(z_i, z_{i+1}) \in \mathscr{E}_0 \leftrightarrow ((z_i, \varepsilon), z_{i+1}) \in \delta$, gilt die Behauptung mit $b_i = \varepsilon$, $1 \leq i \leq r$.

Sei die Aussage richtig für alle x mit $|x| = k$. Wir zeigen, die Aussage ist richtig für xb_{r+1}, $b_{r+1} \in T$ (und damit für ein Wort der Länge $k+1$). Es gilt:

$$
\begin{aligned}
\underline{\phi}(q_0, xb_{r+1}) &= \underline{\phi}(\underline{\phi}(q_0, x), b_{r+1}) = \phi(\underline{\phi}(q_0, x), b_{r+1}) \\
&= \{z' \mid (\exists z_{r+1} \in Z)(\exists v \in \underline{\phi}(q_0, x))(((v, b_{r+1}), z_{r+1}) \in \delta \wedge (z_{r+1}, z') \in \mathscr{E})\}.
\end{aligned}
$$

Nach Induktionsvoraussetzung ist

$$
\begin{aligned}
v \in \underline{\phi}(q_0, x) \leftrightarrow{} & (\exists r \geq 0)(\exists b_1, \ldots, b_r \in T \cup \{\varepsilon\})(\exists z_0, \ldots, z_r \in Z)(x = b_1 \ldots b_r \wedge z_r = v \\
& \wedge (\forall i \in [0 : r[)(((z_i, b_{i+1}), z_{i+1}) \in \delta)).
\end{aligned}
$$

Also:

$$
\begin{aligned}
\bar{z} \in \underline{\phi}(q_0, xb_{r+1}) \leftrightarrow{} & (\exists z_{r+1} \in Z)(\exists v \in \underline{\phi}(q_0, x))(((v, b_{r+1}), z_{r+1}) \in \delta \wedge (z_{r+1}, \bar{z}) \in \mathscr{E}) \\
\leftrightarrow{} & (\exists r \geq 0)(\exists b_1, \ldots, b_r, b_{r+1} \in T \cup \{\varepsilon\})(\exists z_0, \ldots, z_r, z_{r+1} \in Z)(x = b_1 \ldots b_r \\
& \wedge z_r = v \wedge (\forall i \in [0 : r[)(((z_i, b_{i+1}), z_{i+1}) \in \delta) && (2.1) \\
& \wedge ((v, b_{r+1}), z_{r+1}) \in \delta \wedge && (2.2) \\
& \wedge (z_{r+1}, \bar{z}) \in \mathscr{E}). && (2.3)
\end{aligned}
$$

Nun ergeben (2.1) und (2.2) zusammen $(\forall i \in [0 : r+1[)(((z_i, b_{i+1}), z_{i+1}) \in \delta)$. Des Weiteren ist (2.3) äquivalent zu $(\exists s \geq r+1 \geq 0)(\exists z_{r+1}, \ldots, z_s \in Z)(z_s = \bar{z} \wedge (\forall j \in [r+1 : s[)(((z_j, \varepsilon), z_{j+1}) \in \delta))$. Diese beiden Schlussfolgerungen implizieren zusammen $z_s = \bar{z} \wedge (\forall i \in [0 : s[)(((z_i, b_{i+1}), z_{i+1}) \in \delta)$, wobei $b_{r+2} \cdots = b_s = \varepsilon$ gilt. Damit gilt letztlich

$$
\begin{aligned}
\bar{z} \in \underline{\phi}(q_0, xb_{r+1}) \leftrightarrow{} & (\exists s \geq 0)(\exists b_1, \ldots, b_s \in T \cup \{\varepsilon\})(\exists z_0, z_1, \ldots, z_s \in Z)(x = b_1 \ldots b_r \wedge z_s = \bar{z} \\
& \wedge (\forall i \in [0 : s[)(((z_i, b_{i+1}), z_{i+1}) \in \delta)),
\end{aligned}
$$

womit unsere Behauptung bewiesen ist. Angewandt auf die Definition der von B akzeptierten Wortmenge folgt damit insgesamt

$$
\begin{aligned}
x \in T(B) \leftrightarrow{} & (\exists q \in F)(q_0 x \vdash_B^\star xq) \\
\leftrightarrow{} & \underline{\phi}(q_0, x) \in F \\
\overset{2}{\leftrightarrow}{} & (\exists r \geq 0)(\exists b_1, \ldots, b_r \in T \cup \{\varepsilon\})(\exists z_0, \ldots, z_r \in Z) \\
& (x = b_1 \cdots b_r \wedge z_r \in F \wedge (\forall i \in [0 : r[)(((z_i, b_{i+1}), z_{i+1}) \in \delta)) \\
\leftrightarrow{} & z_0 b_1 \cdots b_r \vdash_A^\star b_1 \cdots b_r z_r \wedge z_r \in F \\
\leftrightarrow{} & z_0 x \vdash_A^\star x z_r \wedge z_r \in F \\
\leftrightarrow{} & x \in T(A)
\end{aligned}
$$

$\square$

Da jeder DEA auch ein NEA und der Automat aus Satz 2.2 ε-frei ist, folgt:

---

[2]Diese Äquivalenz ist die Folgerung aus zuvor bewiesener Behauptung.

Korollar 2.1

Zu jedem NEA A existiert ein ε-freier DEA mit $T(A) = T(B)$ und umgekehrt.

$\square$

Beispiel 2.7

Betrachte den NEA aus Beispiel 2.6. Die Konstruktion aus vorherigem Beweis liefert als äquivalenten DEA den Automaten $B = (\{q_0, q_1, \ldots, q_7\}, \{0, 1\}, \delta, q_0, \{q_0, q_1, q_2, q_4, q_5, q_6, q_7\})$ mit δ gemäß folgendem Transfergraphen (für die Zustandsmenge des Automaten wurden jene Elemente der Potenzmenge $\wp(Z)$ weggelassen, die vom Startzustand aus nicht zu erreichen sind):

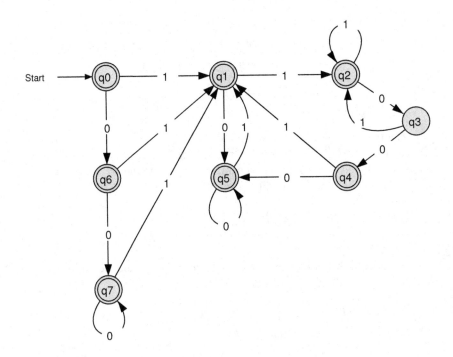

Dabei ist $q_0 = \{z_0, z_2\}$, $q_1 = \{z_1, z_2\}$, $q_2 = \{z_2\}$, $q_3 = \{z_1\}$, $q_4 = \{z_2, z_3\}$, $q_5 = \{z_1, z_2, z_3\}$, $q_6 = \{z_0, z_1, z_2\}$, $q_7 = \{z_0, z_1, z_2, z_3\}$.

Bemerkung 2.8

Beim Übergang von einem NEA zu einem DEA kann die Anzahl der Zustände exponentiell wachsen; es gilt genauer: Sei $A_n = (\{z_1, \ldots, z_n\}, \{a, b\}, \delta, z_1, \{z_1\})$ der NEA mit folgendem Transfergraphen:

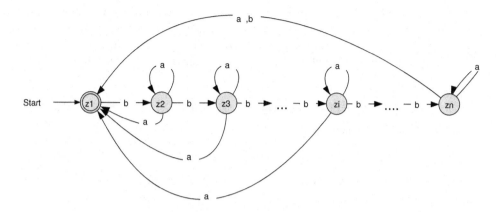

Dann hat jeder DEA B_n mit $T(A_n) = T(B_n)$ mindestens 2^n (und damit genau 2^n) Zustände.

Betrachte nun die beiden DEA mit nachfolgenden Transfergraphen:

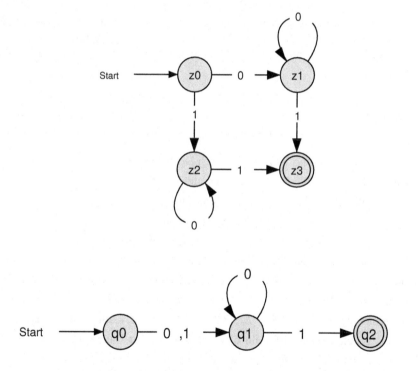

Es gilt für beide Automaten, dass die akzeptierte Wortmenge durch $\{0^i 1 \mid i \geq 1\} \cup \{10^i 1 \mid i \geq 0\}$ gegeben ist. Allerdings hat der eine Automat 4, der andere nur 3 Zustände. Betrachten wir den größeren Automaten etwas genauer, so erkennen wir, worin sein *Überschuß* an Zuständen begründet ist; die Zustände z_1 und z_2 sind äquivalent. Werden sie einmal betreten, so führen ab dann stets dieselben Wörter in den akzeptierenden Zustand z_3, d. h. werden ab dann stets dieselben Suffixe akzeptiert. Somit können wir eigentlich beide Zustände verschmelzen, was dann zum kleineren der beiden Automaten führt. Wir wollen nun sehen, wie wir diese Beobachtung verallgemeinern und die Reduktion der Zustandsmenge eines Automaten formalisieren können.

Definition 2.13

Sei $A = (Z, T, \delta, z_0, E)$ ein DEA und $z_1, z_2 \in Z$. Die Zustände z_1 und z_2 heißen k-*äquivalent*, $k \in \mathbb{N}_0$, (Schreibweise $z_1 \overset{k}{\sim} z_2$), falls gilt:

$$(\forall w \in T^* \setminus (T^{k+1}T^*))((\underline{\delta}(z_1, w), \underline{\delta}(z_2, w)) \in (E \times E) \cup (Z \setminus E) \times (Z \setminus E)).$$

Die Zustände z_1 und z_2 heißen *äquivalent* (Schreibweise $z_1 \sim z_2$), falls gilt:

$$(\forall k \in \mathbb{N}_0)(z_1 \overset{k}{\sim} z_2).$$

Der DEA A heißt *reduziert*, falls gilt:

1. $(\forall z_1, z_2 \in Z)(z_1 \neq z_2 \curvearrowright z_1 \not\sim z_2)$,
2. $(\forall z \in Z)(\exists w \in T^*)(\underline{\delta}(z_0, w) = z)$.

Es sei an unsere Konvention erinnert, dass endliche Automaten als vollständig spezifiziert angenommen werden. Dies ist im Kontext der vorherigen Definition besonders wichtig, da der Äquivalenzbegriff von einem wohldefinierten Wert für $\underline{\delta}(z, w)$ für alle $z \in Z$ und alle $w \in T^*$ ausgeht.

Satz 2.3

Sei $A = (Z, T, \delta, z_0, E)$ ein DEA und seien $z_1, z_2 \in Z$. Es gilt $z_1 \sim z_2 \leftrightarrow z_1 \overset{|Z|-2}{\sim} z_2$.

Beweis: Die Richtung $\rightarrow$ ist trivial nach Definition von $\sim$. Für die Richtung $\leftarrow$ zeigen wir zunächst, dass $\overset{k}{\sim}$ für alle $k \geq 0$ eine Äquivalenzrelation ist.

Reflexivität: $(\forall z \in Z)(z \overset{k}{\sim} z)$ nach Definition von $\overset{k}{\sim}$.

Symmetrie: $z \overset{k}{\sim} z' \rightarrow z' \overset{k}{\sim} z$ nach Definition von $\overset{k}{\sim}$.

Transitivität: $z_1 \overset{k}{\sim} z_2 \wedge z_2 \overset{k}{\sim} z_3 \rightarrow z_1 \overset{k}{\sim} z_3$ nach Definition von $\overset{k}{\sim}$.

Des Weiteren gilt nach Definition $\overset{k}{\sim}$ offensichtlich, dass $z_1 \overset{k+1}{\sim} z_2 \rightarrow z_1 \overset{k}{\sim} z_2$, $k \in \mathbb{N}_0$. Nun partitionieren die Äquivalenzklassen von $\overset{0}{\sim}$ die Menge Z in die Mengen E und $Z \setminus E$. Falls $\overset{k+1}{\sim} \neq \overset{k}{\sim}$, dann muss $\overset{k+1}{\sim}$ mindestens eine Äquivalenzklasse mehr haben als $\overset{k}{\sim}$, d. h. $\overset{k+1}{\sim}$ ist anschaulich eine Verfeinerung von $\overset{k}{\sim}$. Da[3] $1 \leq |E|, |Z \setminus E| \leq |Z| - 1$ gilt, kann es höchstens $|Z| - 2$ Verfeinerungen von $\overset{0}{\sim}$ geben. Falls aber für ein k gilt, dass $\overset{k+1}{\sim} = \overset{k}{\sim}$ ist, dann folgt auch $\overset{k+i+1}{\sim} = \overset{k+i}{\sim}$ für alle $i \geq 1$. Damit ist $k \leq |Z| - 2$ und $\sim = \overset{k}{\sim}$, wobei k minimal ist mit $\overset{k+1}{\sim} = \overset{k}{\sim}$. $\qquad \square$

---

[3]Zwar erlaubt die Definition eines DEA die Fälle $E = Z$ bzw. $E = \emptyset$, die hier betrachteten vollständig spezifizierte Automaten sind dann jedoch in dem Sinne trivial, dass sie T^* bzw. $\emptyset$ akzeptieren. Deshalb wollen wir diese Fälle aus unserer Betrachtung ausschließen. Zur Kontrolle des Verständnisses der nachfolgenden Argumentation sei jedoch empfohlen, sich zu überlegen, wie sich deren Berücksichtigung auf den Beweis auswirkte.

Bemerkung 2.9

Vorheriger Satz besagt, dass zwei Zustände als *inäquivalent* identifiziert werden können, wenn man sie durch ein Wort w mit $|w| < |Z|$ *trennen* kann.

Definition 2.14

Sei $A = (Z, T, \delta, z_0, E)$ ein DEA, $Z_e := \{z \in Z \mid (\exists w \in T^\star)(\underline{\delta}(z_0, w) = z)\}$ und $[z]$ die Äquivalenzklasse von $z \in Z_e$ unter der Äquivalenzrelation $\sim$. Der DEA $A_M = (Z_M, T, \delta_M, z_0^{(M)}, E_M)$ ist definiert durch:

- $Z_M := \{[z] \mid z \in Z_e\}$,
- $\delta_M([z], a) := [z']$, falls $\delta(z, a) = z'$,
- $z_0^{(M)} := [z_0]$,
- $E_M := \{[z] \mid z \in E\}$.

Satz 2.4

Sei $A = (Z, T, \delta, z_0, E)$ ein DEA. Der Automat $A_M = (Z_M, T, \delta_M, z_0^{(M)}, E_M)$ ist reduziert mit $T(A) = T(A_M)$.

Beweis:

Behauptung 1: δ_M ist wohldefiniert.

Wir zeigen $z_1, z_2 \in [z] \curvearrowright \delta_M([z_1], a) = \delta_M([z_2], a)$ für alle $a \in T$, d. h. $z_1 \sim z_2 \curvearrowright \delta(z_1, a) \sim \delta(z_2, a)$ für alle $a \in T$.

Da $z_1 \sim z_2$ folgt $(\forall k \in \mathbb{N}_0)(\forall w \in T^\star \setminus T^{k+1} T^\star)((\underline{\delta}(z_1, w), \underline{\delta}(z_2, w)) \in (E \times E \cup (Z \setminus E) \times (Z \setminus E))$ was äquivalent ist zu $(\forall w \in T^\star)((\underline{\delta}(z_1, w), \underline{\delta}(z_2, w)) \in (E \times E \cup (Z \setminus E) \times (Z \setminus E))$. Damit gilt aber auch $(\forall a \in T)(\forall w' \in T^\star)((\underbrace{\underline{\delta}(z_1, aw')}_{=\underline{\delta}(\delta(z_1, a), w')}, \underbrace{\underline{\delta}(z_2, aw')}_{=\underline{\delta}(\delta(z_2, a), w')}) \in (E \times E \cup (Z \setminus E) \times (Z \setminus E))$, was äquivalent ist zu $\delta(z_1, a) \sim \delta(z_2, a)$ für alle $a \in T$, womit die Behauptung 1 folgt.

Behauptung 2: $\underline{\delta}(z_0, w) = z_r$ für ein $z_r \in [z] \leftrightarrow \underline{\delta}_M([z_0], w) = [z]$.

Diese Behauptung lässt sich leicht durch eine Induktion nach $|w|$ zeigen (siehe 14. Aufgabe). Damit folgt insgesamt:

$w \in T(A) \leftrightarrow \underline{\delta}(z_0, w) = z \wedge z \in E \overset{\text{Beh. 2}}{\leftrightarrow} \underline{\delta}_M([z_0], w) = [z] \wedge z \in E \leftrightarrow \underline{\delta}_M(z_0^{(M)}, w) = [z] \wedge [z] \in E_M \leftrightarrow w \in T(A_M)$.

Offensichtlich ist A_M aufgrund seiner Konstruktion reduziert. $\qquad\square$

Definition 2.15

Seien $A_i = (Z_i, T_i, \delta_i, z_0^{(i)}, E_i)$, $i \in \{1, 2\}$, zwei DEA. Ein Tupel $h = (h_Z, h_T)$ mit $h_Z \in \text{ABB}(Z_1, Z_2)$ und $h_T \in \text{ABB}(T_1, T_2)$ vermöge $h_Z(z_0^{(1)}) = z_0^{(2)}$, $h_Z(E_1) = E_2$ und $h_Z(\delta_1(z, a)) = \delta_2(h_Z(z), h_T(a))$ heißt *Automatenhomomorphismus*. A_2 heißt *homomorphes Bild* von A_1 unter h. h heißt *Epimorphismus* (*Monomorphismus*, *Isomorphismus*), falls h_Z und h_T surjektiv (injektiv, bijektiv) sind.

Bemerkung 2.10

Sind $A_M^{(i)} = (Z_M^{(i)}, T, \delta_M^{(i)}, z_0^{(M)^{(i)}}, E_M^{(i)})$, $i \in \{1, 2\}$, zwei reduzierte DEA mit $T(A_M^{(1)}) = T(A_M^{(2)})$, dann sind $A_M^{(1)}$ und $A_M^{(2)}$ isomorph unter einem Automatenisomorphismus h.

Definition 2.16

Sei $A = (Z, T, \delta, z_0, E)$ ein DEA und $\mathscr{A} := \{B \mid B = (Z_B, T, \delta_B, z_0^{(B)}, E^{(B)})$ mit $T(B) = T(A)\}$. A heißt *minimal*, falls $|Z| = \min_{B \in \mathscr{A}} \{|Z_B|\}$ gilt.

Satz 2.5

Sei $A = (Z, T, \delta, z_0, E)$ ein DEA. Der DEA $A_M = (Z_M, T, \delta_M, z_0^{(M)}, E_M)$ aus Definition 2.14 ist (bis auf Isomorphie) eindeutig bestimmt und minimal. Jeder minimale Automat B mit $T(B) = T(A)$ ist homomorphes Bild von A.

Beweis:

Behauptung 1: A_M ist homomorphes Bild von A.

Definiere $h = (h_Z, h_T)$ durch $h_T := id$ und h_Z durch $h_Z(z) := [z]$ für $z \in Z_e$ (siehe Definition 2.14) und $[z]$ die Äquivalenzklasse von $z \in Z_e$ unter $\sim$. Es ist $h_Z(z_0) = [z_0] = z_0^{(M)}$ und $h_Z(E) = \{[z] \mid z \in E\}$ und $h_Z(\delta(z, a)) = [\delta(z, a)] = \delta_M([z], a) = \delta_M(h_Z(z), a)$ nach Definition von A_M. Damit folgt Behauptung 1.

Behauptung 2: A_M ist eindeutig bestimmt und minimal.

Sei B ein beliebiger DEA mit $T(B) = T(A)$. Konstruiere zu B den reduzierten DEA B_M. Es folgt $T(B_M) = T(A) = T(A_M)$ und A_M und B_M sind reduziert. Damit sind nach vorheriger Bemerkung B_M und A_M isomorph, womit die behauptete Eindeutigkeit (bis auf Isomorphie) folgt. Des Weiteren haben damit A_M und B_M die gleiche Anzahl an Zuständen womit folgt, dass die Anzahl der Zustände in B größer oder gleich $|Z_M|$ ist.

Behauptung 3: B minimal mit $T(B) = T(A) \curvearrowright B$ ist homomorphes Bild von A.

B minimal $\curvearrowright B$ reduziert (ansonsten gäbe es einen reduzierten Automaten B_M mit weniger Zuständen als B). Mit vorheriger Bemerkung ist damit B isomorphes Bild von A_M. Nach Behauptung 1 ist A_M homomorphes Bild von A woraus folgt, dass B homomorphes Bild von A ist.

$\square$

Beispiel 2.8

Betrachte den DEA aus Beispiel 2.7. Es sind:

Äquivalenzklassen bzgl. $\overset{0}{\sim}$: $\underbrace{\{q_0, q_1, q_2, q_4, q_5, q_6, q_7\}}_{=E}, \underbrace{\{q_3\}}_{=Z \setminus E}$.

Äquivalenzklassen bzgl. $\overset{1}{\sim}$:

q	$\delta(q, 0)$	$\delta(q, 1)$
q_0	q_6	q_1
q_1	q_5	q_2
q_2	q_3	q_2
q_3	q_4	q_2
q_4	q_5	q_1
q_5	q_5	q_1
q_6	q_7	q_1
q_7	q_7	q_1

Da aus q_2 für Symbol 1 ein akzeptierender Zustand erreicht wird, für Symbol 0 aber nicht, gehört q_2 weder zu der Klasse E noch zu der Klasse $Z \setminus E$; wir erhalten eine neue Äquivalenzklasse: $\{q_0, q_1, q_4, q_5, q_6, q_7\}, \{q_2\}, \{q_3\}$.

Äquivalenzklassen bzgl. $\overset{2}{\sim}$:

q	$\delta(q,00)$	$\delta(q,01)$	$\delta(q,10)$	$\delta(q,11)$
q_0	q_7	q_1	q_5	q_2
q_1	q_5	q_1	q_3	q_2
q_2	q_4	q_2	q_3	q_2
q_3	q_5	q_1	q_3	q_2
q_4	q_5	q_1	q_5	q_2
q_5	q_5	q_1	q_5	q_2
q_6	q_7	q_1	q_5	q_2
q_7	q_7	q_1	q_5	q_2

Von den unter $\overset{1}{\sim}$ äquivalenten Zuständen wird nun q_1 von den anderen getrennt, da für das Wort 10 ein nicht akzeptierender Zustand angenommen wird, wogegen q_0, q_4, q_5, q_6 und q_7 bei der Verarbeitung von 10 einen akzeptierenden Zustand erreichen. Entsprechend zerfällt die Äquivalenzklasse $\{q_0, q_1, q_4, q_5, q_6, q_7\}$ und wir erhalten als neue Äquivalenzklassen: $\{q_0, q_4, q_5, q_6, q_7\}, \{q_1\}, \{q_2\}, \{q_3\}$.

Äquivalenzklassen bzgl. $\overset{3}{\sim}$:

q	$\delta(q,000)$	$\delta(q,001)$	$\delta(q,010)$	$\delta(q,011)$	$\delta(q,100)$	$\delta(q,101)$	$\delta(q,110)$	$\delta(q,111)$
q_0	q_7	q_1	q_5	q_2	q_5	q_1	q_3	q_2
q_1	q_5	q_1	q_5	q_2	q_4	q_2	q_3	q_2
q_2	q_5	q_1	q_3	q_2	q_4	q_2	q_3	q_2
q_3	q_5	q_1	q_5	q_2	q_4	q_2	q_3	q_2
q_4	q_5	q_1	q_5	q_2	q_5	q_1	q_3	q_2
q_5	q_5	q_1	q_5	q_2	q_5	q_1	q_3	q_2
q_6	q_7	q_1	q_5	q_2	q_5	q_1	q_3	q_2
q_7	q_7	q_1	q_5	q_2	q_5	q_1	q_3	q_2

Alle Elemente der Äquivalenzklassen mit mehr als einem Element verhalten sich auch für drei zu verarbeitende Symbole äquivalent. Damit zerfällt diese Klasse nicht weiter und es ist $\overset{2}{\sim} \equiv \overset{3}{\sim}$ und wir wissen, dass sich keine Änderung mehr ergeben kann. Entsprechend sieht der Transitionsgraph des Automaten A_M wie folgt aus ($p_0 = \{q_0, q_4, q_5, q_6, q_7\}$, $p_1 = \{q_1\}$, $p_2 = \{q_2\}$ und $p_3 = \{q_3\}$):

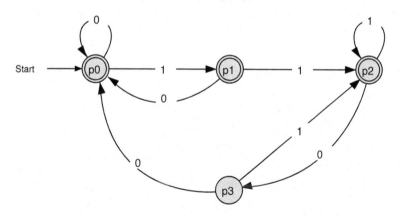

Entsprechend ist A_M homomorphes Bild von A unter $h = (h_Z, h_T)$ mit $h_T = id$ und

$$h_Z(q) = \begin{cases} \{q_0, q_4, q_5, q_6, q_7\} & \text{falls } q \in \{q_0, q_4, q_5, q_6, q_7\} \\ \{q_1\} & \text{falls } q = q_1 \\ \{q_2\} & \text{falls } q = q_2 \\ \{q_3\} & \text{falls } q = q_3 \end{cases}$$

Ein alternatives Vorgehen zur Minimierung eines endlichen Automaten ist das sog. *Table-Filling-Verfahren*; ein Anwendungsbeispiel kann von der Webseite zum Buch heruntergeladen werden.

2.2.1.1 Reguläre Mengen

Definition 2.17
Ein *interpretiertes System* ist ein 4-Tupel $I = (T, \mathscr{L}, R, i)$ mit

1. T ist ein Alphabet,

2. $\mathscr{L} \subseteq T^{\star}$,

3. R ist die Menge aller möglichen Bedeutungen, und

4. $i \in \text{ABB}(\mathscr{L}, R)$ ist eine Funktion (Interpretation).

Wir nennen $\mathscr{L}$ die *Syntax* und i die *Semantik* von I. $i(\mathscr{L})$ heißt *Modell* für $\mathscr{L}$.

Beispiel 2.9
Betrachte $I = (\{a,b\}, \{a^n b^n \mid n \geq 1\}, \mathbb{N}_0, i)$ mit $i(a) = 1$, $i(b) = 0$ und $i(xp) = 2i(x) + i(p)$ für $p \in T, x \in T^+$.
Nun ist

$$
\begin{aligned}
i(a^n b^n) &= 2i(a^n b^{n-1}) + i(b) = 2i(a^n b^{n-1}) = \cdots = 2^n i(a^n) = 2^n [2i(a^{n-1}) + i(a)] \\
&= 2^{n+1} i(a^{n-1}) + 2^n = \cdots = 2^{n+s} i(a^{n-s}) + 2^{n+s-1} + \cdots + 2^n = \cdots \\
&= 2^{2n-1} + 2^{2n-2} + \cdots + 2^n = 2^n (2^n - 1).
\end{aligned}
$$

Es folgt, dass $i(\mathscr{L}) = \{2^n (2^n - 1) \mid n \geq 1\}$ ein Modell für $\mathscr{L}$ ist. Anschaulich interpretieren wir dabei $a^n b^n \in \mathscr{L}$ als Ziffernfolge, die im Dezimalsystem der Zahl $2^n (2^n - 1)$ entspricht.

Definition 2.18
Das *interpretierte System der regulären Ausdrücke über* T (Schreibweise $REG(T)$) ist definiert als $I_{REG(T)} = (T_{REG}, \mathscr{L}_{REG}, W_{REG}, I_{REG})$ mit

1. $T_{REG} := T \dot{\cup} \{ (,), \cdot, +, \star, \lambda \}$

2. a) $\varepsilon \in \mathscr{L}_{REG}$,

   b) $(\forall a \in T)(a \in \mathscr{L}_{REG})$,

   c) $\lambda \in \mathscr{L}_{REG}$,

   d) $(\forall a, b \in \mathscr{L}_{REG})((a+b) \in \mathscr{L}_{REG})$,

   e) $(\forall a, b \in \mathscr{L}_{REG})((a \cdot b) \in \mathscr{L}_{REG})$,

   f) $(\forall a \in \mathscr{L}_{REG})((a)^{\star} \in \mathscr{L}_{REG})$,

3. $W_{REG} = \wp(T^{\star})$,

4. $i \in \text{ABB}(\mathscr{L}_{REG}, W_{REG})$ ist definiert durch

$$
i(w) := \begin{cases}
\emptyset & \text{falls } w = \varepsilon, \\
\{w\} & \text{falls } w \in T, \\
\{\varepsilon\} & \text{falls } w = \lambda, \\
i(u) \cup i(v) & \text{falls } w = (u+v), \\
i(u)i(v) & \text{falls } w = (u \cdot v), \\
i(u)^{\star} & \text{falls } w = (u)^{\star}.
\end{cases}
$$

Wir nennen ein Wort $w \in \mathscr{L}_{REG}$ vereinfacht *regulären Ausdruck*, die durch einen regulären Ausdruck w bezeichnete Menge $i(w)$ *reguläre Menge*.

Beispiel 2.10

Betrachte $T = \{a,b\}$ und $((a+b))^\star \in \mathscr{L}_{REG}$. Es ist $i(((a+b))^\star) = i((a+b))^\star = (i(a) \cup i(b))^\star = (\{a\} \cup \{b\})^\star = \{a,b\}^\star$. Damit ist die unendliche Menge (Sprache) $\{a,b\}^\star$ eine reguläre Menge (über $\{a,b\}$), da ein regulärer Ausdruck (über $\{a,b\}$) existiert, der sie bezeichnet.

Satz 2.6

Zu jeder durch einen regulären Ausdruck w bezeichneten Menge $i(w)$ existiert ein DEA A mit $T(A) = i(w)$ und umgekehrt.

Beweis: Wir zeigen die Richtung $\rightarrow$ durch einen konstruktiven Beweis entsprechend der Syntax von $\mathscr{L}_{REG}$:

1. $\varepsilon \in \mathscr{L}_{REG}$ impliziert die leere Menge, welche von $A = (\{z_0\}, \emptyset, \emptyset, z_0, \emptyset)$ akzeptiert wird.

2. $a \in T$ wird akzeptiert von dem Automaten $A = (\{z_0, z_1\}, \{a\}, ((z_0, a), z_1), z_0, \{z_1\})$.

3. $\lambda \in \mathscr{L}_{REG}$ impliziert das leere Wort, welches von $A = (\{z_0\}, \emptyset, \emptyset, z_0, \{z_0\})$ akzeptiert wird.

Für $a, b \in \mathscr{L}_{REG}$ seien $A_x = (Z_x, T_x, \delta_x, z_0^{(x)}, E_x)$, $x \in \{a,b\}$ die NEA mit $i(x) = T(A_x)$, $x \in \{a,b\}$. Ferner gelte o.B.d.A. $Z_a \cap Z_b = \emptyset$.

3. Die Menge $i((a+b))$ wird dann vom Automaten $A_{(a+b)} = (Z_a \dot\cup Z_b \dot\cup \{z_0\}, T_a \cup T_b, \delta_{(a+b)}, z_0, E_a \cup E_b)$ akzeptiert, wobei $\delta_{(a+b)}$ durch folgenden Transfergraphen gegeben ist:

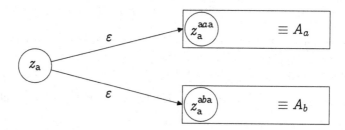

Für diesen Automaten gilt offensichtlich $T(A_{(a+b)}) = T(A_a) \cup T(A_b) = i(a) \cup i(b)$.

4. Die Menge $i((a \cdot b))$ wird dann vom Automaten $A_{(a \cdot b)} = (Z_a \dot\cup Z_b, T_a \cup T_b, \delta_{(a \cdot b)}, z_0^{(a)}, E_b)$ akzeptiert, wobei $\delta_{(a \cdot b)}$ durch folgenden Transfergraphen gegeben ist:

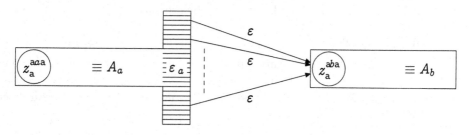

Für diesen Automaten gilt offensichtlich $T(A_{(a \cdot b)}) = T(A_a) \cdot T(A_b) = i(a)i(b)$.

5. Die Menge $i((a)^\star)$ wird dann vom Automaten $A_{(a)^\star} = (Z_a \dot\cup \{z_0\}, T_a, \delta_{(a)^\star}, z_0, E_a \cup \{z_0\})$ akzeptiert, wobei $\delta_{(a)^\star}$ durch folgenden Transfergraphen gegeben ist:

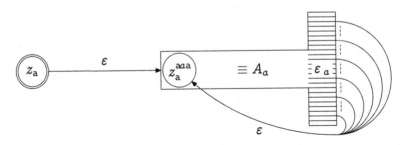

Für diesen Automaten gilt offensichtlich $T(A_{(a)^\star}) = T(A_a)^\star = i(a)^\star$.

Wir haben so einen die Menge $i(w)$ akzeptierenden NEA konstruiert, für den nach Satz 2.2 ein äquivalenter DEA existiert.

Wir beweisen nun die Umkehrung: Sei $A = (Z, T, \delta, 1, E)$ ein DEA mit $Z = \{1, 2, \ldots, n\}$ und $E = \{f_1, f_2, \ldots, f_r\}$. Wir definieren die Mengen $S_{ij}^{(k)}$, $1 \le i, j \le n$, $i, j \in \mathbb{N}_0$, durch:

$$S_{ij}^{(0)} := \{a \in T \cup \{\varepsilon\} \mid \delta(i, a) = j\} \text{ und für } k \ge 1$$

$$S_{ij}^{(k)} := \{w \in T^\star \mid \underline{\delta}(i, w) = j \wedge (\forall u, v \in T^+)(w = uv \wedge \underline{\delta}(i, u) = l \to l \le k)\}.$$

Anschaulich enthält $S_{ij}^{(k)}$ genau die Wörter, welche wir im Zustand i lesen können um in den Zustand j zu gelangen, ohne dabei einen Zustand mit einer Nummer $> k$ zu betreten.

Behauptung 1: $S_{ij}^{(k)} = S_{ij}^{(k-1)} \cup S_{ik}^{(k-1)} S_{kk}^{(k-1)^\star} S_{kj}^{(k-1)}$, $1 \le k \le n$, $1 \le i, j \le n$.

Wir haben zwei Fälle zu unterscheiden. Erstens kann für $w \in S_{ij}^{(k)}$ gelten, dass für alle $u, v \in T^+$ mit $w = uv$ gilt, dass aus $\underline{\delta}(i, u) = l$ stets $l \le k-1$ folgt. Damit ist $w \in S_{ij}^{(k-1)}$ und w damit auch Element der rechten Seite der Gleichung. Im entgegengesetzten Fall können wir genau jene Präfixe $u_1, u_2, \ldots, u_m$ identifizieren, für die $\underline{\delta}(i, u_v) = k$ gilt, $1 \le v \le m$. Mit w in $S_{ij}^{(k)}$ werden keine Zustände $> k$ besucht, so dass die Wörter die vor dem ersten Betreten bzw. nach dem letzten Verlassen des Zustandes k sowie alle zwischen den verschiedenen Vorkommen des Zustandes k verarbeiteten Wörter den Mengen $S_{ik}^{(k-1)}$ bzw. $S_{kj}^{(k-1)}$ bzw. $S_{kk}^{(k-1)}$ entstammen. Die Konkatenation in entsprechender Reihenfolge liefert die Behauptung für $\subseteq$; für $\supseteq$ ist die Behauptung jedoch trivial.

Behauptung 2: $(\forall i, j \in [1 : n])(\forall k \in \mathbb{N}_0)(S_{ij}^{(k)}$ ist eine reguläre Menge).

Wir beweisen diese Behauptung durch eine Induktion nach k: Für $w \in S_{ij}^{(0)}$ gilt entweder $w \in T$ oder $w = \varepsilon$ und wir wählen $w \in \mathscr{L}_{REG}$ bzw. $\lambda \in \mathscr{L}_{REG}$. Damit ist der Anker gezeigt. Gelte die Behauptung also für $S_{ij}^{(k-1)}$ und sei $w_{i,j,k-1}$ der zugehörige reguläre Ausdruck (es gelte also $i(w_{i,j,k-1}) = S_{ij}^{(k-1)}$ für $1 \le i, j \le n$). Für $w' := (w_{i,j,k-1} + (((w_{i,k,k-1} \cdot (w_{k,k,k-1})^\star)) \cdot w_{k,j,k-1}))$ gilt dann offensichtlich $w' \in \mathcal{L}_{REG}$ und $i(w') = S_{ij}^{(k-1)} \cup S_{ik}^{(k-1)} S_{kk}^{(k-1)^\star} S_{kj}^{(k-1)}$ was nach Behauptung 1 gleich $S_{ij}^{(k)}$ ist.

Nun ist $S_{ij}^{(n)} = \{w \in T^\star \mid \underline{\delta}(i,w) = j\}$ und entsprechend $T(A) = \bigcup_{1 \leq j \leq r} S_{1f_j}^{(n)}$. Mit $\underline{w} = ((((w_{1,f_1,n} + w_{1,f_2,n}) + w_{1,f_3,n}) + \ldots) + w_{1,f_r,n})$ gilt $\underline{w} \in \mathcal{L}_{REG}$ und $i(\underline{w}) = T(A)$. $\square$

Nicht nur die regulären Ausdrücke fallen mit der Menge der von einem endlichen Automaten akzeptierten Sprachen zusammen. Auch die durch eine rechtslineare Grammatik erzeugbaren Sprachen können von einem endlichen Automaten akzeptiert werden.

Satz 2.7

Sei $G = (I,T,P,S)$ eine rechtslineare Grammatik. Dann ist $\mathcal{L}(G)$ eine reguläre Menge.

Beweis: Wir nehmen an, dass $I = \{V_0, V_1, \ldots\}$ gilt mit $V_0 = S$. Des Weiteren seien die Produktionen in der Form $V_0 \to v_1 V_i$, $V_i \to v_2 V_j, \ldots$ oder $V_n \to v_l, \ldots$ gegeben, die v's bezeichnen dabei Wörter aus $T^\star$. Ist $w \in \mathcal{L}(G)$, dann gibt es eine Ableitung der Gestalt

$$
\begin{aligned}
V_0 &\Rightarrow v_1 V_i \\
&\Rightarrow v_1 v_2 V_j \\
&\overset{\star}{\Rightarrow} v_1 v_2 \cdots v_k V_n \\
&\Rightarrow v_1 v_2 \cdots v_k v_l = w
\end{aligned}
$$

Wir konstruieren einen endlichen Automaten A, der schrittweise die v's verarbeitet. Wir bezeichnen den Startzustand von A mit V_0 und erzeugen für jedes Hilfszeichen V_i von G einen nichtakzeptierenden Zustand V_i für A. Für jede Produktion $f_k = V_i \to a_1 a_2 \cdots a_m V_l$, $a_i \in T$, $1 \leq i \leq m$, in P, erhält A zusätzlich $m-1$ Zustände V_j^k, $1 \leq j < m$, mit $\delta(V_i, a_1) = V_1^k$, $\delta(V_j^k, a_{j+1}) = V_{j+1}^k$, $1 \leq j < m-1$, und $\delta(V_{m-1}^k, a_m) = V_l$. Somit gilt für die Fortsetzung von δ auf Wörter $\underline{\delta}(V_i, a_1 a_2 \cdots a_m) = V_l$. Entsprechend können wir den Automaten um Zustände und Transitionen erweitern, so dass für eine Produktion $f = V_i \to a_1 a_2 \cdots a_m$ stets $\underline{\delta}(V_i, a_1 a_2 \cdots a_m) = V_f$ mit V_f ein neuer akzeptierender Zustand gilt.

Wird nun w von G erzeugt, so gibt es nach Konstruktion von A offensichtlich eine Berechnung, die w verarbeitet und in einen akzeptierenden Zustand führt. Wird umgekehrt w durch A akzeptiert, so gibt es nach Konstruktion von A eine Folge von Zuständen $V_0, V_i \ldots, V_f$ entlang denen der Automat die Wörter $v_1, v_2, \ldots$ verarbeitet. Folglich muss $w = v_1 v_2 \ldots v_k v_l$ gelten und für G existiert die Ableitung

$$
V_0 \Rightarrow v_1 V_i \Rightarrow v_1 v_2 V_j \overset{\star}{\Rightarrow} v_1 v_2 \ldots v_k V_k \Rightarrow v_1 v_2 \cdots v_k v_l,
$$

womit $w \in \mathcal{L}(G)$ folgt. $\square$

Auch die Umkehrung dieser Aussage gilt, wie nachfolgender Satz belegt.

Satz 2.8

Ist L eine reguläre Menge über dem Alphabet Σ, dann gibt es eine rechtslineare Grammatik $G = (I, \Sigma, P, S)$ mit $\mathcal{L}(G) = L$.

Beweis: Sei $A = (Q, \Sigma, \delta, q_0, F)$ der DEA der L akzeptiert. O.B.d.A. nehmen wir an, es gelte $Q = \{q_0, q_1, \ldots, q_n\}$ und $\Sigma = \{a_1, a_2, \ldots, a_m\}$. Wir konstruieren die rechtslineare Grammatik $G = (I, \Sigma, P, S)$ mit $I = Q$ und $S = q_0$. Des Weiteren besitzt P für jede Transition $\delta(q_i, a_j) = q_k$ die Produktion $q_i \to a_j q_k$ sowie die Produktionen $q_k \to \varepsilon$ für alle $q_k \in F$. Für $w = w_1 w_2 \cdots w_l \in L$, $w_i \in \Sigma$, $1 \le i \le l$, gibt es für A die Berechnung

$$\begin{aligned}
\delta(q_0, w_1) &= q_{p_1}, \\
\delta(q_{p_1}, w_2) &= q_{p_2}, \\
&\vdots \\
\delta(q_{p_{l-1}}, w_l) &= q_{p_l} \in F.
\end{aligned}$$

Nach Konstruktion hat die Grammatik G für jede dieser Transitionen eine Produktion und besitzt folglich die Ableitung

$$q_0 \Rightarrow w_1 q_{p_1} \Rightarrow w_1 w_2 q_{p_2} \Rightarrow \cdots \Rightarrow w_1 w_2 \ldots w_{l-1} q_{p_{l-1}} \Rightarrow w_1 w_2 \ldots w_l = w, \qquad (2.4)$$

womit $w \in \mathscr{L}(G)$ folgt.

Umgekehrt gibt es für jedes $w \in \mathscr{L}(G)$ eine Ableitung der Form (2.4), weshalb nach Konstruktion $\underline{\delta}(q_0, w) = q_f$ für $q_f \in F$ gilt. $\qquad\square$

Abschließend wollen wir zeigen, dass auch die linkslinearen Grammatiken genau die regulären Mengen erzeugen.

Satz 2.9

L ist genau dann eine reguläre Menge, wenn es eine linkslineare Grammatik G mit $\mathscr{L}(G) = L$ gibt.

Beweis(idee)**:** Für jede linkslineare Grammatik G haben alle Produktionen die Gestalt

$$A \to Bv \text{ bzw. } A \to v, B \in I, v \in T^\star.$$

Wir konstruieren die rechtslineare Grammatik G', indem wir jede solche Produktion durch die Regel

$$A \to v^R B \text{ bzw. } A \to v^R$$

ersetzen, wobei v^R das Spiegelbild von v bezeichnet (also mit $v = v_1 v_2 \cdots v_n$ ist $v^R = v_n v_{n-1} \cdots v_1$). Es ist nicht schwer einzusehen, dass durch diese Konstruktion $\mathscr{L}(G) = \mathscr{L}(G')^R$ gilt, d. h. betrachten wir das Spiegelbild aller Wörter in $\mathscr{L}(G')$, so erhalten wir $\mathscr{L}(G)$. In den Aufgaben werden wir sehen, dass die regulären Mengen unter der Operation $\cdot^R$ abgeschlossen sind, d. h. das Spiegelbild einer regulären Menge ist stets wieder eine reguläre Menge. Da aber G' rechtslinear ist, ist folglich $\mathscr{L}(G')$ regulär und mit vorheriger Bemerkung gilt dies auch für $\mathscr{L}(G')^R = \mathscr{L}(G)$. $\qquad\square$

Als Konsequenz der vorherigen Ergebnisse bezeichnen wir eine links- oder rechtslineare Grammatik zukünftig auch als eine *reguläre Grammatik*. Des Weiteren belegt die bewiesene Äquivalenz zum endlichen Automaten, dass für reguläre Mengen und damit für von regulären Grammatiken erzeugte Sprachen das Wortproblem in linearer Zeit gelöst werden kann, d. h. wir mit einem Aufwand linear in der Länge der Eingabe entscheiden können, ob ein Wort zur betrachteten Sprache gehört oder nicht.

2.2.2 **Keller-Automaten**

Im Vergleich zu einem realen Computer haben endliche Automaten keine Möglichkeit, Informationen zwischenzuspeichern. Lediglich die endliche Kontrolle kann verwandt werden, um unterschiedliche Verhaltensweisen für unterschiedliche Eingaben zu realisieren. In diesem Abschnitt wollen wir deshalb unser Maschinenmodell um einen Kellerspeicher erweitern, also um einen Speicher, der nicht wahlfrei, sondern in einer *last-in-first-out* Manier benutzt werden kann. Von der realen Endlichkeit des Platzes eines solchen Speichers abstrahieren wir dabei und erlauben der Maschine, so viele Elemente auf dem Kellerspeicher abzulegen wie gewünscht.

Definition 2.19

Ein *nichtdeterministischer Kellerautomat* NPDA ist ein 7-Tupel $K = (Z, T, \Gamma, \delta, z_0, \$, F)$, mit

   (a) Z ist eine endliche Menge von *Zuständen*,

   (b) T ist das Alphabet der *Eingabezeichen*,

   (c) Γ ist das Alphabet der *Kellerzeichen*,

   (d) $\delta \in \mathrm{ABB}(Z \times (T \cup \{\varepsilon\}) \times \Gamma, \wp_e(Z \times \Gamma^\star))$ ist die *Transferfunktion*, mit $\wp_e(X) := \{A \subseteq X \mid |A| < \infty\}$,

   (e) $z_0 \in Z$ ist der *Startzustand*,

   (f) $\$ \in \Gamma$ ist das *Kellerstartzeichen*, und

   (g) $F \subseteq Z$ sind die *Endzustände*.

Schematisch müssen wir uns einen Kellerautomaten wie in Abbildung 2.1 dargestellt vorstellen. Mit Hilfe eines Lesekopfes liest der Kellerautomat zeichenweise die Eingabe von einem Eingabeband, wobei jedes gelesene Zeichen dazu führt, dass der Kopf um eine Position nach rechts bewegt wird. Parallel dazu liest er das oberste Symbol seines Kellerspeichers aus. In Abhängigkeit vom gelesenen Eingabezeichen, dem obersten Kellersymbol und dem aktuellen Zustand seiner endlichen Kontrolle entscheidet der Automat nun, ob er das oberste Kellerzeichen löscht oder durch andere Symbole aus dem Alphabet der Kellerzeichen ersetzt und in welchen Zustand die Kontrolleinheit wechselt. Wir formalisieren diese Arbeitsweise wie folgt:
Befinde sich der Kellerautomat K im Zustand z, sei das Zeichen unter dem Lesekopf a und sei das oberste Kellerzeichen x.

  (a) Falls $(z', y) \in \delta(z, a, x)$, dann:

     1. geht der Lesekopf um eine Position nach rechts,

     2. wechselt K in den Zustand z', und

     3. wird das oberste Kellerzeichen x durch y ersetzt.

  (b) Falls $(z', y) \in \delta(z, \varepsilon, x)$, dann:

     1. bleibt der Lesekopf stehen,

     2. wechselt K in den Zustand z', und

     3. wird das oberste Kellerzeichen x durch y ersetzt.

Dabei wird für den Fall $y = \varepsilon$ jeweils das oberste Kellerzeichen gelöscht.

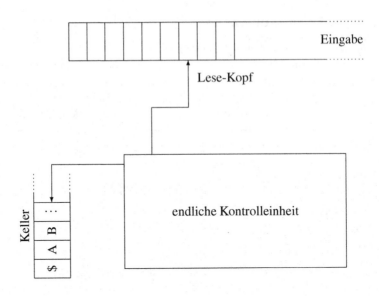

Abbildung 2.1: Schematische Darstellung eines Kellerautomaten.

Definition 2.20
Sei $K = (Z, T, \Gamma, \delta, z_0, \$, F)$ ein NPDA. Ein Tripel $k \in Z \times T^\star \times \Gamma^\star$ heißt *Konfiguration*; $k \in \{z_0\} \times T^\star \times \{\$\}$ heißt *Startkonfiguration*. Die Relation $\vdash_K \subseteq (Z \times T^\star \times \Gamma^\star) \times (Z \times T^\star \times \Gamma^\star)$ ist definiert durch $(z, z' \in Z, a \in T \cup \{\varepsilon\}, w \in T^\star, \alpha, \beta \in \Gamma^\star, x \in \Gamma)$:

$$(z, aw, \alpha x) \vdash_K (z', w, \alpha\beta) \text{ falls } (z', \beta) \in \delta(z, a, x).$$

Beachte, dass

1. $(z, w, \alpha) \vdash_K^\star (z', \varepsilon, \beta) \leftrightarrow (z, wy, \alpha) \vdash_K^\star (z', y, \beta), y \in T^\star, \vdash_K^\star := (\vdash_K)^\star.$

2. $(z, uv, \beta) \vdash_K^\star (z', v, \gamma) \rightarrow (z, uv, \alpha\beta) \vdash_K^\star (z', v, \alpha\gamma), u, v \in T^\star.$

Dabei ist die Umkehrung in 2. im Allgemeinen falsch, da α teilweise zerstört und anschließend wieder aufgebaut werden könnte.

Definition 2.21

Sei $K = (Z, T, \Gamma, \delta, z_0, \$, F)$ ein NPDA. Die Menge

$$T_F(K) := \{w \in T^\star \mid (z_0, w, \$) \vdash_K^\star (z, \varepsilon, \alpha) \wedge z \in F\}$$

heißt die von K *mit Endzustand akzeptierte Wortmenge*. Die Menge

$$T_\Gamma(K) := \{w \in T^\star \mid (z_0, w, \$) \vdash_K^\star (z, \varepsilon, \varepsilon)\}$$

heißt die von K *mit leerem Keller akzeptierte Wortmenge*.

Der NPDA K heißt *eindeutig* (Notation EPDA) mit Endzustand (bzw. mit leerem Keller), falls es für alle $w \in T^\star$ höchstens eine Berechnung $(z_0, w, \$) \vdash_K^\star (z, \varepsilon, \alpha) \wedge z \in F$ (bzw. $(z_0, w, \$) \vdash_K^\star (z, \varepsilon, \varepsilon)$) gibt. Der NPDA K heißt *deterministisch* (Notation DPDA), falls für alle $(z, a, x) \in Z \times (T \cup \{\varepsilon\}) \times \Gamma$ gilt:

1. $|\delta(z, a, x)| \leq 1$, und

2. $\delta(z, \varepsilon, x) \neq \emptyset \rightarrow (\forall a \in T)(\delta(z, a, x) = \emptyset)$.

Bemerkung 2.11

Für $w \in T_F(K)$ muss die Berechnung von K nicht stoppen, auch wenn der Kellerautomat w im Endzustand $f \in F$ akzeptiert. Es ist immer möglich, dass eine Endlosschleife über ε-Übergänge existiert, die zum einen den Zustand f verlässt und zum anderen nie wieder einen akzeptierenden Zustand betritt. Ist aber $w \in T_\Gamma(K)$, dann stoppt die Berechnung von K immer, da nach Definition kein Übergang bei leerem Keller möglich ist.

Beispiel 2.11

a) Betrachte den Kellerautomaten $K = (\{z_0, z_1, z_2\}, \{a, b\}, \{\$, a\}, \delta, z_0, \$, \{z_0\})$. Wie für endliche Automaten auch, können wir den Kellerautomaten durch seinen Transfergraphen darstellen. Dabei wird der Startzustand durch einen Pfeil markiert, Endzustände werden durch doppelte Kreise hervorgehoben und ein Pfeil von Zustand z_i nach Zustand z_j mit der Beschriftung $(x, a) : y$ repräsentiert, dass $(z_j, y) \in \delta(z_i, a, x)$ gilt. Entsprechend steht der Transfergraph

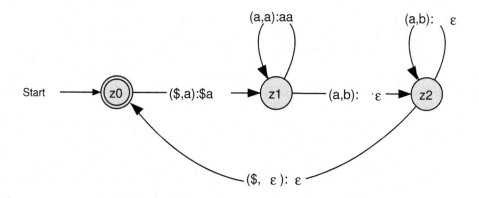

für die Transferfunktion

1. $\delta(z_0, a, \$) = \{(z_1, \$a)\}$,

2. $\delta(z_1, a, a) = \{(z_1, aa)\}$,

3. $\delta(z_1, b, a) = \{(z_2, \varepsilon)\}$,

4. $\delta(z_2, b, a) = \{(z_2, \varepsilon)\}$,

5. $\delta(z_2, \varepsilon, \$) = \{(z_0, \varepsilon)\}$.

Offensichtlich ist K deterministisch und es gilt $(z_0, aabb, \$) \vdash_K (z_1, abb, \$a) \vdash_K (z_1, bb, \$aa) \vdash_K (z_2, b, \$a) \vdash_K (z_2, \varepsilon, \$) \vdash_K (z_0, \varepsilon, \varepsilon)$. Damit ist $aabb \in T_\circ(K)$ mit $\circ \in \{F, \Gamma\}$. Wie arbeitet K? In 1. und 2. schreibt K jedes gelesene a in den Keller und in 3. und 4. wird für jedes gelesene b ein a im Keller entfernt. Entsprechend gilt $T_{F,\Gamma}(K) = \{a^n b^n \mid n \geq 0\}$, wir sollten diese Behauptung aber besser formal beweisen (aber wie?).

b) Betrachte $K = (\{z_0, z_1, z_2\}, \{a, b\}, \{\$, a, b\}, \delta, z_0, \$, \{z_2\})$ mit der Transferfunktion

1. $\delta(z_0, a, \$) = \{(z_0, \$a)\}$,

2. $\delta(z_0, b, \$) = \{(z_0, \$b)\}$,

3. $\delta(z_0, a, a) = \{(z_0, aa), (z_1, \varepsilon)\}$,

4. $\delta(z_0, a, b) = \{(z_0, ba)\}$,

5. $\delta(z_0, b, a) = \{(z_0, ab)\}$,

6. $\delta(z_0, b, b) = \{(z_0, bb), (z_1, \varepsilon)\}$,

7. $\delta(z_1, a, a) = \{(z_1, \varepsilon)\}$,

8. $\delta(z_1, b, b) = \{(z_1, \varepsilon)\}$,

9. $\delta(z_1, \varepsilon, \$) = \{(z_2, \varepsilon)\}$.

Dieser Kellerautomat K ist nicht deterministisch, da in 3. und 6. jeweils zwei Alternativen für die Konfigurationsänderung bei identischer Kombination *Zustand, Eingabesymbol, Kellerzeichen* existieren. Dieser Nichtdeterminismus macht es dem Automaten möglich, zu *raten*, wann er mit seiner Berechnung von einer in die nächste Phase (vom Zustand z_0 in den Zustand z_1) wechseln muss. Von dieser Möglichkeit macht er dabei wie folgt Gebrauch: Durch 1., 2. und 3. erste Alternative bzw. 4., 5., und 6. erste Alternative kopiert K einen Präfix der Eingabe gespiegelt in den Keller. Dabei kann K in 3. und 6. durch die zweite Alternative jeweils in den Zustand z_1 wechseln und dann damit beginnen, in 7. und 8. die nachfolgenden Eingabezeichen mit denen im Keller zu vergleichen. Wird dabei der Keller genau dann geleert, wenn das letzte Symbol der Eingabe verarbeitet wurde, wechselt K durch 9. in den Endzustand z_2. Dies kann aber nur dann geschehen, wenn der Wechsel von Zustand z_0 in den Zustand z_1 erfolgt nachdem bei einer Eingabe der Länge $2n$ gerade das n-te Zeichen verarbeitet wurde. In diesem Fall hat K ein Wort der Form ww^R für $w \in T^+$ verarbeitet. Folglich wird der Nichtdeterminismus genutzt, um zu *raten*, wann das mittlere Symbol der Eingabe verarbeitet wurde, was aufgrund der Unkenntnis des Automaten über die Eingabelänge anders nicht festzustellen ist. In unserem formalen Rahmen rät der Automat natürlich nicht. Da der Automat im Zustand z_0 immer dann die Möglichkeit hat, in Zustand z_1 zu wechseln, wenn Eingabesymbol und oberstes Kellerzeichen identisch sind (dies muss für ein Wort der Gestalt ww^R in seiner Mitte gelten), gibt es für eine Eingabe der Gestalt ww^R stets eine Berechnung von K, die diesen Wechsel genau dann durchführt, wenn die beiden identischen Symbole die beiden mittleren sind. Da für die Akzeptanz einer Eingabe nicht alle Berechnungen in einen Endzustand führen bzw. den Keller leeren müssen, sondern die Existenz einer solchen Berechnung ausreicht, impliziert die eine Berechnung, die im richtigen Moment den Zustand wechselt, dass die Eingabe akzeptiert wird. Die anderen verlaufen *erfolglos*, was der Akzeptanz der Eingabe nichts ausmacht. Als Quintessenz unserer Diskussion halten wir fest, dass $T_{F,\Gamma}(K) = \{ww^R \mid w \in \{a, b\}^+\}$ gilt, was wir besser natürlich formal beweisen sollten.

> **Satz 2.10**
> Sei $K = (Z, T, \Gamma, \delta, z_0, \$, F)$ ein NPDA. Dann gibt es einen NPDA $K' = (Z', T, \Gamma', \delta', z_0', \bowtie, F')$ mit $T_{F'}(K') = T_\Gamma(K)$.

Beweis: Wir definieren K' durch

- $Z' := Z \dot{\cup} \{z_0', f\}$,

- $\Gamma' := \Gamma \dot{\cup} \{\bowtie\}$,

- $F' := \{f\}$, und

- $$\delta'(z_0', \varepsilon, \bowtie) = \{(z_0, \bowtie \$)\}, \tag{2.5}$$
  $$(\forall (z, a, x) \in (Z \times (T \cup \{\varepsilon\}) \times \Gamma))(\delta'(z, a, x) = \delta(z, a, x)), \tag{2.6}$$
  $$(\forall z \in Z)(\delta'(z, \varepsilon, \bowtie) = \{(f, \varepsilon)\}). \tag{2.7}$$

Die Idee dieser Konstruktion ist folgende: K' schreibt in (2.5) $\bowtie \$$ in den Keller, simuliert in (2.6) den NPDA K, bis im Keller nur noch $\bowtie$ steht, was gleichbedeutend damit ist, dass K mit leerem Keller akzeptiert hätte. In (2.7) löscht K' dann entsprechend seinen Keller und akzeptiert im Zustand f.

Behauptung 1: $w \in T_\Gamma(K) \curvearrowright (z_0', w, \bowtie) \vdash_{K'}{}^* (f, \varepsilon, \varepsilon)$.

$w \in T_\Gamma(K) \to (z_0, w, \$) \vdash_K{}^* (z, \varepsilon, \varepsilon)$ mit $z \in Z$. Da aber $\delta \subseteq \delta'$ gilt, folgt $(z_0, w, \$) \vdash_{K'}{}^* (z, \varepsilon, \varepsilon)$ mit $z \in Z$. Wir erhalten so

$$(z_0', w, \bowtie) \overset{(2.5)}{\vdash_{K'}} (z_0, w, \bowtie \$) \overset{\text{s.o.}}{\vdash_{K'}{}^*} (z, \varepsilon, \bowtie) \overset{(2.7)}{\vdash_{K'}} (f, \varepsilon, \varepsilon),$$

wie behauptet.

Behauptung 2: $(z_0', w, \bowtie) \vdash_{K'}{}^* (f, \varepsilon, \varepsilon) \curvearrowright w \in T_\Gamma(K)$.

Nach Konstruktion von K' gilt: $(z_0', w, \bowtie) \overset{(2.5)}{\vdash_{K'}} \underbrace{(z_0, w, \bowtie \$) \vdash_{K'}{}^* (z, \varepsilon, \bowtie)}_{\substack{\text{Hier kann } \bowtie \text{ nicht zerstört und wie-} \\ \text{der geschrieben worden sein!}}} \overset{(2.7)}{\vdash_{K'}} (f, \varepsilon, \varepsilon)$ für ein

$z \in Z$. Folglich gilt $(z_0, w, \$) \vdash_{K'}{}^* (z, \varepsilon, \varepsilon)$, wobei diese Berechnung nur Zustände aus Z verwendet. Damit ist aber $w \in T_\Gamma(K)$.

Insgesamt haben wir gezeigt: $w \in T_\Gamma(K) \leftrightarrow (z_0', w, \bowtie) \vdash_{K'}{}^* (f, \varepsilon, \varepsilon) \leftrightarrow w \in T_{F'}(K')$. $\qquad \square$

Bemerkung 2.12
Man beachte, dass die Konstruktion in vorherigem Beweis die Eigenschaft von K deterministisch oder eindeutig zu sein auf K' überträgt. Damit gilt die Aussage des Satzes auch für DPDAs bzw. EPDAs K und K'.

> **Satz 2.11**
> Sei $K = (Z, T, \Gamma, \delta, z_0, \$, F)$ ein NPDA. Dann gibt es einen NPDA $K' = (Z', T, \Gamma', \delta', z_0', \bowtie, F')$ mit $T_{\Gamma'}(K') = T_F(K)$.

Beweis: Wir definieren K' durch

- $Z' := Z \dot\cup \{z_0', f\}$,

- $\Gamma' := \Gamma \dot\cup \{\bowtie\}$,

- $F' := \{f\}$, und

-
$$\delta'(z_0', \varepsilon, \bowtie) = \{(z_0, \bowtie \$)\}, \tag{2.8}$$

$$(\forall (z,a,x) \in (Z \setminus F) \times (T \cup \{\varepsilon\}) \times \Gamma \cup F \times T \times \Gamma)(\delta'(z,a,x) = \delta(z,a,x)), \tag{2.9}$$

$$(\forall (z,\varepsilon,x) \in F \times \{\varepsilon\} \times \Gamma')(\delta'(z,\varepsilon,x) = \delta(z,\varepsilon,x) \cup \{(f,\varepsilon)\}), \tag{2.10}$$

$$(\forall x \in \Gamma')(\delta'(f,\varepsilon,x) = \{(f,\varepsilon)\}). \tag{2.11}$$

Die Idee dieser Konstruktion ist folgende: K' schreibt in (2.8) die Symbole $\bowtie \$$ in den Keller, simuliert in (2.9) und (2.10) erste Alternative den Kellerautomaten K solange, bis ein Endzustand erreicht ist. Dann *rät* K', ob K mittels diesem Endzustand die Eingabe akzeptiert und löscht entsprechend durch (2.10) zweite Alternative und (2.11) den Keller, oder simuliert K weiter, bis erneut ein Endzustand erreicht wird.

Behauptung 1: $T_F(K) \subseteq T_{\Gamma'}(K')$.

$w \in T_F(K) \to (z_0, w, \$) \vdash_K^\star (z, \varepsilon, \alpha)$ mit $z \in F$ und $\alpha \in \Gamma^\star$. Mit $\delta \subseteq \delta'$ folgt damit $(z_0, w, \$) \vdash_{K'}^\star (z, \varepsilon, \alpha)$ mit $z \in F$ und $\alpha \in \Gamma^\star$ und letztlich

$$(z_0', w, \bowtie) \overset{(2.8)}{\vdash_{K'}} (z_0, w, \bowtie \$) \vdash_{K'}^\star (z, \varepsilon, \bowtie \alpha).$$

Nun gilt aber

$$(z, \varepsilon, \bowtie \alpha) \vdash_{K'} \left.\begin{cases} (f, \varepsilon, \varepsilon) & \text{falls } \alpha = \varepsilon \\ (f, \varepsilon, \bowtie \alpha') & \text{falls } \alpha = \alpha'x \text{ mit } x \in \Gamma \end{cases}\right\} \text{jeweils nach (2.10) zweite Alternative.}$$

Letztlich liefert (2.11) $(f, \varepsilon, \bowtie \alpha') \vdash_{K'}^\star (f, \varepsilon, \varepsilon)$.

Also: $w \in T_F(K) \to (z_0', w, \bowtie) \vdash_{K'}^\star (f, \varepsilon, \varepsilon) \to T_F(K) \subseteq T_{\Gamma'}(K') \to$ Behauptung 1.

Behauptung 2: $T_{\Gamma'}(K') \subseteq T_F(K)$.

Da f der einzige Zustand ist, der $\bowtie$ aus dem Keller entfernt, gilt

$w \in T_{\Gamma'}(K') \curvearrowright (z_0', w, \bowtie) \vdash_{K'}^\star (f, \varepsilon, \varepsilon)$. Nach Konstruktion von K' gilt damit

$$(z_0', w, \bowtie) \vdash_{K'} \underbrace{(z_0, w, \bowtie \$) \vdash_{K'}^\star (z, \varepsilon, \bowtie \alpha)}_{\substack{\bowtie \text{ kann hier nicht gelöscht} \\ \text{und wieder geschrieben worden} \\ \text{sein; } K' \text{ verhält sich hier wie } K.}} \vdash_{K'}^\star (f, \varepsilon, \varepsilon)$$

für $z \in F$ und $\alpha \in \Gamma^\star$. Damit gilt letztlich $(z_0, w, \$) \vdash_K^\star (z, \varepsilon, \alpha)$ mit $z \in F$ und es folgt $w \in T_F(K)$ wie behauptet.

Mit Behauptung 1 und Behauptung 2 folgt die Aussage des Satzes. $\square$

Bemerkung 2.13

Man beachte, dass im Satz 2.11 K' nicht deterministisch sein muss, auch wenn K deterministisch ist; K' ist aber genau dann eindeutig, wenn K eindeutig ist.

Mit vorheriger Bemerkung stellt sich die Frage, ob der Verlust des Determinismus unvermeidbar ist, oder ob nur unsere Konstruktion dieses Manko hat. Wir definieren also

$$\mathscr{F}_D(T) := \{\mathscr{L} \subseteq T^\star \mid (\exists \text{DPDA}\, K)(\mathscr{L} = T_F(K))\},$$

$$\Gamma_D(T) := \{\mathscr{L} \subseteq T^\star \mid (\exists \text{DPDA}\, K)(\mathscr{L} = T_\Gamma(K))\},$$

und fragen uns, ob $\mathscr{F}_D(T) = \Gamma_D(T)$ gilt. Mit vorheriger Bemerkung ist sicher $\Gamma_D(T) \subseteq \mathscr{F}_D(T)$ und wie wir gleich sehen werden, ist diese Inklusion echt, d. h. $(\exists \mathscr{L} \in \mathscr{F}_D(T)) \mid (\mathscr{L} \notin \Gamma_D(T))$. Betrachte $\mathscr{L} = \{a, ab\}$. $\mathscr{L} \in \mathscr{F}_D(T)$, da mit $K = (\{z_0, z_1, z_2\}, \{a, b\}, \{\$\}, \delta, z_0, \{z_1, z_2\})$ wobei $\delta(z_0, a, \$) = \{(z_1, \$)\}$, $\delta(z_1, b, \$) = \{(z_2, \$)\}$ gilt:

$$(z_0, a, \$) \vdash_K (z_1, \varepsilon, \$) \wedge (z_0, ab, \$) \vdash_K (z_1, b, \$) \vdash_K (z_2, \varepsilon, \$),$$

d. h. $\mathscr{L} = T_F(K)$.
Annahme: $(\exists \text{DPDA}\, K' = (Z', T, \Gamma', \delta', z_0', \bowtie, F))(\mathscr{L} = T_{\Gamma'}(K'))$.
Da $a \in T_{\Gamma'}(K') \to (z_0', a, \bowtie) \vdash_{K'} (z, \varepsilon, \varepsilon)$ für ein $z \in Z'$. Damit gilt aber auch $(z_0', ab, \bowtie) \vdash_{K'} (z, b, \varepsilon)$ und aufgrund des Determinismus von K' existiert keine andere Nachfolgekonfiguration. Da für einen leeren Keller aber keine Übergänge definiert werden können (wir haben $\delta' \in \text{ABB}(Z' \times (T \cup \{\varepsilon\}) \times \Gamma', \wp_e(Z' \times \Gamma'^\star))$), muss $\delta'(z, b, \varepsilon)$ undefiniert sein. Folglich ist $ab \notin T_{\Gamma'}(K')$. Insgesamt haben wir also $\Gamma_D(T) \subset \mathscr{F}_D(T)$ und wir können aus unserem Beispiel folgern, dass es reguläre Mengen $\mathscr{L} \subseteq T^\star$ mit $\mathscr{L} \notin \Gamma_D(T)$ gibt. Bleibt hervorzuheben, dass gemäß unserer Bemerkungen hinter den beiden vorherigen Sätzen eindeutige Kellerautomaten wieder dieselben Sprachen mit leerem Keller und Endzustand erkennen können.

Doch welche Sprachen lassen sich allgemein mit Kellerautomaten akzeptieren? Bevor wir diese Frage beantworten, wollen wir noch zwei Einschränkungen des Ableitungsbegriffes einer kontextfreien Grammatik einführen, die uns helfen, unnötige Mehrdeutigkeiten bei der Erzeugung der Wörter zu vermeiden. Wenn wir nämlich wiederholt Produktionen einer Grammatik anwenden, so kann es geschehen, dass in der resultierenden Satzform verschiedene Stellen existieren, an der wir eine nächste Produktion anwenden könnten. Entsprechend stünden für die Erzeugung eines Wortes unterschiedliche Reihenfolgen zur Verfügung, in denen dieselben Regeln angewandt würden. Um solche Mehrdeutigkeiten zu vermeiden, definiert man Links- bzw. Rechtsableitungen in denen anschaulich stets eine am weitesten links bzw. am weitesten rechts in der Satzform anwendbare Produktion verwendet wird.

Definition 2.22
Sei $G = (I, T, P, S)$ eine kontextfreie Chomsky-Grammatik und seien $\alpha, \beta \in (I \cup T)^\star$. β heißt *direkt linksableitbar* (bzw. *direkt rechtsableitbar*) aus α (Schreibweise $\alpha \Rightarrow_{lm} \beta$ bzw. $\alpha \Rightarrow_{rm} \beta$), falls gilt:

$$(\exists \alpha_1 \in T^\star \exists \alpha_2, \beta' \in (I \cup T)^\star)(\exists A \in I)(\alpha = \alpha_1 A \alpha_2 \wedge \beta = \alpha_1 \beta' \alpha_2 \wedge (A, \beta') \in P)$$

$$(\text{bzw. } (\exists \alpha_2 \in T^\star \exists \alpha_1, \beta' \in (I \cup T)^\star)(\exists A \in I)(\alpha = \alpha_1 A \alpha_2 \wedge \beta = \alpha_1 \beta' \alpha_2 \wedge (A, \beta') \in P)).$$

β heißt *linksableitbar* (bzw. *rechtsableitbar*) aus α, falls $\alpha \Rightarrow_{lm}^\star \beta$ (bzw. $\alpha \Rightarrow_{rm}^\star \beta$) mit $\Rightarrow_\circ^\star := (\Rightarrow_\circ)^\star$, $\circ \in \{lm, rm\}$.

Wenn es für eine gegebene kontextfreie Grammatik G mindestens ein Wort in der von G erzeugten Sprache gibt, für das mehr als eine Linksableitung existiert, so nennen wir die Grammatik *mehrdeutig*. Wir werden bei der Betrachtung der Eigenschaften kontextfreier Sprachen auf diesen Aspekt zurückkommen und bemerken an dieser Stelle lediglich noch, dass für eine kontextfreie Grammatik $G = (I,T,P,S)$ offensichtlich

$$\mathscr{L}(G) = \{w \in T^\star \mid S \Rightarrow^\star_{lm} w\} = \{w \in T^\star \mid S \Rightarrow^\star_{rm} w\}$$

gilt.

Satz 2.12
Sei $\mathscr{L} \in \mathsf{CFL}(T)$. Es gilt $\mathscr{L} = T_\Gamma(K)$ für einen NPDA K.

Beweis: Aus $\mathscr{L} \in \mathsf{CFL}(T)$ folgt die Existenz einer kontextfreien Grammatik $G = (I,T,P,S)$ mit $\mathscr{L} = \mathscr{L}(G)$. Definiere $K = (\{z_0\}, T, I \cup T, \delta, z_0, S, \emptyset)$ mit

a) $\delta(z_0, \varepsilon, x) = \{(z_0, \alpha^R) \mid (x, \alpha) \in P\}$,

b) $\delta(z_0, a, a) = \{(z_0, \varepsilon)\}$ für alle $a \in T$.

Mittels Induktion über die Anzahl der Vorkommen von $\Rightarrow_{lm}$ in $\Rightarrow^\star_{lm}$ lässt sich nun zeigen, dass für $u \in T^\star, \alpha \in I(I \cup T)^\star \cup \{\varepsilon\}$ gilt:

$$S \Rightarrow^\star_{lm} u\alpha \curvearrowright (\forall v \in T^\star)((z_0, uv, S) \vdash_K^\star (z_0, v, \alpha^R)).$$

Details des Beweises seien dem Leser als Übung überlassen. Wählen wir nun $u = w$, $v = \varepsilon$ und $\alpha = \varepsilon$, so impliziert vorherige Aussage $S \Rightarrow^\star_{lm} w \curvearrowright (z_0, w, S) \vdash_K^\star (z_0, \varepsilon, \varepsilon)$, d. h. $w \in \mathscr{L}(G) \curvearrowright w \in T_\Gamma(K)$. Umgekehrt gilt für $u, v \in T^\star, \alpha \in (I \cup T)^\star$ aber weiter

$$(z_0, uv, S) \vdash_K^\star (z_0, v, \alpha^R) \curvearrowright S \Rightarrow^\star_{lm} u\alpha.$$

Diese Behauptung zeigt man ebenfalls per Induktion, diesmal über die Anzahl der Konfigurationsübergänge $\vdash_K$ in $\vdash_K^\star$. Dabei ist zu unterscheiden, von welchem Typ a) oder b) gemäß obiger Definition von K der letzte Schritt in $\vdash_K^\star$ ist. Setzen wir in der zweiten Aussage nun $u = w$, $v = \varepsilon$ und $\alpha = \varepsilon$, so resultiert $(z_0, w, S) \vdash_K^\star (z_0, \varepsilon, \varepsilon) \curvearrowright S \Rightarrow^\star_{lm} w$ d. h. $w \in T_\Gamma(K) \curvearrowright w \in \mathscr{L}(G)$. $\qquad\square$

Satz 2.13
Sei $K = (Z, T, \Gamma, \delta, z_0, \$, F)$ ein NPDA. Es gibt kontextfreie Grammatiken $G = (I,T,P,S)$ und $G' = (I', T, P', S')$ mit $\mathscr{L}(G) = T_\Gamma(K)$ und $\mathscr{L}(G') = T_F(K)$.

Der Beweis wird wieder konstruktiv erfolgen, bevor wir ihn jedoch formal führen, wollen wir kurz etwas zur Idee der Konstruktion bemerken: Um einen Kellerautomaten simulieren zu können, müssen wir in den Satzformen zum einen den jeweiligen Inhalt des Kellerspeichers kodieren. Dies scheint in Betracht der vorherigen Konstruktion problemlos möglich. Zum anderen ist aber zusätzlich der aktuelle Zustand des Automaten darzustellen und auch dafür stehen uns lediglich die Satzformen zur Verfügung. Der Weg, um diese beiden Informationen durch die Satzformen darzustellen, liegt nun in der geschickten Wahl der Hilfzeichen; wir werden Tripel der Gestalt (z, x, z') als Hilfzeichen verwenden, wobei das z an erster Position den aktuellen Zustand des

Automaten repräsentiert, x das oberste Kellerzeichen darstellt und z' wieder einem Zustand entspricht. Wesentlich ist nun, dass z' kein direkter Nachfolgezustand von z sein muss, sondern $(z,x,z') \Rightarrow^* v$ genau dann gilt, wenn der Automat durch das Lesen der Eingabe v bei oberstem Kellersymbol x in den Zustand z' gelangt und dabei x vom Keller entfernt. Entfernen heißt hier, dass sowohl x als auch zwischenzeitlich zusätzlich auf den Keller gebrachte Symbole gelöscht wurden, so dass nun das anfänglich unterhalb von x befindliche Kellersymbol das oberste ist. Da wir z' nicht kennen, *raten* wir diesen Zustand, indem einfach alle Möglichkeiten in der Menge der Hilfszeichen vorgesehen werden. Die Regeln der Grammatik werden dann so aussehen, dass nur bei richtiger Wahl die Ableitung eines Terminalwortes möglich ist, d. h. wann immer wir falsch raten, trägt eine resultierende Satzform nicht zur erzeugten Sprache bei. Kommen wir nun zum eigentlichen Beweis.

Beweis: O.B.d.A. sei $F = \{f\}$ und $(z_0,x,\$)\vdash_K^* (z,\varepsilon,\varepsilon) \leftrightarrow z = f$. Wie wir diese Bedingung erzwingen können, werden wir in den Aufgaben sehen.
Definiere $G = G'$ durch

- $I = Z \times \Gamma \times Z$,

- $S := (z_0,\$,f)$,

- P ist definiert durch:

  1. Falls $(z',x_k \ldots x_1) \in \delta(z,a,x)$, $x_i \in \Gamma$, $1 \leq i \leq k$, dann gibt es die Regeln

     $$(z,x,z_k) \rightarrow a(z',x_1,z_1)(z_1,x_2,z_2)\ldots(z_{k-2},x_{k-1},z_{k-1})(z_{k-1},x_k,z_k)$$

     für alle $z_1,z_2,\ldots,z_k \in Z$.

  2. Falls $(z',\varepsilon) \in \delta(z,a,x)$ mit $a \in T \cup \{\varepsilon\}$, dann gibt es die Regel

     $$(z,x,z') \rightarrow a.$$

Sei $\mathscr{H} := \{\alpha \in (Z \times \Gamma \times Z)^* \mid \alpha = \alpha_1(z_1,x_1,z_1')(z_2,x_2,z_2')\alpha_2 \rightarrow z_1' = z_2\}$ und $\phi \in \mathsf{ABB}(\mathscr{H},\Gamma^*)$ definiert durch $\phi(\varepsilon) = \varepsilon$, $\phi(\alpha(z,x,z')) = x\phi(\alpha)$ für alle $\alpha(z,x,z') \in \mathscr{H}$ (ϕ dekodiert die Tripel zu den mittleren Komponenten und bildet das Spiegelbild, wobei $\phi(\alpha\beta) = \phi(\beta)\phi(\alpha)$ gilt).

Behauptung 1:
$(\forall w,y \in T^*)(\forall z,z',z'' \in Z)(\forall \alpha \in I^*)(\forall n \in \mathbb{N})((z',x,z'') \Rightarrow_{lm}^n w\alpha \leftrightarrow (z',wy,x)\vdash_K^n (z,y,\phi(\alpha)))$
und entweder gilt $\alpha = (z,x_1,z_1)\beta(z_2,x_2,z'')$ mit $z_1,z_2 \in Z$, $x_1,x_2 \in \Gamma$, $\beta \in \mathscr{H}$ oder $\alpha = \varepsilon$ und $z = z''$.
Beweis durch Induktion über n:
Für $n = 1$ ist $(z',x,z'') \Rightarrow_{lm}^1 w\alpha \leftrightarrow (z',x,z'') \rightarrow w\alpha \in P$ ($\curvearrowright w \in T$).
1. Fall: $(z',x,z'') \rightarrow w\alpha$ ist Regel nach 1. $\leftrightarrow \alpha = (z,x_1,z_1)(z_1,x_2,z_2)\ldots(z_{k-1},x_k,z'')$ mit $z,z_1,\ldots,z_{k-1},z'' \in Z$ und $x_1,\ldots,x_k \in \Gamma$. Also:

$$
\begin{aligned}
(z',x,z'') \Rightarrow_{lm}^1 w\alpha \quad &\leftrightarrow \quad (z',x,z'') \rightarrow w(z,x_1,z_1)(z_1,x_2,z_2)\ldots(z_{k-1},x_k,z'') \in P \\
&\overset{\text{Def.}}{\leftrightarrow} \quad (z,x_k \ldots x_1) \in \delta(z',w,x) \\
&\leftrightarrow \quad (z',wy,x)\vdash_K (z,y,x_k \ldots x_1) \ (\forall y \in T^*).
\end{aligned}
$$

Da nun $\phi(\alpha) = x_k x_{k-1} \ldots x_1$ gilt, folgt damit:

$$(z', x, z'') \Rightarrow^1_{lm} w\alpha \leftrightarrow (z', wy, x) \vdash_K (z, y, \phi(\alpha)),$$

wobei $\alpha = (z, x_1, z_1)\beta(z_{k-1}, x_k, z'')$ mit $z_1, z_{k-1} \in Z$, $x_1, x_k \in \Gamma$, $\beta \in \mathcal{H}$, womit die Behauptung folgt.

2. Fall: $(z', x, z'') \to w\alpha$ ist Regel nach 2. $\leftrightarrow \alpha = \varepsilon$. Also:

$$
\begin{aligned}
(z', x, z'') \Rightarrow^1_{lm} w \quad &\leftrightarrow \quad (z', x, z'') \to w \in P \\
&\overset{\text{Def.}}{\leftrightarrow} \quad (z'', \varepsilon) \in \delta(z', w, x) \\
&\leftrightarrow \quad (z', wy, x) \vdash_K (z'', y, \varepsilon) \quad (\forall y \in T^\star).
\end{aligned}
$$

Da nun $\phi(\varepsilon) = \varepsilon$ gilt, folgt damit

$$(z', x, z'') \Rightarrow^1_{lm} \leftrightarrow (z', wy, x) \vdash_K (z, y, \phi(\alpha)), \text{ mit } \alpha = \varepsilon \wedge z = z''.$$

Sei die Aussage richtig für $\lambda \leq n$. Es ist

$$(z', x, z'') \Rightarrow^{n+1}_{lm} w\alpha \leftrightarrow \underbrace{(z', x, z'') \Rightarrow^n_{lm} w_1 A \alpha_2 \Rightarrow^1_{lm} w_1 a \alpha_1 \alpha_2}_{\text{Ind.-Voraus.}}$$

mit $w = w_1 a$, $\alpha = \alpha_1 \alpha_2$, $(A, a\alpha_1) \in P$. Sei $A = (\bar{z}_1, x', \bar{z}_2)$. Aus der Induktionsvoraussetzung folgt

$$(z', x, z'') \Rightarrow^n_{lm} w_1 A \alpha_2 \leftrightarrow (z', w_1 ay, x) \vdash_K{}^n (\bar{z}_1, ay, \phi(A\alpha_2)) = (\bar{z}_1, ay, \phi(\alpha_2)\underbrace{x'}_{=\phi(A)}), \qquad (2.12)$$

wobei entweder $A\alpha_2 = (\bar{z}_1, x_1, z_1)\beta(z_2, x_2, z'')$ mit $z_1, z_2 \in Z$, $x_1, x_2 \in \Gamma$, $\beta \in \mathcal{H}$ oder $A\alpha_2 = \varepsilon$ und $\bar{z}_1 = z''$ (unmöglich!) gilt, d. h.

entweder $\alpha_2 = \varepsilon \wedge \bar{z}_2 = z''$ (da dann $A = (\bar{z}_1, x', \bar{z}_2) = (\bar{z}_1, x_1, z_1)\beta(z_2, x_2, z'')$)   [1]

oder $\alpha_2 \neq \varepsilon \wedge \alpha_2 = (\bar{z}_2, x'_2, \bar{z}_2)\tilde{\beta}(z_2, x_2, z'')$, $\tilde{\beta} \in \mathcal{H}$,   [2]

wobei letzteres gilt, da $A\alpha_2 = (\bar{z}_1, x_1, z_1)\underbrace{(z_1, x'_2, \bar{z}_2)\tilde{\beta}(z_2, x_2, z'')}_{=\beta}$, $\tilde{\beta} \in \mathcal{H}$, und $A = (\bar{z}_1, x', \bar{z}_2)$ ist.

Da nun $(A, a\alpha_1) \in P \curvearrowright (\bar{z}_1, x', \bar{z}_2) \Rightarrow^1_{lm} a\alpha_1$ folgt mit der Induktionsvoraussetzung

$$(\bar{z}_1, x', \bar{z}_2) \Rightarrow^1_{lm} a\alpha_1 \leftrightarrow (\bar{z}_1, ay, x') \vdash_K{}^1 (z, y, \phi(\alpha_1)), \qquad (2.13)$$

wobei

entweder $\alpha_1 = (z, x_1, z_1)\beta(z_2, x_2, \bar{z}_2)$ mit $z_1, z_2 \in Z$, $x_1, x_2 \in \Gamma$, $\beta \in \mathcal{H}$ [3]

oder $\alpha_1 = \varepsilon$ und $z = \bar{z}_2$ [4]

gilt. Insgesamt ergibt sich mit (2.12) und (2.13)

$$(z',x,z'') \Rightarrow_{lm}^{n+1} w\alpha \quad \leftrightarrow \quad (2.12) \wedge (2.13)$$
$$\leftrightarrow \quad (z',w_1ay,x) \vdash_K^n (\bar{z}_1,ay,\phi(\alpha_2)x') \underbrace{\vdash_K}{}^1 (z,y,\phi(\alpha_2)\phi(\alpha_1)).$$

Nach (2.12) wird $\phi(\alpha_2)$ im Keller nicht verändert.

Da $w = w_1a \wedge \alpha = \alpha_1\alpha_2$ (d. h. $\phi(\alpha) = \phi(\alpha_2)\phi(\alpha_1)$) gilt, folgt

$$(z',x,z'') \Rightarrow_{lm}^{n+1} w\alpha \leftrightarrow (z',wy,x) \vdash_K^{n+1} (z,y,\phi(\alpha))$$

und die Behauptung folgt. Bleibt noch die Bedingung für α zu zeigen:

1. $\alpha_1 = \alpha_2 = \varepsilon$
   [1], [4] $\curvearrowright \alpha_2 = \varepsilon \wedge \bar{z}_2 = z'' \wedge \alpha_1 = \varepsilon \wedge z = \bar{z}_2 \curvearrowright \alpha = \alpha_1\alpha_2 = \varepsilon \wedge z = z''$.

2. $\alpha_1 \neq \varepsilon$, $\alpha_2 = \varepsilon$
   [1], [3] $\curvearrowright \alpha_2 = \varepsilon \wedge \bar{z}_2 = z'' \wedge \alpha_1 = (z,x_1,z_1)\beta(z_2,x_2,\bar{z}_2)$ mit $z_1,z_2 \in Z$, $x_1,x_2 \in \Gamma$, $\beta \in \mathcal{H}$.
   Damit folgt $\alpha = \alpha_1\alpha_2 = \alpha_1 = (z,x_1,z_1)\beta(z_2,x_2,z'')$ mit $z_1,z_2 \in Z$, $x_1,x_2 \in \Gamma$ und $\beta \in \mathcal{H}$.

3. $\alpha_1 = \varepsilon$, $\alpha_2 \neq \varepsilon$
   Analog zu 2. mit der Betrachtung von [2] und [4].

4. $\alpha_1 \neq \varepsilon$, $\alpha_2 \neq \varepsilon$
   [2], [3] $\curvearrowright \alpha_2 = (\bar{z}_2,x_2',\bar{z}_2)\tilde{\beta}(z_2,x_2,z'') \wedge \alpha_1 = (z,x_1,z_1)\beta(z_2,x_2,\bar{z}_2)$, $\beta, \tilde{\beta} \in \mathcal{H}$. Damit ist $\alpha = \alpha_1\alpha_2 = (z,x_1,z_1)\beta_1(z_2,x_2,z'')$ mit $\beta_1 \in \mathcal{H}$, $z_1,z_2 \in Z$ und $x_1,x_2 \in \Gamma$.

Wählen wir nun in Behauptung 1 $z' := z_0$, $x := S = \$$, $\alpha = \varepsilon$, $y := \varepsilon$, $z := f$ und $z'' := f$, so folgt

$$(z_0,\$,f) \Rightarrow_{lm}^n w \leftrightarrow (z_0,w,\$) \vdash_K^n (f,\varepsilon,\varepsilon)$$

und damit gilt $\mathscr{L}(G) = \mathscr{L}(G') = T_\Gamma(K) = T_F(K)$. $\qquad\square$

Damit haben wir insgesamt gesehen, dass die Menge der durch eine kontextfreie Chomsky-Grammatik erzeugbaren Sprachen gleich der Menge der durch einen nichtdeterministischen Kellerautomaten (mit leerem Keller oder mit Endzustand) akzeptierbaren Sprachen ist.

2.2.3 Turing-Maschinen

Der zuvor betrachtete Kellerautomat unterliegt zweierlei Einschränkungen; zum einen kann er auf seinen Speicher, den Keller, nicht wahlfrei zugreifen, zum anderen besitzt er nur eine Speichereinheit zur Unterstützung seiner Berechnungen. Das in diesem Abschnitt betrachtete Modell eines Akzeptors (spezieller Rechner zum Erkennen aller Wörter einer formalen Sprache) gibt diese beiden Einschränkungen auf.

Definition 2.23

Eine *k-Band-Turingmaschine* (TM) T ist ein 5-Tupel $T = (Z, A, \delta, z_0, E)$ mit

1. Z ist eine endliche Menge von Zuständen,

2. A ist das (endliche) Bandalphabet, $\square \in A$ ist das sog. Leerzeichen,

3. $\delta \in \mathrm{ABB}(Z \times A^k, Z \times A^k \times \{\mathsf{R}, \mathsf{L}, \mathsf{N}\}^k)$ ist die Transferfunktion,

4. $z_0 \in Z$ ist der Startzustand,

5. $E = \{z \in Z \mid (\forall a \in A^k)(\delta(z, a) \text{ ist undefiniert})\}$ ist die Menge der Endzustände.

In unserer Anschauung besitzt eine Turingmaschine k beidseitig unendliche, in Felder unterteilte Bänder. Für jedes Band hat sie einen Lese-Schreibkopf, der zu jedem Zeitpunkt auf genau einem der Felder steht und das Symbol (aus dem Alphabet A) dieses Feldes liest (und damit der Transferfunktion zur Verfügung stellt) und es anschließend u. U. durch ein anderes Symbol überdruckt. Danach kann ein jeder Kopf unabhängig von den anderen um ein Feld nach links (L) oder um ein Feld nach rechts (R) bewegt werden, oder er verbleibt an derselben Position (N). Das Leerzeichen $\square \in A$ ist der Inhalt all jener Felder der k Bänder, die von der Turingmaschine noch nicht explizit verwendet wurden, sei es für die Eingabe oder während einer Berechnung. Entsprechend sind jeweils nur endlich viele Felder eines jeden Bandes mit Symbolen ungleich $\square$ belegt. In Abhängigkeit des Zustandes und den k gelesenen Symbolen entscheidet die Turingmaschine mittels ihrer endlichen Kontrolle, in welchen Nachfolgezustand sie wechselt, welche u. U. neuen Inhalte die gerade durch die Lese-Schreibköpfe adressierten Felder der Bänder erhalten und welche Bewegungen die Köpfe im Anschluss vollziehen. Dabei repräsentiert also $\delta(z, a_1, \ldots, a_k) = (z', b_1 \ldots, b_k, t_1, \ldots, t_k)$ den Umstand, dass die Turingmaschine, wenn sie sich im Zustand z befindet und dort auf Band i das Symbol a_i liest, in den Zustand z' wechselt, Symbol a_i durch b_i überdruckt und den Lese-Schreibkopf des i-ten Bandes in Richtung t_i bewegt, $1 \leq i \leq k$.

Auch eine Turingmaschine können wir graphisch darstellen: Zustände korrespondieren wieder mit den Knoten eines Graphen, dessen Kanten die möglichen Zustandsübergänge widerspiegeln. Ist für den Übergang vom Zustand z nach z' nötig, dass die Turingmaschine das Zeichen a_i auf Band i liest und während der betrachteten Transition a_i durch b_i überdruckt und den i-ten Lese-Schreibkopf in Richtung t_i bewegt, $1 \leq i \leq k$, so ist die entsprechende Kante mit $(a_1, b_1, t_1)(a_2, b_2, t_2) \ldots (a_k, b_k, t_k)$ beschriftet.

Definition 2.24

Ist $T = (Z, A, \delta, z_0, E)$ eine k-Band-TM, so heißt $\vec{\chi} \in \bigcup_{z \in Z} (A^+ \{z\} A^+)^k$ *Konfiguration* von T. Falls $z \in E$, so heißt $\vec{\chi} \in (A^+ \{z\} A^+)^k$ *Endkonfiguration*.

Beschneiden wir ein Band um seine unendlichen Abfolgen von Leerzeichen $\square$ am linken und rechten Rand, so resultiert die *Bandinschrift* des betrachteten Bandes.

Definition 2.25

Sei $T = (Z, A, \delta, z_0, E)$ eine k-Band-TM. Die Relation $\vdash_T \subseteq (A^\star Z A^+)^k \times (A^\star Z A^+)^k$ auf der Menge der Konfigurationen von T ist wie folgt definiert: Mit $\delta(z, a_1, \ldots, a_k) = (z', c_1, \ldots, c_k, t_1, \ldots, t_k)$ gilt $\vec{\chi} = (x_1 z y_1, x_2 z y_2, \ldots, x_k z y_k) \vdash_T (x_1' z' y_1', x_2' z' y_2', \ldots, x_k' z' y_k') = \vec{\chi}'$ genau dann, wenn für $u_i, v_i \in A^\star$, $a_i, c_i \in A$, $b_i \in A \cup \{\varepsilon\}$, $1 \leq i \leq k$,

$$(x_j', y_j') = \begin{cases} (u_j, \mathsf{pad}(b_j) c_j v_j) & \text{falls } x_j = u_j b_j \wedge (b_j = \varepsilon \curvearrowright x_j = \varepsilon) \wedge y_j = a_j v_j \wedge t_j = \mathsf{L} \\ (u_j b_j c_j, \mathsf{pad}(v_j)) & \text{falls } x_j = u_j b_j \wedge y_j = a_j v_j \wedge t_j = \mathsf{R} \\ (u_j b_j, c_j v_j) & \text{falls } x_j = u_j b_j \wedge y_j = a_j v_j \wedge t_j = \mathsf{N} \end{cases}, 1 \leq j \leq k.$$

Dabei gelten $\mathsf{pad}(\varepsilon) = \square$ und $\mathsf{pad}(x) = x$ für $|x| \geq 1$. $\vec{\chi}'$ heißt *Nachfolgekonfiguration* von $\vec{\chi}$.

Definition 2.26

Sei $T = (Z, A, \delta, z_0, E)$ eine k-Band-TM und seien $w_1, w_2, \ldots, w_r \in A^\star$, $r \in [1 : k]$. Eine endliche Folge von Konfigurationen $(\vec{\chi}_0, \vec{\chi}_1, \ldots, \vec{\chi}_t)$ heißt *endliche Rechnung von T mit Eingabe* $w_1, \ldots, w_r$, falls gilt:

1. $\vec{\chi}_0 \in \{\square\}^\star \{z_0 w_1\} \{\square\}^\star \times \cdots \times \{\square\}^\star \{z_0 w_r\} \{\square\}^\star \times (\{\square\}^\star \{z_0\} \{\square\}^+)^{k-r}$,

2. $\vec{\chi}_i \vdash_T \vec{\chi}_{i+1}, 0 \leq i < t$,

3. $\vec{\chi}_t$ ist Endkonfiguration.

t heißt *Länge der Rechnung*. Eine unendliche Folge von Konfigurationen mit den Eigenschaften 1. und 2. heißt *unendliche Rechnung von T mit Eingabe* $w_1, \ldots, w_r$. Die Rechnung heißt *kanonisch*, falls $\vec{\chi}_0 = (z_0 w_1, z_0 w_2, \ldots, z_0 w_r, \underbrace{z_0 \square, \ldots, z_0 \square}_{(k-r)\text{-mal}})$.

Beachte, dass nur deshalb verschiedene Rechnungen bei identischer Eingabe existieren, da wir $\square$-Symbole an die Konfigurationen anhängen dürfen. Der Determinismus der Turingmaschine erlaubt keine anderen Gründe für unterschiedliche Rechnungen. Um auch diese Wahlmöglichkeiten auszuschließen, zieht man sich auf kanonische Rechnungen zurück.

Beispiel 2.12

Die 2-Band-Turingmaschine $T = (\{z_0, z_1, z_e\}, A, \delta, z_0, \{z_e\})$ mit $\delta(z_0, a, \square) = (z_0, a, a, \mathsf{R}, \mathsf{R})$ für alle $a \in A \setminus \{\square\}$, $\delta(z_0, \square, \square) = (z_1, \square, \square, \mathsf{L}, \mathsf{L})$, $\delta(z_1, a, a) = (z_1, a, a, \mathsf{L}, \mathsf{L})$ für alle $a \in A \setminus \{\square\}$ und $\delta(z_1, \square, \square) = (z_e, \square, \square, \mathsf{R}, \mathsf{R})$ ist eine *Kopiermaschine*. Sie liest die Eingabe vom ersten Band, kopiert diese zeichenweise auf das zweite und bewegt dann beide Lese-Schreibköpfe wieder an den Anfang der Eingabe zurück, bevor sie im Zustand z_e stehen bleibt. Formal stellt sich dieses Verhalten wie folgt dar (kanonische Rechnung): $(z_0 x_1 x_2 \ldots x_n, z_0 \square) \vdash_T^\star (x_1 x_2 \ldots x_{n-1} z_0 x_n, x_1 x_2 \ldots x_{n-1} z_0 \square) \vdash_T (x_1 x_2 \ldots x_n z_0 \square, x_1 x_2 \ldots x_n z_0 \square)$ $\vdash_T (x_1 x_2 \ldots x_{n-1} z_1 x_n \square, x_1 x_2 \ldots x_{n-1} z_1 x_n \square) \vdash_T^\star (z_1 \square x_1 x_2 \ldots x_n \square, z_1 \square x_1 x_2 \ldots x_n \square)$ $\vdash_T (\square z_e x_1 x_2 \ldots x_n \square, \square z_e x_1 x_2 \ldots x_n \square)$.

Definition 2.27

Sei $T = (Z, A, \delta, z_0, E)$ eine k-Band-TM und $\vec{\chi} = (\chi_1, \chi_2, \ldots, \chi_k)$ eine Konfiguration. Die Größe $|\vec{\chi}| := -k + \sum_{1 \leq i \leq k} |\chi_i|$ heißt *Länge der Konfiguration* $\vec{\chi}$; (hierbei bezeichnet $|w|$ wie üblich die Länge des Wortes w). Ist $\vec{\chi}_0, \ldots, \vec{\chi}_t$ eine kanonische Rechnung von T, dann heißt

$$B(T) = \max_{0 \leq i \leq t} \{|\vec{\chi}_i|\}$$

Bandverbrauch der Rechnung.

Der Bandverbrauch einer Rechnung ist also nichts anderes als die maximale Anzahl der Felder, die ursprünglich auf allen Bändern zusammengenommen durch die Eingabe belegt waren oder während der Rechnung von den Lese-Schreibköpfen auf allen Bändern besucht wurden. Dabei kann der Bandverbrauch auch für eine unendliche Rechnung eine sinnvolle Größe darstellen, nämlich dann, wenn die Turinigmaschine auf einem endlichen Bandstück in eine Schleife gerät.

Beispiel 2.13
Betrachte die Kopiermaschine T aus vorherigem Beispiel. Es gilt $B(T) = 2n + 4$ für n die Länge der Eingabe.

Definition 2.28
Sei $f \in \text{ABB}(\mathbb{N}_0, \mathbb{N}_0)$ eine (eventuell) partielle Funktion und T eine k-Band-TM. T heißt $f(n)$-*zeitbeschränkt*, wenn für alle Eingaben $w_1, w_2, \ldots, w_r, r \leq k$, gilt:
Die Länge der kanonischen Rechnung von T mit Eingabe $w_1, w_2, \ldots, w_r$ ist höchstens $f(|w_1 w_2 \cdots w_r|)$.
T heißt $f(n)$-*bandbeschränkt*, wenn für alle Eingaben $w_1, w_2, \ldots, w_r, r \leq k$, gilt:
Der Bandverbrauch der kanonischen Rechnung von T mit Eingabe $w_1, w_2, \ldots, w_r$ ist höchstens $f(|w_1 w_2 \cdots w_r|)$.

Man kann sich nun fragen, ob es tatsächlich ein Vorteil ist, dass die Maschine mehrere Bänder zur Verfügung hat oder dass die Bänder beidseitig unendlich sind. Wie wir nachfolgend sehen werden, ist dies nicht der Fall und ein einzelnes, einseitig unendliches Band reicht vollkommen aus, um die volle Funktionalität einer Turingmaschine zu erhalten. Dabei werden wir jeweils die Rechnungen der Maschine mit der komplexeren Struktur durch die der einfacheren simulieren, um den Nachweis der Äquivalenz zu erbringen.

2.2.3.1 Reduktion von k-Band-Turingmaschinen

Jede Turingmaschine $T = (Z, A, \delta, z_0, E)$ definiert durch folgende Festlegung eine (eventuell) partielle Funktion $f_T \in \text{ABB}((A^\star)^r, A^\star)$:

$$f_T(w_1, \ldots, w_r) := \begin{cases} \text{Bandinschrift auf Band 1 am Ende der Rechnung von } T \\ \text{bei Eingabe } w_1 * w_2 * \cdots * w_r, * \in A \qquad \text{falls } T \text{ hält,} \\ \text{und } * \text{ tritt in } w_i \text{ nicht auf, } 1 \leq i \leq r, \\ \\ \text{undefiniert} \qquad\qquad\qquad\qquad\qquad\qquad\qquad\qquad \text{sonst.} \end{cases}$$

Dabei wird nun die Eingabe durch das Symbol $*$ getrennt nur noch auf das erste Band geschrieben, was keine Einschränkung darstellt, denn die Turingmaschine kann sich ja selbst die w_i auf ihre verschiedenen Bänder verteilen/kopieren; da $*$ in keinem der w_i vorkommt, kann sie die Trennstellen eindeutig identifizieren.

Definition 2.29
Die Funktion $f \in \text{ABB}((A^\star)^r, A^\star)$ heißt *Turing-berechenbar*, wenn es eine Turingmaschine T mit $f = f_T$ gibt. Die Turingmaschine T' *simuliert* T, falls gilt:

$$(\forall w_1, \ldots, w_r \in A^\star)(f_{T'}(w_1, \ldots, w_r) = f_T(w_1, \ldots, w_r)).$$

Bemerkung 2.14

Mit dieser Definition haben wir einfach so nebenbei unsere erste Formalisierung der Idee der *Berechenbarkeit* gefunden. Eigentlich betrachten wir Turingmaschinen an dieser Stelle als Akzeptor, also als Pendant zu den zu Beginn eingeführten Sprach- und Grammatikklassen. In diesem Kontext ist es überflüssig, die von einer Maschine berechnete Funktion zu definieren. Wollen wir aber nachweisen, dass auch eine *abgespeckte* Variante der Turingmaschine all das kann, was die ursprüngliche Variante vermochte, so bietet es sich an, diesen Nachweis auf Basis der von einer Turingmaschine berechenbaren Funktionen zu führen. Jedoch erscheint es abwegig, die Klasse aller *überhaupt berechenbaren* Funktionen in den Berechnungen einer derart primitiven Maschine suchen zu wollen – oder was denken Sie?

Satz 2.14

Seien $s, t \in \mathrm{ABB}(\mathbb{N}_0, \mathbb{N}_0)$ mit $t(n) \geq n$ für alle $n \in \mathbb{N}_0$, und T eine $s(n)$-band- und $t(n)$-zeitbeschränkte 1-Band-Turingmaschine, deren Ausgabe keine Felder links der Position des Lese-Schreibkopfes in der Anfangskonfiguration belegt. Dann gibt es eine $(s(n) + 1)$-band- und $\mathcal{O}(t(n))$-zeitbeschränkte[4] 1-Band-Turingmaschine T', welche T simuliert und nie Felder links der Position des Lese-Schreibkopfes in der Anfangskonfiguration besucht.

Beweisskizze: Zum Beweis skizzieren wir die Konstruktion einer Turingmaschine, die das im Satz behauptete leistet: Sei $T = (Z, A, \delta, z_0, E)$. Wir stellen uns die Felder des Bandes von T nummeriert vor, wobei der Lese-Schreibkopf von T in der Anfangskonfiguration auf dem Feld mit Nummer 0 steht, die rechts (bzw. links) davon befindlichen Felder werden mit $+1, +2, +3, \ldots,$ $+k, \ldots$ (bzw. $-1, -2, -3, \ldots, -k, \ldots$) markiert, je nachdem wie viele Felder sie von der mit 0 markierten Position entfernt sind. Sei $\bowtie \notin A$. Wir geben eine Turingmaschine $T' = (Z \times \{u, o\}, A \times (A \cup \{\bowtie\}), \delta', z'_0, E')$ an, welche T simuliert. Die Wahl des Alphabets der Maschine T' entspricht der Idee, das Band der neuen Turingmaschine mit zwei Spuren auszustatten. Mit der Indizierung der Zustände mit u bzw. o steuern wir, welche der beiden Spuren gerade ausgewertet wird, die untere oder die obere. Wir verwenden dann die obere Spur zur Speicherung der mit einer positiven, die untere zur Speicherung der mit einer negativen Nummer versehenen Felder des Bandes von T. Dabei interpretieren wir ein Tupel (a, a), $a \in A$, als Inhalt eines Feldes des Bandes von T' als äquivalent zum Symbol $a \in A$, d. h. aus der Eingabe $w_1, w_2, \ldots, w_n$ für T wird die Eingabe $(w_1, w_1)(w_2, w_2) \ldots (w_n, w_n)$ für T' und das Tupel $(\square, \square)$ repräsentiert das Leerzeichen des Bandes mit Spuren.

Zu Beginn der Berechnung steht der Lese-Schreibkopf von T' auf dem ersten Symbol der Eingabe, also auf (w_1, w_1). Dieses überschreibt sie mit $(w_1, \bowtie)$, wodurch die Position des Kopfes in der Anfangskonfiguration markiert wird. Anschließend werden die restlichen mit Eingabesymbolen belegten Felder besucht, und (w_i, w_i) mit $(w_i, \square)$ überdruckt, $2 \leq i \leq n$. Die Simulation ist vorbereitet, wenn T' zur mit $\bowtie$ markierten Position zurückgekehrt ist; insgesamt werden dafür $\mathcal{O}(n)$ Schritte benötigt und der Bandverbrauch ist $n + 1$.

Nun simuliert T' die Bewegungen von T wie folgt:

1. $\delta(z, \square) = (z', c, t) \quad \curvearrowright \quad \delta'((z, o), (\square, \square)) = ((z', o), (c, \square), t)$
    $$\delta'((z, u), (\square, \square)) = ((z', u), (\square, c), \bar{t}) \text{ mit } \bar{\mathsf{L}} = \mathsf{R}, \bar{\mathsf{R}} = \mathsf{L}, \bar{\mathsf{N}} = \mathsf{N}.$$

---

[4] Die Notation $\mathcal{O}(f(n))$ steht für die Menge aller Funktionen g, für die es eine Konstante $c > 0$ und ein $n_0 \in \mathbb{N}$ gibt, so dass $g(n) \leq c \cdot f(n)$ für alle $n \geq n_0$. Damit hat eine $\mathcal{O}(t(n))$-zeitbeschränkte Turingmaschine für große Eingaben eine Rechenzeit, die höchstens einen konstanten Faktor größer ist, als die einer $t(n)$-zeitbeschränkten.

2. $\delta(z,a) = (z',c,t) \quad \curvearrowright \quad \delta'((z,o),(a,b)) = (z',o),(c,b),t)$

$\delta'((z,u),(b,a)) = ((z',u),(b,c),\bar{t})$ mit $\overline{\mathsf{L}} = \mathsf{R}, \overline{\mathsf{R}} = \mathsf{L}, \overline{\mathsf{N}} = \mathsf{N}$,

$$\delta'((z,o),(a,\bowtie)) = \begin{cases} ((z',u),(c,\bowtie),\mathsf{R}) & \text{falls } t = \mathsf{L} \\ ((z',o),(c,\bowtie),\mathsf{N}) & \text{falls } t = \mathsf{N}, \circ \in \{u,o\} \\ ((z',o),(c,\bowtie),\mathsf{R}) & \text{falls } t = \mathsf{R} \end{cases}$$

Anschaulich geschieht damit genau das oben angedeutete: Ein Feld $j > 0$ (bzw. $j < 0$) bzgl. T entspricht dem Feld j der oberen (unteren) Spur von T', das Feld 0 von T selbst wird durch die obere Spur von Feld 0 für T' repräsentiert. Dabei werden für Bewegungen links der Position 0 die Richtungen umgekehrt, damit diese Korrespondenz erhalten bleibt.

Diese Simulation erfordert maximal $t(n)$ Schritte und erzeugt eine Bandinschrift der Länge höchstens $s(n)$, da dies beides für T zutrifft. An deren Ende erhalten wir anschaulich die am Feld 0 *gefaltete* Bandinschrift von T.

Zum Schluss muss T' das berechnete Ergebnis noch in die unserer Kodierung entsprechende Form überführen. Da nach Voraussetzung des Satzes die Ausgabe von T kein Feld des Bandes links der Position des Lese-Schreibkopfes in der Anfangskonfiguration belegt (unsere Position 0) läuft T' dafür noch einmal das Band beginnend an Position 0 ab und kopiert das in der oberen Spur befindliche Symbol (es ist dies ein Symbol der Ausgabe), auch auf die untere Spur. Dies kann in $\leq s(n)$ vielen Schritten erledigt werden. Hat T die Ausgabe $v_0 v_1 \cdots v_s$ erzeugt, enthält das Band von T' nun die Symbole $(v_0,v_0)(v_1,v_1) \cdots (v_s,v_s)$, was gemäß unserer Festlegung dem zu berechnenden Ergebnis entspricht.

Insgesamt benötigt T' $\mathcal{O}(n) + t(n) + \mathcal{O}(s(n)) = \mathcal{O}(n) + \mathcal{O}(t(n)) = \mathcal{O}(t(n))$ viele Schritte, da nach Voraussetzung $t(n) \geq n$ gilt und eine Turingmaschine mit $t(n)$ Schritten höchstens $\mathcal{O}(t(n))$ viele Felder besuchen kann, womit $s(n) = \mathcal{O}(t(n))$ folgt. Die Anzahl an verwendeten Feldern des Bandes ist offensichtlich gleich der im Satz behaupteten. (Die $+1$ resultiert dabei daher, dass wir bei der Initialisierung des Bandes, also beim überdrucken der Eingabe auch auf der unteren Spur, zur Erkennung des Endes der Eingabe das Leerzeichen rechts von w_n betreten müssen, was für T nicht zwingend gelten muss.) $\square$

Bemerkung 2.15

Da die im vorherigen Beweis verwendete Simulation auch gleichzeitig auf mehreren Bändern durchgeführt werden kann, gilt die Aussage vorherigen Satzes auch für k-Band-Turingmaschinen. Als Konsequenz können wir in unserem Maschinenmodell also auf beidseitig unendliche Bänder verzichten; einseitig unendliche sind vollkommen ausreichend. Voraussetzung hierfür ist jedoch noch, dass die Ausgabe der originalen Turingmaschine kein Feld links der Kopfposition zu Beginn der Rechnung belegt. Wir werden nun sehen, wie auch diese Voraussetzung aufgegeben werden kann.

Satz 2.15
Seien $s,t \in \mathrm{ABB}(\mathbb{N}_0,\mathbb{N}_0)$ mit $t(n) \geq n$ für alle $n \in \mathbb{N}_0$, und T eine $s(n)$-band- und $t(n)$-zeitbeschränkte k-Band-Turingmaschine. Dann gibt es eine $\mathcal{O}(s(n))$-band- und $\mathcal{O}(t(n) + \delta_{1,k}s^2(n))$-zeitbeschränkte[5] k-Band-Turingmaschine T', welche T simuliert, deren Ausgabe keine Felder links der Position des Lese-Schreibkopfes in der Anfangskonfiguration belegt.

Beweisskizze: Wir geben eine Turingmaschine T' an, die T simuliert und die im Satz genannten Eigenschaften besitzt. Dabei können wir o.B.d.A. annehmen, dass die Turingmaschine T niemals

---

[5]Das Symbol $\delta_{i,j}$ bezeichnet man als *Kronecker-Delta* und es repräsentiert den Wert 1, falls $i = j$ gilt, den Wert 0 sonst.

das Leerzeichen $\square$ druckt, denn sollte dies der Fall sein, so modifizieren wir T derart, dass T das Zeichen $\boxplus$ wie $\square$ interpretiert, aber statt $\square$ immer $\boxplus$ druckt; am Ende der Simulation ersetzen wir wieder alle Vorkommen von $\boxplus$ durch $\square$.

1. Fall: $k = 1$. Wir beginnen die Simulation von T genau wie in der Beweisskizze zu Satz 2.14, d. h. T' hat zwei Spuren, die für die Eingabe $w = w_1 w_2 \ldots w_n$ mit den Tupeln (w_i, w_i) beschrieben sind und für die T' dann die Position 0 auf der unteren Spur mit $\bowtie \notin A$ markiert und die restlichen mit Eingabesymbolen belegten Felder der unteren Spur mit Leerzeichen überschreibt. Nun verhält sich T' auf der oberen Spur genau wie T (die untere Spur bleibt unberührt) und erzeugt schließlich auf der oberen Spur die Bandinschrift $\cdots \square u_0 u_1 \ldots u_{s-1} u_s u_{s+1} \ldots u_q \square \cdots$ ($u_0 u_1 \ldots u_q$ ist also die Ausgabe von T), wobei wir annehmen wollen, dass u_s das Element an Position 0 ist. Sollte der Lese-Schreibkopf von T' nicht auf dem weitesten links von $(\square, \square)$ verschiedenen Symbol stehen, dann wird er dorthin bewegt.

Bis hierher benötigt die Simulation $\mathcal{O}(t(n))$ Schritte, da T $t(n)$-zeitbeschränkt ist. Der Bandverbrauch der Simulation ist bisher $\leq s(n)$, da T $s(n)$-bandbeschränkt ist.

a) Steht nun der Lese-Schreibkopf auf dem Feld mit Nummer 0, was unsere Turingmaschine anhand der Markierung auf der unteren Spur erkennen kann, so ist auch hier lediglich noch dafür zu sorgen, dass die Symbole der oberen Spur auf die untere übernommen werden (d. h. dass das Feld $(u_0, \bowtie)$ durch (u_0, u_0) und die Felder $(u_i, \square)$ durch (u_i, u_i), $1 \leq i \leq q$, überdruckt werden). Dafür benötigen wir offensichtlich $\mathcal{O}(s(n))$ Schritte bei einem Bandverbrauch von höchstens $s(n) + 1$.

b) Steht aber der Lese-Schreibkopf von T' nicht auf dem Feld mit der Nummer 0, so verschiebt T' den Inhalt der oberen Spur, also $u_0 u_1 \ldots u_q$, um eine Position nach rechts (d. h. nun steht u_s an Position $+1$ anstelle von Position 0) und sucht wieder die Position des linkesten von $\square$ verschiedenen Symbols der oberen Spur auf. Ist dieses nun an Position 0, so verfahren wir wie unter a), sonst iterieren wir das unter b) beschriebene Vorgehen, bis die Voraussetzung für a) erfüllt ist. Im schlimmsten Fall wird das Vorgehen unter b) $s(n)$-mal durchlaufen, wodurch ein Aufwand von $s(n)\mathcal{O}(s(n))$ entsteht, und der Bandinhalt um $s(n)$ Positionen verschoben wird. Unser Bandverbrauch erhöht sich dabei auf höchstens $2s(n) + 2 = \mathcal{O}(s(n))$. Die Laufzeit für die gesamte Simulation liegt entsprechend in $\mathcal{O}(t(n) + s^2(n))$.

2. Fall: $k \geq 2$. Hier kopieren wir zunächst die Eingabe auf die obere Spur des ersten Bandes (machen aus den Tupeln (w_i, w_i) der Eingabe die Tupel $(w_i, \square)$, $1 \leq i \leq n$) und markieren auf allen Bändern Position 0 mit dem Symbol $\bowtie \notin A$. Dies gelingt mit $\mathcal{O}(n)$ Schritten und einem Bandverbrauch von $n + 1$. Nun verhält sich T' auf der oberen Spur eines jeden Bandes genau wie T und erzeugt so auf der oberen Spur des i-ten Bandes die Inschrift
$$\cdots \square u_0^{(i)} u_1^{(i)} \ldots u_{s_i-1}^{(i)} u_{s_i}^{(i)} u_{s_i+1}^{(i)} \ldots u_{q_i}^{(i)} \square \cdots, \quad 1 \leq i \leq k,$$
also die Bandinschriften, die T auf seinen k Bändern erzeugt hätte. Die unteren Spuren aller Bänder bleiben dabei unberührt. Auch hier sorgen wir dafür, dass alle Lese-Schreibköpfe auf dem jeweils linkesten Feld ungleich $(\square, \square)$ eines jeden Bandes stehen.

Aufwand: $\mathcal{O}(t(n))$ Schritte, da T $t(n)$-zeitbeschränkt und ein Bandverbrauch $\leq s(n)$, da T $s(n)$-bandbeschränkt ist.

Da wir nur die oberen Spuren der Bänder verwenden, können wir die unteren Spuren dazu benutzen, Daten zwischenzuspeichern, ohne zuvor berechnete Ausgaben zu verlieren. Entsprechend kopiert T' nun die Bandinschrift der oberen Spur der Bandes 1 (das ist unser Ergebnis) auf die Felder mit der Nummer $1, 2, 3, \ldots$ der unteren Spur des zweiten Bandes und löscht dabei die obere Spur von Band 1 (auf Band 1 sind danach alle Felder mit $(\Box,\Box)$ belegt, außer das an Position 0, das die Inschrift $(\Box,\bowtie)$ trägt). Der Lese-Schreibkopf der Bänder 1 und 2 wird danach jeweils an die Position 0 des entsprechenden Bandes bewegt.

Aufwand: $\mathscr{O}(s(n))$ Schritte, wobei sich der Bandverbrauch um höchstens $s(n)$ erhöht.

Nun kopiert T' die Bandinschrift der unteren Spur von Band 2 auf die Felder $0, 1, 2, 3, \ldots$ der oberen Spur von Band 1 und löscht dabei die Spur 2 des zweiten Bandes. Damit besitzt nun Band 2 wieder dieselbe Bandinschrift wie am Ende der Simulation von T, Band 1 besitzt die an Position 0 verschobene Inschrift $u_0^{(1)} u_1^{(1)} \ldots u_q^{(1)}$.

Aufwand: $\mathscr{O}(s(n))$ Schritte bei einem um höchstens $s(n)$ Felder erhöhten Bandverbrauch.

Abschließend kopiert T' die Bandinschrift der oberen Spur von Band i auf die Felder $1, 2, 3, \ldots$ der unteren Spur von Band 1 und löscht dabei die obere Spur von Band i; anschließend kopiert T' die Bandinschrift der unteren Spur von Band 1 auf die Felder $0, 1, 2, 3, \ldots$ der oberen Spur von Band i und löscht dabei die untere Spur von Band 1. Dies wird nacheinander für $i = 2, 3, 4, \ldots, k$ durchgeführt. Nach $i = k$ hat dann Band i auf seiner oberen Spur die Inschrift $u_0^{(i)} u_1^{(i)} \ldots u_{q_i}^{(i)}$ beginnend bei Position 0, die untere Spur enthält nur Leerzeichen, mit Ausnahme von Position 0, die auf der unteren Spur das Symbol $\bowtie$ enthält, $1 \le i \le k$.

Aufwand: Für jedes Band $\mathscr{O}(s(n))$ Schritte bei einem um höchstens $2s(n)$ Felder erhöhten Bandverbrauch.

Nun ist nur noch der Konvention unserer Kodierung zu genügen, d. h. wir müssen für die Inschriften aller Bänder dafür sorgen, dass aus $(u_0^{(i)},\bowtie)$ das Tupel $(u_0^{(i)}, u_0^{(i)})$ und aus $(u_j^{(i)}, \Box)$ das Tupel $(u_j^{(i)}, u_j^{(i)})$ wird, $1 \le j \le q_i$, $1 \le i \le k$.

Akkumulieren wir die Schrittzahlen aller Phasen unserer Simulation, so resultiert

$$\mathscr{O}(n) + \mathscr{O}(t(n)) + \mathscr{O}(s(n)) + \mathscr{O}(s(n)) + (k-1)\mathscr{O}(s(n)) + \mathscr{O}(s(n))$$

$$= \mathscr{O}(t(n)) + \mathscr{O}(s(n)) = \mathscr{O}(t(n)),$$

da k eine Konstante ist und der Bandverbrauch nie größer sein kann als die Rechenzeit, also $s(n) = \mathscr{O}(t(n))$ gilt. Entsprechend resultiert für den Bandverbrauch eine obere Schranke von $\mathscr{O}(s(n))$ wie im Satz behauptet. $\Box$

Satz 2.16

Seien $s, t \in \mathrm{ABB}(\mathbb{N}_0, \mathbb{N}_0)$ mit $t(n) \ge n$ für alle $n \in \mathbb{N}_0$, und T eine $s(n)$-band- und $t(n)$-zeitbeschränkte k-Band-Turingmaschine. Dann gibt es eine $\mathscr{O}(s(n))$-band- und $\mathscr{O}(s(n) \cdot t(n))$-zeitbeschränkte 1-Band-Turingmaschine T', welche T simuliert, deren Lese-Schreibkopf in der Endkonfiguration auf dem am weitesten links von $\Box$ verschiedenen Zeichen steht.

Beweisskizze: Auch hier nehmen wir an, dass $T = (Z, A, \delta, z_0, E)$ niemals das Symbol $\Box$ druckt und verweisen auf vorherige Beweisskizze hinsichtlich einer Konstruktion, mit deren Hilfe dies stets vermieden werden kann. Die zu konstruierende Turingmaschine T' hat ein Band mit $(k+1)$ Spuren $0, 1, 2, \ldots, k$. Sie arbeitet wie folgt:

a) Bei Eingabe $w_1 w_2 \ldots w_n$, $w_i \in A$, $1 \le i \le n$, (nun steht das Tupel mit $k+1$ Vorkommen von w_i für das Alphabetszeichen $w_i \in A$) kopiert T' die Eingabe auf Spur 1 und markiert das Feld mit Nummer 0 in Spur 0 mit z_0, d. h. speichert in Spur 0 an Position 0 ihre Zustandsnummer.

Aufwand: $\mathscr{O}(n)$ Schritte bei einem Bandverbrauch von $n + 2$ Feldern.

b) T' simuliert nun T, so dass gilt: Wenn die Berechnung von T in den Zustand $z \in Z$ führt, wobei der Lese-Schreibkopf des i-ten Bandes auf einem Feld steht, in dem das Symbol $a_i \in A$ gespeichert ist, $1 \leq i \leq k$, so speichert das Feld an Position 0 des Bandes von T' das Zeichen $(z, a_1, a_2, \ldots, a_k)$.

Geht nun der Lese-Schreibkopf von T auf Band i um eine Position nach links (rechts) oder bleibt er stehen, so wird die Bandinschrift auf Spur i der Turingmaschine T' ein Feld nach rechts (links) verschoben (d. h. kopiert) oder bleibt an ihrer Position, $1 \leq i \leq k$. Anschließend werden die neuen Symbole gedruckt, d. h. werden bei der Turingmaschine T im Zustand z die Symbole a_i durch c_i überschrieben und geht T anschließend in den Zustand z', so wird bei der Turingmaschine T' der Inhalt $(z, a_1, \ldots, a_k)$ im Feld 0 mit $(z', c_1, \ldots, c_k)$ überdruckt.

Aufwand: Das Verschieben der Bandinhalte benötigt $k \mathcal{O}(s(n)) = \mathcal{O}(s(n))$ Schritte. Es werden $t(n)$ Schritte simuliert, da T eine $t(n)$-zeitbeschränkte Turingmaschine ist. Damit folgt die Zeitschranke des Satzes. Letztlich ist T' offensichtlich $\mathcal{O}(s(n))$-bandbeschränkt, wie behauptet, und der Satz damit gezeigt. $\qquad\square$

Bemerkung 2.16

Fassen wir die Aussagen der drei letzten Sätze zusammen, so folgt: Ist T eine $s(n)$-bandbeschränkte, $t(n)$-zeitbeschränkte k-Band -Turingmaschine mit $t(n) \geq n$ für alle $n \in \mathbb{N}_0$, dann gibt es eine $\mathcal{O}(s(n))$-bandbeschränkte, $\mathcal{O}(s(n)t(n) + \delta_{1,k}s^2(n)) = \mathcal{O}(t^2(n))$-zeitbeschränkte 1-Band -Turingmaschine, welche T simuliert und nie Felder links der Position des Lese-Schreibkopfes in der Anfangskonfiguration besucht. Hierbei steht der Lese-Schreibkopf von T' in der Endkonfiguration auf dem ersten Ausgabezeichen.

Also: Alles was mit einer k-Band-Turingmaschine berechnet werden kann, lässt sich auch mit einer 1-Band-Turingmaschine berechnen, welche ein linksseitig endliches Band besitzt (Umkehrung offensichtlich).

Ist T eine 1-Band-Turingmaschine mit dieser Eigenschaft, dann lässt sich immer erreichen, dass der Lese-Schreibkopf am Ende einer kanonischen Berechnung auf dem gleichen Feld wie bei Beginn der Rechnung steht (markiere Feld links des Startfeldes mit Sonderzeichen und verschiebe das Ergebnis nach links zum Startfeld; dies ist aufgrund der Markierung und da der Kopf der Turingmaschine in der Endkonfiguration auf dem ersten Symbol der Ausgabe steht, möglich). Eine Turingmaschine mit diesem Verhalten hat *Standardform*, d. h.:

- Falls T hält, dann ist die Bandinschrift das Resultat der kanonischen Rechnung.
- Der Lese-Schreibkopf von T steht in der End- und Anfangskonfiguration auf dem gleichen Feld (an der gleichen Position).
- In der Anfangskonfiguration (Endkonfiguration) steht der Lese-Schreibkopf von T auf dem ersten Zeichen der Eingabe (Ausgabe).
- T hat ein linksseitig endliches, rechtsseitig unendliches Band.

Wir betrachten künftig nur noch 1-Band-Turingmaschinen in Standardform, da sie keine Einschränkung der Möglichkeiten einer allgemeinen k-Band-Turingmaschine darstellen.

2.2.3.2 Von Turingmaschinen erkannte Sprachen

Im vorherigen Abschnitt haben wir die von einer Turingmaschine berechnete Funktion definiert. Hier wollen wir die Turingmaschine nun wie anfänglich geplant dafür verwenden, eine Sprache zu akzeptieren. Dabei wird uns die Menge der Endzustände E nützlich sein; wir betrachten ein Wort w nämlich als von einer Turingmaschine M akzeptiert, wenn die Berechnung von M bei Eingabe w in einem Endzustand terminiert. Entsprechend ist die von einer Turingmaschine M akzeptierte Wortmenge $T(M)$ als die Menge aller von der Turingmaschine akzeptierten Wörter definiert. Wird ein Wort $w \notin T(M)$ eingegeben, so kann M entweder nicht halten (unendliche Rechnung; dies entspricht dem Fall eines undefinierten Ergebnisses der Berechnung) oder die Rechnung terminiert in einem Zustand $z \notin E$. Wir können uns diese Art der Akzeptanz einer Sprache auch so vorstellen, dass die Turingmaschine die charakteristische Funktion χ der betrachteten Sprache berechnet. Nur erzeugt sie nicht direkt deren Funktionswert aus $\{0,1\}$ als Ausgabe, sondern zeigt die jeweilige Antwort durch den Zustand an, in dem sie terminiert (sofern dies geschieht, andernfalls ist der gesuchte Funktionswert undefiniert).

Ziel dieses Abschnitts ist es, ein den kontextsensitiven Sprachen äquivalentes Automatenmodell zu finden. Ein solches ist durch eine spezielle Form einer nichtdeterministischen Turingmaschine gegeben. Dabei heißt eine Turingmaschine *nichtdeterministisch*, wenn für Ihre Transferfunktion δ gilt:

$$\delta \in \text{ABB}(Z \times A^k, \wp(Z \times A^k \times \{R, L, N\}^k)).$$

Alle sonstigen Definitionen lassen sich analog von der deterministischen auf die nichtdeterministische Turingmaschine übertragen; wir müssen nur darauf achten, dass nun aus $\delta(z, a_1, \ldots, a_k) = (z', c_1, \ldots, c_k, t_1, \ldots, t_k)$ ein $(z', c_1, \ldots, c_k, t_1, \ldots, t_k) \in \delta(z, a_1, \ldots, a_k)$ werden muss.

Bemerkung 2.17
Die Möglichkeiten der nichtdeterministischen und der deterministischen Turingmaschine sind äquivalent, d. h. jede Sprache, die eine nichtdeterministische TM akzeptieren kann, kann auch eine deterministische akzeptieren und umgekehrt. Dasselbe gilt auch für die von Turingmaschinen berechenbaren Funktionen. Lediglich der Ressourcenbedarf (Platz, Zeit) erhöht sich, will man auf den Nichtdeterminismus verzichten.

Definition 2.30
Ein *linear beschränkter Automat* (LBA) ist eine nichtdeterministische 1-Band-Turingmaschine $M = (Z, A, \delta, z_0, E)$ mit folgender Eigenschaft: Ist $\hat{a}$ für $a \in A$ eine markierte Kopie[6] des Symbols a und sind $a_1, \ldots, a_n \in A$, $n \geq 1$, so gilt für alle Konfigurationen $\alpha z \beta$ mit

$$z_0 a_1 \cdots a_{n-1} \hat{a}_n \vdash_M^\star \alpha z \beta,$$

dass $|\alpha\beta| = n$ ist. Die von M akzeptierte Sprache $T(M)$ ist definiert als

$$T(M) := \{a_1 a_2 \cdots a_n \in A^+ \mid z_0 a_1 \cdots a_{n-1} \hat{a}_n \vdash_M^\star \alpha z \beta \wedge \alpha, \beta \in A^\star \wedge z \in E\}.$$

Beachte, dass nach unserer Definition für einen Zustand $z \in E$ keine Nachfolgekonfiguration existiert; die Forderung $z_0 a_1 \cdots a_{n-1} \hat{a}_n \vdash_M^\star \alpha z \beta \wedge z \in E$ impliziert also indirekt das Terminieren der Berechnung. Die Forderung $|\alpha\beta| = n$ stellt dabei sicher, dass der linear beschränkte Automat wie in der Fußnote bereits erwähnt lediglich den Teil des Bandes benutzt, den die Eingabe belegte.

Satz 2.17
Zu jeder kontextsensitiven Grammatik G gibt es einen LBA M mit $T(M) = \mathscr{L}(G) \setminus \{\varepsilon\}$.

Beweis: Sei $G = (I, T, P, S)$ eine kontextsensitive Grammatik. Der Automat M geht bei Eingabe

---

[6]Ein linear beschränkter Automat darf nur den Teil des Bandes verwenden, das bereits durch die Eingabe belegt war. Durch die Markierung des letzten Symbols der Eingabe gelingt es, deren Ende zu erkennen.

$a_1 a_2 \cdots a_n$ folgendermaßen vor:

Zu jedem Zeitpunkt ist der Bandinhalt von M eine Satzform $z_1 \cdots z_m$ mit $m \leq n$; das letzte Symbol z_m ist evtl. durch ^ markiert.

M wählt nun nichtdeterministisch eine Produktion $u \to v \in P$ sowie ein Teilwort z' von $z_1 \cdots z_m$, das mit v übereinstimmt, aus (falls es ein solches z' gibt). Dann ersetzt M z' durch u; falls u kürzer ist als z', wird das Suffix von $z_1 \cdots z_m$ rechts von z' entsprechend nach links verschoben.

Erreichen wir so den Fall $m = 1$ und $z_1 = S$, so geht M in einen Endzustand und terminiert. Andernfalls wiederholt M die vorherigen Schritte.

Es ist offensichtlich, dass diese Maschine linear beschränkt ist (siehe unten). Des Weiteren gilt, dass

$$\begin{aligned} w \in \mathscr{L}(G) \quad &\leftrightarrow \quad \exists \text{ Ableitung } S \Rightarrow_G \cdots \Rightarrow_G w \\ &\leftrightarrow \quad \exists \text{ Berechnung von } M, \text{ die diese Ableitung simuliert} \\ &\leftrightarrow \quad w \in T(M). \end{aligned}$$

Dabei ist die Existenz der die Ableitung simulierenden Berechnung gesichert, obwohl die Länge der Satzformen während der Simulation die Länge $|w|$ nie übersteigen darf. Der Grund dafür liegt in der Definition der kontextsensitiven Grammatiken: Nur der Sonderfall (S, ε) erlaubt eine rechte Seite einer Regel, die kürzer als die linke Seite der Regel ist und das auch nur, wenn S in keiner der rechten Seiten vorkommt. Damit verlängert die Anwendung einer Regel stets die Satzform oder lässt ihre Länge unverändert. Da unsere Simulation die Satzformen in umgekehrter Reihenfolge erzeugt (Reduktion statt Produktion), ist damit eine Längenzunahme ausgeschlossen. $\qquad \square$

Satz 2.18

Zu jedem LBA M gibt es eine kontextsensitive Grammatik G mit $T(M) = \mathscr{L}(G)$.

Beweis: Sei der LBA $M = (Z, A, \delta, z_0, E)$ gegeben. Wir konstruieren zunächst eine Grammatik $G' = (I', T', P', S')$, $I' := A \cup (Z \times A)$, die den Automaten simuliert. Dazu definieren wir zunächst die Regelmenge P', die folgende Produktionen enthält:

- $c(z, a) \to (z', c)b$ für $c \in A$ und $(z', b, \mathsf{L}) \in \delta(z, a)$,

- $(z, a)c \to b(z', c)$ für $c \in A$ und $(z', b, \mathsf{R}) \in \delta(z, a)$,

- $(z, a) \to (z', b)$ für $(z', b, \mathsf{N}) \in \delta(z, a)$.

Wenn wir dann eine Konfiguration $k = \alpha z a \beta$ mit $\alpha, \beta \in A^\star$, $a \in A$ und $z \in Z$, durch das Wort $\tilde{k} = \alpha(z, a)\beta \in I'^\star$ repräsentieren, so gilt offensichtlich

$$k \vdash_M^\star l \quad \leftrightarrow \quad \tilde{k} \Rightarrow_{G'}^\star \tilde{l}. \tag{2.14}$$

Nun konstruieren wir die kontextsensitive Grammatik $G = (I, A, P, S)$ mit $I = \{S, Q\} \cup I' \times A$ und der Regelmenge P mit folgenden Produktionen

1. $S \to Q(\hat{a}, a)$ und $S \to ((z_0, \hat{a}), a)$ für alle $a \in A$,

2. $Q \to Q(a, a)$ für alle $a \in A$,

3. $Q \to ((z_0, a), a)$ für alle $a \in A$,

4. $(\alpha_1, a)(\alpha_2, b) \to (\beta_1, a)(\beta_2, b)$ bzw. $(\alpha_1, a) \to (\beta_1, a)$ für $a, b \in A$ und $\alpha_1 \alpha_2 \to \beta_1 \beta_2 \in P'$ bzw. $\alpha_1 \to \beta_1 \in P'$, $\alpha_i, \beta_i \in I'$, $i \in \{1, 2\}$,

5. $((z, a), b) \to b$ für $z \in E$ und $a, b \in A$,

6. $(a, b) \to b$ für $a, b \in A$.

Die dabei unter 4. entstehenden Regeln entsprechen unter Umständen nicht der für kontextsensitive Grammatiken geforderten Form. Dies ist genau dann der Fall, wenn wir für Hilfszeichen A, B, C, D Regeln f der Gestalt $AB \to CD$ mit $A \neq C \wedge B \neq D$ erzeugen. Folgende Konstruktion schafft dann Abhilfe:
Für (f, A), (f, B) neue Nichtterminale (f der Name der betrachteten Produktion $AB \to CD$) simulieren wir die Regel f mittels

- $AB \to (f, A)B$,

- $(f, A)B \to (f, A)(f, B)$,

- $(f, A)(f, B) \to C(f, B)$,

- $C(f, B) \to CD$.

Dabei verhindert die Verwendung des *Regelnamens* f in den neuen Hilfszeichen jegliche andere Erzeugung eines Terminalwortes als die unter Verwendung von $AB \Rightarrow^+ CD$.
Ein Wort $a_1 \cdots a_n \in T(M)$ kann mit G nun wie folgt produziert werden:
Mit den Regeln aus 1. bis 3. leitet man

$$S \Rightarrow^\star ((z_0, a_1), a_1)(a_2, a_2) \cdots (a_{n-1}, a_{n-1})(\hat{a}_n, a_n)$$

ab. Dabei repräsentieren die ersten Komponenten die Startkonfiguration von M, die zweiten Komponenten speichern stets das Wort $a_1 \cdots a_n$. Da $a_1 \cdots a_n \in T(M)$ kann anschließend aufgrund von (2.14) mittels der Regeln 4. weiter wie folgt abgeleitet werden:

$$\begin{aligned} S \;&\Rightarrow^\star\; ((z_0, a_1), a_1)(a_2, a_2) \cdots (a_{n-1}, a_{n-1})(\hat{a}_n, a_n) \\ &\Rightarrow^\star\; (\gamma_1, a_1)(\gamma_2, a_2) \cdots (\gamma_n, a_n), \end{aligned}$$

wobei es ein $1 \le i \le n$ gibt, so dass $\gamma_i \in E \times A$ gilt, während $\gamma_j \in A$ für $i \neq j$ ist.
Abschließend werden die Regeln 5. und 6. verwendet, um die ersten Komponenten zu löschen, d. h.:

$$\begin{aligned} S \;&\Rightarrow^\star\; ((z_0, a_1), a_1)(a_2, a_2) \cdots (a_{n-1}, a_{n-1})(\hat{a}_n, a_n) \\ &\Rightarrow^\star\; (\gamma_1, a_1)(\gamma_2, a_2) \cdots (\gamma_n, a_n) \\ &\Rightarrow^\star\; a_1 \cdots a_n \in \mathscr{L}(G). \end{aligned}$$

Damit folgt $T(M) \subseteq \mathscr{L}(G)$; da andererseits (2.14) aber auch $\mathscr{L}(G) \subseteq T(M)$ impliziert, folgt die Behauptung des Satzes. □

Wir beschließen diesen Abschnitt mit der Bemerkung, dass jede von einer Turingmaschine akzeptierte Sprache eine Typ-0-Sprache ist und umgekehrt für jede Typ-0-Sprache eine Turingmaschine existiert, die diese akzeptiert. Dabei spielt in beiden Fällen keine Rolle, ob die Turingmaschine deterministisch ist oder nicht.

Neben der Komplexität des Wortproblems ist ein anderer Aspekt viel entscheidender dafür, für welche Art von Sprache wir uns für eine spezielle Anwendung entscheiden. Die von uns zu modellierenden Strukturen müssen dargestellt werden können. Wir sollten also jene Klasse wählen, deren Wort- und Analyseproblem möglichst einfach entschieden werden können, die dabei aber auch in der Lage ist, alle unsere Anforderungen an die Ausdrucksstärke zu erfüllen. Doch wie können wir eine entsprechende Wahl treffen? Antwort auf diese und ähnliche Fragen liefern die Ergebnisse des nachfolgenden Abschnitts.

2.3 Eigenschaften formaler Sprachen

2.3.1 Eigenschaften regulärer Sprachen

Nach den bisherigen Betrachtungen bleibt eine Frage offen: Wie genau sehen all die Sprachen aus, die durch einen regulären Ausdruck oder eine links- bzw. rechtslinearen Grammatik beschrieben oder durch einen endlichen Automaten akzeptiert werden können? Der nachfolgende Satz kann zumindest dazu benutzt werden, solche Sprachen zu identifizieren, für die dies nicht der Fall ist.

Satz 2.19 (Pumping-Lemma)

Sei $\mathscr{L} \subseteq T^\star$ eine unendliche reguläre Menge. Es gilt

$$(\exists p \in \mathbb{N}_0)(w \in \mathscr{L} \wedge |w| \geq p \to (\exists x,y,z \in T^\star)(w = xyz \wedge |xy| \leq p \wedge |y| \geq 1 \wedge (\forall i \in \mathbb{N}_0)(xy^i z \in \mathscr{L}))).$$

Beweis: Da $\mathscr{L}$ eine reguläre Menge ist existiert ein DEA $A = (Z,T,\delta,z_0,E)$ mit $\mathscr{L} = T(A)$. Wir wählen $p = |Z|$ und betrachten ein Wort $w \in T(A)$ mit $|w| \geq p$. Beim Akzeptieren von A finden mindestens p Zustandsübergänge statt, womit die Anzahl an Konfigurationen der das Wort w akzeptierenden Berechnung mindestens $|w| + 1$ ist. Mit $|w| \geq p = |Z|$ gibt es damit mindestens zwei Konfigurationen in dieser Berechnung, in denen sich A im gleichen Zustand befindet. Damit gibt es $x,y,z \in T^\star$, $w = xyz$, und ein $z_1 \in Z$ mit

$$z_0 xyz \vdash_A{}^\star xz_1 yz \vdash_A{}^k xyz_1 z \vdash_A{}^\star xyzz_2,$$

$z_2 \in E$ und $0 < k \leq |Z| = p$. Damit gilt wie behauptet $0 < |y| \leq p$. Des Weiteren gilt

$$z_0 xy^i z \vdash_A{}^\star xz_1 y^i z \vdash_A{}^k xyz_1 y^{i-1} z \vdash_A{}^k xyyz_1 y^{i-2} z \vdash_A{}^k \ldots \vdash_A{}^k xy^i z_1 z \vdash_A{}^\star xy^i zz_2$$

und damit wie behauptet $xy^i z \in T(A)$ für alle $i \in \mathbb{N}_0$ (für $i = 0$ gilt $z_0 xz \vdash_A{}^\star xz_1 z \vdash_A{}^\star xzz_2$). $\square$

Beispiel 2.14

Mit diesem Satz können wir nicht zeigen, dass eine Sprache regulär ist; den Nachweis des Gegenteils ermöglicht er jedoch in vielen Fällen. Betrachte zur Veranschaulichung die Sprache $\mathscr{L} = \{a^n b^n \mid n \geq 0\}$.

Annahme: $\mathscr{L}$ ist regulär. Dann kann nach dem Pumping-Lemma für $n \geq p/2$, p die Konstante des Lemmas, das Wort $a^n b^n$ geschrieben werden als xyz mit $y \neq \varepsilon$ und es gilt $xy^i z \in \mathscr{L}$ für alle $i \geq 0$. Für y gibt es drei Möglichkeiten:

1. $y \in a^\lambda$, d. h. $x = a^r \wedge z = a^{n-r-\lambda} b^n$ mit $\lambda \geq 1$. Dann ist aber $xy^0 z = a^{n-\lambda} b^n \notin \mathscr{L}$.

2. $y \in b^\lambda$, d. h. $x = a^n b^{n-r-\lambda} \wedge z = b^r$ mit $\lambda \geq 1$. Hier gilt ebenfalls $xy^0 z = a^n b^{n-\lambda} \notin \mathscr{L}$.

3. $y \in a^\lambda b^\beta$, d. h. $x = a^{n-\lambda} \wedge z = b^{n-\beta}$ mit $\beta, \lambda \geq 1$. Betrachten wir in diesem Fall $xy^2 z$, so finden wir $xy^2 z = a^{n-\lambda} a^\lambda b^\beta a^\lambda b^\beta b^{n-\beta} = a^n b^\beta a^\lambda b^n \notin \mathscr{L}$.

Damit konnten wir die Annahme, $\mathscr{L}$ sei regulär, in allen Fällen zum Widerspruch führen. Betrachten wir von vorne herein $n \geq p$, so sind die Fälle $y \in b^\lambda$ und $y \in a^\lambda b^\beta$ aufgrund der Voraussetzung $|xy| \leq p$ ausgeschlossen und müssen nicht diskutiert werden. Man sieht, dass die geschickte Wahl von w in Abhängigkeit von p einen Einfluss auf die Komplexität der nachfolgenden Beweisführung hat.

Bemerkung 2.18

Die Anwendung des Satzes erfolgt in der Art eines Spiels gegen einen unbekannten Gegner. Unser Ziel ist es dabei, das Spiel dadurch zu gewinnen, dass wir einen Widerspruch zum Pumping-Lemma herbeiführen wobei unser Gegner versucht, dies zu vereiteln. Das Spiel hat dabei vier Züge:

1. Der Gegner wählt den Parameter p.

2. Für das gegebene p wählen wir ein Wort $w \in \mathscr{L}$ mit einer Länge von mindestens p. Dies ist die einzige Einschränkung an unsere Wahl (die Implikation im Lemma gilt für alle $w \in \mathscr{L}$ mit $|w| \geq p$).

3. Der Gegner wählt nun eine Zerlegung unseres w in xyz unter Berücksichtigung von $|y| \geq 1$ und $|xy| \leq p$. Dabei müssen wir annehmen, dass er unseren Sieg vereiteln möchte, d. h. dass er eine solche Zerlegung wählt, für die die Konstruktion eines Widerspruches zum Pumping-Lemma möglichst kompliziert wird.

4. Wir wählen nun ein beliebiges i für das wir beweisen können, dass $xy^i z$ nicht zur Sprache $\mathscr{L}$ gehört. Gelingt uns dies, haben wir gewonnen.

Eine Gewinnstrategie, die unseren Sieg garantiert, egal welche Entscheidungen der Gegner trifft, entspricht einem Beweis dafür, dass $\mathscr{L}$ nicht regulär ist. Dabei ist Schritt 2 von besonderer Bedeutung: Da wir den Gegner nicht zwingen können, eine bestimmte Zerlegung von w auszuwählen, so können wir jedoch versuchen, ein solches w zu wählen, das dem Gegner im Schritt 3 nur wenige Alternativen für eine Zerlegung mit den vorhandenen Einschränkungen lässt. Dabei müssen wir immer unser Ziel, das Lemma im vierten Schritt zu einem Widerspruch zu führen, im Auge behalten.

Das Pumping-Lemma liefert keine hinreichend Bedingung dafür, dass eine Sprache regulär ist. So gibt es Sprachen, die alle im Lemma formulierten Anforderungen erfüllen (Existenz eines $p \in \mathbb{N}_0$, Zerlegung der Wörter einer Länge mindestens p in Teilwörter usw.), so dass zwar alle *gepumpten* Wörter zur Sprache gehören, die Sprache selbst jedoch nicht regulär ist.

Definition 2.31

Sei $\mathscr{L} \subseteq T^\star$. Die Relation $R_{\mathscr{L}} \subseteq T^\star \times T^\star$ mit

$$(x, y) \in R_{\mathscr{L}} \leftrightarrow (\forall u \in T^\star)(xu \in \mathscr{L} \leftrightarrow yu \in \mathscr{L})$$

heißt die von $\mathscr{L}$ *induzierte Relation*.

Satz 2.20

Sei $\mathscr{L} \in T^\star$ und $R_\mathscr{L}$ die von $\mathscr{L}$ induzierte Relation. Es gilt

   (a) $R_\mathscr{L}$ ist eine Rechtskongruenz,

   (b) $\mathscr{L} = T(A)$ für einen DEA $A = (Z, T, \delta, z_0, F) \leftrightarrow \operatorname{rang}(R_\mathscr{L}) < \infty$.

Beweis: (a) Man erkennt sofort, dass $R_\mathscr{L}$ reflexiv, symmetrisch und transitiv ist. Bleibt zu zeigen, dass $R_\mathscr{L}$ auch rechtskongruent (d. h. $(x,y) \in R_\mathscr{L} \to (\forall w \in T^\star)((xw,yw) \in R_\mathscr{L}))$ ist. Nun ist $(x,y) \in R_\mathscr{L} \overset{Def.\,R_\mathscr{L}}{\leftrightarrow} (\forall u \in T^\star)(xu \in \mathscr{L} \leftrightarrow yu \in \mathscr{L}) \leftrightarrow (\forall w \in T^\star)(\forall z \in T^\star)(xwz \in \mathscr{L} \leftrightarrow ywz \in \mathscr{L}) \overset{Def.\,R_\mathscr{L}}{\leftrightarrow} (\forall w \in T^\star)((xw,yw) \in R_\mathscr{L})$.

(b) Wir zeigen zunächst die Richtung $\leftarrow$: Nach (a) ist $R_\mathscr{L}$ eine Äquivalenzrelation. Sei $\mathscr{K}$ die durch $R_\mathscr{L}$ induzierte Menge der Äquivalenzklassen und bezeichne $[x]_{R_\mathscr{L}} \in \mathscr{K}$ die Klasse, welche x enthält. Nach Voraussetzung ist $\operatorname{rang}(R_\mathscr{L}) = |\mathscr{K}| < \infty$. Wir definieren folgenden DEA $\tilde{A} = (\mathscr{K}, T, \delta, z_0, F)$ mit

- $z_0 := [\varepsilon]_{R_\mathscr{L}}$,

- $F := \{[x]_{R_\mathscr{L}} \mid x \in \mathscr{L}\}$,

- $\delta([x]_{R_\mathscr{L}}, a) := [xa]_{R_\mathscr{L}}$.

Da $R_\mathscr{L}$ rechtskongruent ist, ist δ wohldefiniert. Durch Induktion über $|v|$ zeigt man direkt:

$$(\forall u, v \in T^\star)(u[u]_{R_\mathscr{L}} v \vdash_{\tilde{A}}^\star uv[uv]_{R_\mathscr{L}}).$$

Damit gilt: $w \in T(\tilde{A}) \leftrightarrow z_0 w = [\varepsilon]_{R_\mathscr{L}} w \vdash_{\tilde{A}}^\star w[\varepsilon w]_{R_\mathscr{L}} = w[w]_{R_\mathscr{L}}$ mit $[w]_{R_\mathscr{L}} \in F \leftrightarrow w \in \mathscr{L}$.

Für die Richtung $\to$ definieren wir $R \subset T^\star \times T^\star$ durch: $(x,y) \in R \leftrightarrow (z_0 x \vdash_A^\star xz \wedge z_0 y \vdash_A^\star yz' \curvearrowright z = z')$. Man überprüfe wieder direkt, dass R eine Rechtskongruenz ist. Ferner ist $\operatorname{rang}(R) \leq |Z|$, d. h. $\operatorname{rang}(R) < \infty$. Bleibt zu zeigen, dass $\operatorname{rang}(R_\mathscr{L}) \leq \operatorname{rang}(R)$ gilt.
Wir haben

$$
\begin{aligned}
(x,y) \in R \quad &\to \quad (\forall u \in T^\star)((xu, yu) \in R)\\
&\to \quad (\forall u \in T^\star)(z_0 xu \vdash_A^\star xuz \wedge z_0 yu \vdash_A^\star yuz' \to z = z')\\
&\to \quad (\forall u \in T^\star)(xu \in T(A) = \mathscr{L} \leftrightarrow yu \in T(A) = \mathscr{L})\\
&\to \quad (x,y) \in R_\mathscr{L}.
\end{aligned}
$$

Damit gilt $[x]_R \subseteq [x]_{R_\mathscr{L}}$ d. h. jede Klasse von R ist enthalten in einer Klasse von $R_\mathscr{L}$. Damit folgt die Behauptung. $\qquad\square$

   Im Französischen werden die regulären Sprachen meist als *rational* bezeichnet. Warum diese Nomenklatur sinnvoll ist, werden wir im Folgenden belegen.

Definition 2.32

Sei $\mathscr{L} \subseteq T^\star$. Die Funktion $S_\mathscr{L}(x) := \sum_{n \geq 1} |\mathscr{L} \cap T^n| x^n$ heißt *Strukturfunktion von $\mathscr{L}$*.

Satz 2.21
$\mathscr{L}$ regulär $\curvearrowright$ $S_{\mathscr{L}}(x)$ rational über $\mathbb{Q}$ (d. h. $S_{\mathscr{L}}(x) = P(x)/Q(x)$ für P und Q Polynome mit Koeffizienten aus $\mathbb{Q}$).

Beweis: Aus $\mathscr{L}$ regulär folgt die Existenz eines DEA $A = (Z, T, \delta, z_0, F)$ mit $T(A) = \mathscr{L}$. O.B.d.A. können wir annehmen, dass A die Zustandsmenge $Z = \{1, 2, \ldots, n\}$ besitzt, wobei 1 der Startzustand z_0 sei. Des Weiteren sei $\varepsilon \notin \mathscr{L}$. Wir betrachten die $|Z| \times |Z|$-Matrix Π mit $\Pi_{i,j} := |\{a \in T \mid \delta(i,a) = j\}|$.
Behauptung 1: $(\Pi^n)_{i,j} = |\{w \in T^n \mid \underline{\delta}(i,w) = j\}|$.
Wir beweisen die Behauptung per Induktion nach n, wobei die Verankerung mit $n = 1$ sofort aus der Definition von Π folgt. Gelte die Behauptung also für Π^n und betrachte Π^{n+1}. Es ist

$$(\Pi^{n+1})_{i,j} = \sum_{1 \leq k \leq n} (\Pi^n)_{i,k}(\Pi)_{k,j}$$

$$\overset{Ind.Vor.}{=} \sum_{1 \leq k \leq n} |\{w \in T^n \mid \underline{\delta}(i,w) = k\}| \cdot |\{a \in T \mid \delta(k,a) = j\}|$$

$$= |\{w \in T^{n+1} \mid \underline{\delta}(i,w) = j\}|$$

womit die Behauptung folgt. Als Konsequenz gilt nun, dass $(\Pi^n)_{1,j} = |\{w \in T^n \mid \underline{\delta}(1,w) = j\}|$ ist und damit

$$\sum_{j \in F} (\Pi^n)_{1,j} = |\{w \in T^n \mid \underline{\delta}(1,w) \in F\}| = |T(A) \cap T^n| = |\mathscr{L} \cap T^n|.$$

Damit können wir die Strukturfunktion von $\mathscr{L}$ schreiben als

$$S_{\mathscr{L}}(x) = \sum_{n \geq 1} \left[\sum_{j \in F} (\Pi^n)_{1,j} \right] x^n = \sum_{j \in F} \left(\left[\sum_{n \geq 1} (x\Pi)^n \right] \right)_{1,j} \overset{\text{Quasi-Inverse}}{=} x \sum_{j \in F} \left([I - x\Pi]^{-1} \Pi \right)_{1,j},$$

wobei I die Einheitsmatrix ist und für x nun $x < \lambda_{max}^{-1}$ mit λ_{max} der maximale Eigenwert von Π gelten muss. Da aber alle Einträge $(x\Pi)_{i,j}$ rational sind, sind auch die $(I - x\Pi)_{i,j}$ rational und damit $((I - x\Pi)^{-1})_{i,j}$ und folglich $((I - x\Pi)^{-1}\Pi)_{i,j}$ rational. Mit vorheriger Darstellung folgt damit die behauptete Rationalität von $S_{\mathscr{L}}(x)$. $\square$

Beispiel 2.15

(a) Betrachte $\mathscr{L} = (\mathscr{L}_2\{c\})^\star \cdot (\mathscr{L}_1 \cup \mathscr{L}_2)$ mit $\mathscr{L}_1 := \{a^i \mid i \geq 1\}$ und $\mathscr{L}_2 := \{a^i b \{a,b\}^j \mid i \geq 1, j \geq 0\}$. Ein DEA A mit $T(A) = \mathscr{L}$ ist

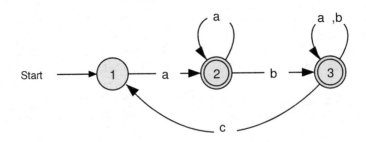

Es ist $\Pi = \begin{pmatrix} 0 & 1 & 0 \\ 0 & 1 & 1 \\ 1 & 0 & 2 \end{pmatrix}$ und folglich $I - x\Pi = \begin{pmatrix} 1 & -x & 0 \\ 0 & 1-x & -x \\ -x & 0 & 1-2x \end{pmatrix}$. Entsprechend gilt

$$[I - x\Pi]^{-1} = \frac{1}{1 - 3x + 2x^2 - x^3} \begin{pmatrix} (1-x)(1-2x) & x(1-2x) & x^2 \\ x^2 & 1-2x & x \\ x(1-x) & x^2 & 1-x \end{pmatrix}$$

und damit

$$x[I - x\Pi]^{-1}\Pi = \frac{x}{1 - 3x + 2x^2 - x^3} \begin{pmatrix} x^2 & 1-2x & x \\ x & (x-1)^2 & 1 \\ 1-x & x & x^2 - 2x + 2 \end{pmatrix}.$$

Es folgt $S_{\mathscr{L}}(X) = \frac{x}{1-3x+2x^2-x^3}(1 - 2x + x) = \frac{x(1-x)}{1-3x+2x^2-x^3}$; eine Funktion rational über $\mathbb{Q}$.

(b) Betrachte $\mathscr{L} := \{w \in \{a,b\}^+ \mid |w|_a = |w|_b\}$. Offensichtlich ist

$$|\mathscr{L} \cap \{a,b\}^n| = \begin{cases} 0 & \text{falls } n \equiv 1 \bmod 2 \\ \binom{n}{n/2} & \text{falls } n \equiv 0 \bmod 2 \end{cases}.$$

Entsprechend ist $S_{\mathscr{L}}(x) = \sum_{n \geq 1} \binom{2n}{n} x^{2n}$. Da nach dem Binomialtheorem gilt

$$\frac{1}{\sqrt{1-z}} = \sum_{k \geq 0} \binom{2k}{k} 4^{-k} z^k$$

folgt $S_{\mathscr{L}}(x) = \frac{1}{\sqrt{1-4x^2}} - 1$ für $|x| < \frac{1}{2}$. Damit ist $S_{\mathscr{L}}(x)$ nicht rational über $\mathbb{Q}$ und entsprechend $\mathscr{L}$ nicht regulär.

Wir wollen unsere Betrachtung der regulären Mengen damit abrunden, deren Abschlusseigenschaften zu studieren.

Sind A, B reguläre Mengen, so sind auch $A \cup B$, $A \cdot B$ und A^* reguläre Mengen, was man sofort aus den entsprechenden Operatoren für reguläre Ausdrücke ableiten kann. Es ist dabei interessant zu bemerken, dass man die regulären Mengen alternativ auch als die kleinste Familie von Sprachen definieren kann, die alle endliche Sprachen umfaßt und unter diesen drei Operationen abgeschlossen ist.

Ist $A = (Z, T, \delta, z_0, E)$ ein DEA, dann ist $A' = (Z, T, \delta, z_0, Z \setminus E)$ ein DEA mit $T(A') = T^* \setminus T(A)$. Damit folgt weiter, dass mit A regulär über T auch $\complement_T^* A$ regulär über T ist. Da letztlich $A \cap B = T^* \setminus ((T^* \setminus A) \cup (T^* \setminus B))$ gilt, ist auch $A \cap B$ regulär. (Wie können wir einen Automaten konstruieren, der den Durchschnitt zweier regulärer Mengen erkennt?) Damit bilden die regulären Mengen über T eine BOOLEsche Algebra.

In den Aufgaben sehen wir des Weiteren, dass die regulären Mengen unter der Operation $\cdot^R$ (Spiegelbild) abgeschlossen sind. Hier untersuchen wollen wir noch den Abschluss bzgl. des Rechtsquotienten und unter Homomorphismen.

Satz 2.22

Sind $\mathscr{L}_1$ und $\mathscr{L}_2$ zwei reguläre Mengen, dann ist auch $\mathscr{L}_1 / \mathscr{L}_2$ regulär.

Beweis: Sei $A = (Z, T, \delta, z_0, F)$ ein DEA mit $T(A) = \mathscr{L}_1$ und $Z = \{z_0, z_1, \ldots, z_k\}$. Wir konstruieren einen DEA $A' = (Z, T, \delta, z_0, F')$, der sich von A nur in der Menge der akzeptierenden Zustände unterscheidet und genau den Rechtsquotienten $\mathscr{L}_1 / \mathscr{L}_2$ akzeptiert. Dazu starten wir mit $F' = \emptyset$ und bestimmen für jeden Zustand $z_i \in Z$ wie folgt, ob es ein Wort $y \in \mathscr{L}_2$ mit $\underline{\delta}(z_i, y) = z_f \in F$ gibt: Wir betrachten nacheinander die Automaten $A_i = (Z, T, \delta, z_i, F)$. Für jeden Automaten A_i konstruieren wir den Automaten S_i mit $T(S_i) = T(A_i) \cap \mathscr{L}_2$ (wie diese Konstruktion im Detail erfolgt, wird in der 17. Aufgaben betrachtet). Gibt es im Transitionsgraphen von S_i einen Pfad vom Startzustand zu einem akzeptierenden Zustand, so ist der Durchschnitt $T(A_i) \cap \mathscr{L}_2$ nicht leer und wir nehmen z_i in die Menge akzeptierender Zustände F' auf [7]. Nachdem alle A_i so behandelt wurden, ist F' erzeugt und es bleibt zu zeigen, dass der so konstruierte Automat A' wie behauptet den Rechtsquotienten akzeptiert. Sei also $x \in \mathscr{L}_1 / \mathscr{L}_2$. Dann gibt es nach Definition ein $y \in \mathscr{L}_2$, so dass $xy \in \mathscr{L}_1$ gilt. Damit ist aber $\underline{\delta}(z_0, xy) \in F$ und es gibt genau einen Zustand $z \in Z$, in dem sich der DEA A nach der Verarbeitung des Präfixes x befindet, für den also $\underline{\delta}(z_0, x) = z$ gilt. Offensichtlich gilt dann aber auch $\underline{\delta}(z, y) \in F$ und nach Konstruktion ist $z \in F'$, d. h. der Automat A' akzeptiert x.

Umgekehrt gilt für jedes von A' akzeptierte Wort x, dass $\underline{\delta}(z_0, x) = z \in F'$ ist. Nach Konstruktion von F' muss es dann aber ein $y \in \mathscr{L}_2$ mit $\underline{\delta}(z, y) \in F$ geben. Folglich ist das Wort xy aus $\mathscr{L}_1$ und x aus $\mathscr{L}_1 / \mathscr{L}_2$. Wir folgern insgesamt, dass $T(A') = \mathscr{L}_1 / \mathscr{L}_2$ gilt. $\qquad\square$

Satz 2.23
Ist $\mathscr{L} \subseteq \Sigma^\star$ regulär und h ein Homomorphismus mit $h : \Sigma^\star \to \Gamma^\star$, so ist auch $h(\mathscr{L})$ regulär.

Beweis: Sei $\mathscr{L}$ eine reguläre Menge, die durch den regulären Ausdruck r dargestellt wird, d. h. $\mathscr{L} = i(r)$. Wir ersetzen jedes Alphabetszeichen a in r durch $h(a)$ und erkennen durch die Betrachtung der Definition eines regulären Ausdrucks sofort, dass das Ergebnis dieses Vorgehens ein regulärer Ausdruck über dem Alphabet Γ ist, den wir mit $h(r)$ bezeichnen wollen. Es ist ebenso einfach einzusehen, dass der resultierende Ausdruck gerade $h(\mathscr{L})$ darstellt. Dazu müssen wir im Detail zeigen, dass für jedes $w \in i(r)$ stets $h(w) \in i(h(r))$ gilt und dass umgekehrt für jedes $v \in i(h(r))$ ein $w \in \mathscr{L}$ mit $v = h(w)$ existiert. Dieser Beweis sei dem interessierten Leser als Übung überlassen. $\qquad\square$

2.3.2 Eigenschaften kontextfreier Sprachen

Wir wollen damit beginnen, sog. Normalformen für kontextfreie Grammatiken zu beweisen. Es sind dies Einschränkungen der Gestalt zulässiger Regeln, die jedoch keine Einschränkung für die Menge der erzeugbaren Sprachen implizieren. Wenn wir ihre Existenz erst einmal bewiesen haben, können wir bei den Beweisen weiterer Resultate stets davon ausgehen, dass eine Grammatik in einer Normalform vorliegt, wodurch sich die Beweise oft stark vereinfachen. Wir werden dabei im Folgenden eine kontextfreie Chomsky-Grammatik stets als CFG bezeichnen.

---

[7] Wir haben damit ein Verfahren kennengelernt, mit dem es möglich ist algorithmisch zu entscheiden, ob ein endlicher Automat eine leere akzeptierte Wortmenge besitzt.

Definition 2.33

Eine CFG $G = (I, T, P, S)$ heißt *ε-frei*, falls gilt:

    a) $P \subset I \times (I \cup T)^+$, oder

    b) $(S, \varepsilon) \in P \curvearrowright P \subseteq \{(S, \varepsilon)\} \cup I \times (I' \cup T)^+$ mit $I' := I \setminus \{S\}$.

Satz 2.24

Zu jeder CFG $G = (I, T, P, S)$ existiert eine ε-freie CFG $G' = (I', T, P', S')$ mit $\mathscr{L}(G) = \mathscr{L}(G')$.

Beweis: Definiere

$$
\begin{aligned}
W_1 &:= \{A \in I \mid (A, \varepsilon) \in P\}, \\
W_{k+1} &:= W_k \cup \{A \in I \mid (\exists \alpha \in W_k^\star)((A, \alpha) \in P)\}, k \geq 1.
\end{aligned}
$$

Für die so konstruierten Menge gilt offensichtlich:

- $(\forall i \in \mathbb{N})(W_i \subseteq W_{i+1})$,

- $W_i = W_{i+1} \curvearrowright (\forall m \in \mathbb{N})(W_i = W_{i+m})$,

- $W_{|I|+1} = W_{|I|}$,

- $W_{|I|} = \{A \in I \mid A \Rightarrow^\star \varepsilon\}$,

- $\varepsilon \in \mathscr{L}(G) \leftrightarrow S \in W_{|I|}$.

Definiere nun G' durch $I' := I \mathbin{\dot\cup} \{S'\}$ und $P' := \{(S', S)\} \cup \{(S', \varepsilon) \mid S \in W_{|I|}\} \cup \{(A, w) \mid w \neq \varepsilon \wedge w \in \{\alpha_1\{B_1, \varepsilon\}\alpha_2 \ldots \alpha_k\{B_k, \varepsilon\}\alpha_{k+1}\} \wedge (A, \alpha_1 B_1 \alpha_2 \ldots \alpha_k B_k \alpha_{k+1}) \in P \wedge (\forall i \in [1 : k])(B_i \in W_{|I|}) \wedge (\forall i \in [1 : k+1])(\alpha_i \in ((I \cup T) \setminus W_{|I|})^\star)\}$. Es ist klar, dass G' ε-frei ist. Um zu zeigen, dass $\mathscr{L}(G) = \mathscr{L}(G')$ gilt, führt man eine Induktion über die Länge der Ableitung eines Wortes w, um zu zeigen, dass für jedes Hilfszeichen A

$$
A \Rightarrow_{G'}^\star w \ \leftrightarrow \ w \neq \varepsilon \wedge A \Rightarrow_G^\star w
$$

gilt. Dabei simuliert man die anzuwendende Produktionsfolge in G durch eine Produktion in G' (z.B. $A \to aABaC$ mit $B \Rightarrow^\star \varepsilon$ ermöglicht in G die Ableitung $A \Rightarrow aABaC \Rightarrow^\star aAaC$ was in G' durch die Produktion $(A, aAaC) \in P'$ simuliert wird). $\qquad\square$

Bemerkung 2.19

Mit vorheriger Konstruktion haben wir gleichzeitig einen Algorithmus, um die Frage $\varepsilon \in \mathscr{L}(G)$ für eine CFG G zu entscheiden. Wir konstruieren dazu einfach $W_{|I|}$ und überprüfen, ob Gs Axiom in dieser Menge enthalten ist.

Definition 2.34

Eine CFG $G = (I, T, P, S)$ heißt *kettenregelfrei*, falls gilt: $P \subseteq I \times ((I \cup T)^\star \setminus I)$.

Satz 2.25
Zu jeder CFG $G = (I, T, P, S)$ existiert eine kettenregelfreie CFG $G' = (I, T, P', S)$ mit $\mathscr{L}(G) = \mathscr{L}(G')$.

Beweis: Definiere für alle $A \in I$:

$$N_{0,A} \quad := \quad \{A\},$$
$$N_{k+1,A} \quad := \quad N_{k,A} \cup \{B \in I \mid (C, B) \in P \wedge C \in N_{k,A}\}, k \geq 0.$$

Offensichtlich gilt:

- $(\forall i \in \mathbb{N}_0)(N_{i,A} \subseteq N_{i+1,A})$,

- $N_{i,A} = N_{i+1,A} \curvearrowright (\forall m \in \mathbb{N})(N_{i,A} = N_{i+m,A})$,

- $N_{|I|,A} = N_{|I|+1,A}$.

- $N_{|I|,A} = \{B \in I \mid A \Rightarrow^\star B\}$.

Definiere nun G' durch $P' := \{(A, \alpha) \mid \alpha \notin I \wedge (\exists B \in N_{|I|,A})((B, \alpha) \in P)\}$. Die so konstruierte Grammatik G' ist offensichtlich kettenregelfrei. Des Weiteren gilt:

(i) $\mathscr{L}(G') \subseteq \mathscr{L}(G)$
$w \in \mathscr{L}(G') \curvearrowright S \Rightarrow_{G'} \alpha_0 \Rightarrow_{G'} \alpha_1 \Rightarrow_{G'} \cdots \Rightarrow_{G'} \alpha_n = w$. Ist (A, β) die Produktion, welche in $\alpha_i \Rightarrow \alpha_{i+1}$ angewendet wird, dann gilt: $(\exists B \in I)(A \Rightarrow_G^\star B \wedge B \Rightarrow_G^\star \beta)$ und damit $A \Rightarrow_G^\star \beta \wedge \alpha_i \Rightarrow_G^\star \alpha_{i+1}$. Damit können wir $S \Rightarrow_G^\star w$ und letztlich $w \in \mathscr{L}(G)$ folgern.

(ii) $\mathscr{L}(G) \subseteq \mathscr{L}(G')$
$w \in \mathscr{L}(G) \curvearrowright S \Rightarrow_{lm,G} \alpha_0 \Rightarrow_{lm,G} \alpha_1 \Rightarrow_{lm,G} \cdots \Rightarrow_{lm,G} \alpha_n = w$. Seien $i_1, i_2, \ldots, i_k$ die Indizes j mit $\alpha_{j-1} \Rightarrow_{lm,G} \alpha_j$ und keine Kettenregel $A \to B$ wird in diesem Schritt angewandt. Es ist $i_k = n$, da die letzte Produktion, angewendet in $\alpha_{n-1} \Rightarrow_{lm,G} \alpha_n = w$, die Form (A, γ) mit $\gamma \in T^\star$ haben muss. Damit folgt $S \Rightarrow_{G'} \alpha_{i_1} \Rightarrow_{G'} \alpha_{i_2} \Rightarrow_{G'} \cdots \Rightarrow_{G'} \alpha_{i_k} = w$, da die Kettenregeln in der Ableitung von w bzgl. G durch *verlängerte* Produktionen in P' simuliert werden. $\quad\square$

Bemerkung 2.20
Ist G in vorheriger Konstruktion ε-frei, so ist die resultierende Grammatik G' sowohl ε-frei als auch kettenregelfrei. Damit können wir stets davon ausgehen, dass eine Sprache $\mathscr{L} \in$ CFL durch eine ε-freie und kettenregelfreie CFG erzeugt wird.

Definition 2.35
Eine CFG $G = (I, T, P, S)$ heißt *reduziert*, falls gilt:

- $P = \emptyset$, oder

- $(\forall A \in I \cup T)(\exists \alpha, \beta \in (I \cup T)^\star)(\exists w \in T^\star)(S \Rightarrow^\star \alpha A \beta \Rightarrow^\star w)$.

Satz 2.26
Zu jeder CFG $G = (I, T, P, S)$ existiert eine reduzierte CFG $G' = (I', T', P', S')$ mit $\mathscr{L}(G) = \mathscr{L}(G')$.

Beweis: Definiere

$$V_0 := \emptyset,$$
$$V_{k+1} := V_k \cup \{A \in I \mid (A,w) \in P \land w \in (V_k \cup T)^\star\}, k \geq 0.$$

Offensichtlich gilt für die so definierten Mengen

- $(\forall i \in \mathbb{N}_0)(V_i \subseteq V_{i+1})$,

- $V_i = V_{i+1} \curvearrowright (\forall m \in \mathbb{N})(V_i = V_{i+m})$,

- $V_{|I|} = V_{|I|+1}$,

- $V_{|I|} = \{A \in I \mid (\exists w \in T^\star)(A \Rightarrow_G^\star w)\}$.

Definiere nun $G_1 = (I_1, T, P_1, S)$ durch $I_1 = V_{|I|}$, $P_1 = P \cap I_1 \times (T \cup I_1)^\star$. Es ist nicht schwer einzusehen, dass $\mathscr{L}(G_1) = \mathscr{L}(G)$ gilt. Definiere nun

$$W_0 := \{S\},$$
$$W_{k+1} := W_k \cup \{X \in I_1 \cup T \mid (\exists \alpha, \beta \in (I_1 \cup T)^\star)(\exists (A,w) \in P_1)(A \in W_k \land w = \alpha X \beta)\}.$$

Hier gilt nun

- $(\forall i \in \mathbb{N}_0)(W_i \subseteq W_{i+1})$,

- $W_i = W_{i+1} \curvearrowright (\forall m \in \mathbb{N})(W_i = W_{i+m})$,

- $W_{|I|} = W_{|I|+1}$,

- $W_{|I|} = \{X \in I_1 \cup T \mid (\exists \alpha, \beta \in (I_1 \cup T)^\star)(S \Rightarrow_{G_1}^\star \alpha X \beta)\}$,

d. h. anschaulich enthält $W_{|I|}$ alle Symbole aus $I_1 \cup T$, die vom Axiom aus erreichbar sind. Wir definieren nun G' durch $I' := W_{|I|} \setminus T$, $T' := W_{|I|} \cap T$ und $P' := P_1 \cap I' \times (I' \cup T')^\star$. Wiederum ist leicht einzusehen, dass $\mathscr{L}(G_1) = \mathscr{L}(G')$ und G' ist offensichtlich reduziert. $\qquad\square$

Bemerkung 2.21

Mit vorherigem Beweis haben wir auch eine Möglichkeit kennengelernt, zu entscheiden, ob eine CFG G die leere Sprache erzeugt. Wir konstruieren die Grammatik G' die genau dann ein leeres Produktionssystem hat, wenn G die leere Sprache erzeugt. Des Weiteren können wir mit unseren vorherigen Ergebnissen von nun an davon ausgehen, dass eine Sprache $\mathscr{L} \in \mathsf{CFL}(T)$ stets durch eine ε-freie, kettenregelfreie, reduzierte CFG erzeugt wird.

Beispiel 2.16

Betrachte die CFG $G = (I, T, P, S)$ mit $I = \{S, A, B, C\}$, $T = \{a, b, c\}$ und $P = \{S \rightarrow aAb, S \rightarrow \varepsilon, A \rightarrow aBCA, A \rightarrow B, A \rightarrow c, B \rightarrow S, C \rightarrow cA, C \rightarrow \varepsilon\}$. Überführen wir G nach obiger Konstruktion zunächst in eine ε-freie CFG G', diese anschließend in eine kettenregelfreie Grammatik G'' und reduzieren abschließend G'' wie zuvor beschrieben, so resultiert die CFG $G''' = (\{S', A, B, C\}, \{a, b, c\}, P''', S')$ mit $P''' = \{S' \rightarrow \varepsilon, S' \rightarrow ab, S' \rightarrow aAb, A \rightarrow ab, A \rightarrow aAb, A \rightarrow aBCA, A \rightarrow aCA, A \rightarrow aBA, A \rightarrow aBC, A \rightarrow aA, A \rightarrow aC, A \rightarrow aB, A \rightarrow a, A \rightarrow c, B \rightarrow ab, B \rightarrow aAb, C \rightarrow c, C \rightarrow cA\}$. Die Details der einzelnen Konstruktionen seien dabei als Übung belassen.

Definition 2.36

Eine CFG $G = (I, T, P, S)$ hat *Chomsky-Normalform* (Abkürzung CNF), falls gilt:

- $P \subseteq I \times (II \cup T)$, oder
- $(S, \varepsilon) \in P \curvearrowright P \subseteq \{(S, \varepsilon)\} \cup I \times (I_1 I_1 \cup T)$ mit $I_1 := I \setminus \{S\}$.

Satz 2.27

Zu jeder CFG $G = (I, T, P, S)$ existiert eine CFG $G' = (I', T, P', S)$ in Chomsky-Normalform mit $\mathscr{L}(G) = \mathscr{L}(G')$.

Beweis: Mit unseren Vorarbeiten können wir o.B.d.A. annehmen, dass G kettenregelfrei und ε-frei ist. Damit hat P die Eigenschaften

a) $P \subseteq I \times ((I \cup T)^+ \setminus I)$, oder

b) $(S, \varepsilon) \in P \curvearrowright P \subseteq \{(S, \varepsilon)\} \cup I \times ((I_1 \cup T)^+ \setminus I_1)$ mit $I_1 := I \setminus \{S\}$.

Sei $I' := I \,\dot{\cup}\, \{A_a \mid a \in T\}$ und $\varphi \in \mathsf{ABB}(I \cup T, I' \cup T)$ mit

$$\varphi(X) = \begin{cases} X & \text{falls } X \in I \\ A_X & \text{falls } X \in T \end{cases}.$$

Sei ferner $\tilde{\varphi}$ die Fortsetzung von φ zu einem Homomorphismus. Definiere P' wie folgt:

1. $(A, a) \in P \curvearrowright (A, a) \in P'$ für $a \in T \cup \{\varepsilon\}, A \in I$.

2. $(A, \alpha) \in P \wedge \alpha \in TT \cup IT \cup TI \cup II \curvearrowright (A, \tilde{\varphi}(\alpha)) \in P'$.

3. $f = (A, \alpha) \in P \wedge \alpha \notin \{\varepsilon\} \cup T \cup (I \cup T)^2$: Sei $x_1 x_2 \ldots x_\lambda = \tilde{\varphi}(\alpha)$; erweitere P' um folgende Produktionen

   - $A \to x_1 H_{f,1}$,
   - $H_{f,i} \to x_{i+1} H_{f,i+1}, 1 \le i \le \lambda - 3$,
   - $H_{f,\lambda-2} \to x_{\lambda-1} x_\lambda$.

   Dabei seien die $H_{f,i}$ neue Hilfszeichen in I'.

4. $(A_a, a) \in P'$ für alle $a \in T$.

Die so konstruierte Grammatik erfüllt die Behauptung. $\square$

Beispiel 2.17

Sei $G = (\{S, A, B\}, \{a, b\}, P, S)$ mit $P = \{1 : S \to aAB, 2 : S \to BA, 3 : A \to BbB, 4 : A \to aba, 5 : B \to ASa, 6 : B \to b\}$. Die Konstruktion aus vorherigem Beweis liefert $P' = \{S \to A_a H_{1,1}, H_{1,1} \to AB, S \to BA, A \to BH_{3,1}, H_{3,1} \to A_b B, A \to A_a H_{4,1}, H_{4,1} \to A_b A_a, B \to A H_{5,1}, H_{5,1} \to S A_a, B \to b, A_a \to a, A_b \to b\}$.

Definition 2.37

Eine CFG $G = (I, T, P, S)$ hat *Greibach-Normalform* (Abkürzung GNF), falls gilt:

- $P \subseteq I \times TI^\star$ oder

- $(S, \varepsilon) \in P$ und $P \subseteq \{(S, \varepsilon)\} \cup I \times TI_1^\star$ mit $I_1 := I \setminus \{S\}$.

G hat *m-Standardform*, falls gilt

- G hat Greibach-Normalform und

- $(A, \alpha) \in P \curvearrowright |\alpha| \leq m + 1$.

Unser Ziel ist es, nachzuweisen, dass jede Sprache aus $\mathsf{CFL}(T)$ von einer Grammatik in GNF erzeugt werden kann. Um dies zu beweisen, gibt es zwei verschiedene Ansätze:

1. Man beseitigt die linksrekursiven Hilfszeichen einer CFG (A *linksrekursiv* genau dann, wenn $A \Rightarrow^+ A\alpha$, $\alpha \in (I \cup T)^\star$),

2. man wendet formale Potenzreihen an, um die Existenz der Greibach-Normalform zu beweisen.

Da uns der zweite Weg zum einen einen neuen Zugang zu den Grammatiken eröffnet und zum zweiten auch noch der elegantere ist, werden wir diesen beschreiten. Zur Vorbereitung bedarf es dabei jedoch noch weniger Definitionen.

Definition 2.38

Sei T ein Alphabet. Eine *formale Potenzreihe* r ist eine Abbildung $r \in \mathsf{ABB}(T^\star, \mathbb{N}_0)$; wir schreiben $r = \sum_{w \in T^\star} r(w)w$ anstelle von $r : w \mapsto r(w)$. Die *Stütze* von r ist definiert durch $\mathsf{ST}(r) := \{w \in T^\star \mid r(w) \neq 0\}$. T ist die Menge der (nicht kommutierenden) Variablen.

Bemerkung 2.22

a) Definiert man mit $n \in \mathbb{N}_0$ und $r_i = \sum_{w \in T^\star} r_i(w)w$, $i \in \{1, 2\}$, die Operationen
   1. $nr_i := \sum_{w \in T^\star} nr_i(w)w$,
   2. $r_1 + r_2 := \sum_{w \in T^\star} [r_1(w) + r_2(w)]w$, und
   3. $r_1 \cdot r_2 := \sum_{w \in T^\star} \left[\sum_{w = xy} r_1(x)r_2(y) \right] w$,

   dann bildet die Menge der formalen Potenzreihen einen Ring.

b) Es gilt (nachrechnen) $\mathsf{ST}(r_1 + r_2) = \mathsf{ST}(r_1) \cup \mathsf{ST}(r_2)$, $\mathsf{ST}(r_1 \cdot r_2) = \mathsf{ST}(r_1) \cdot \mathsf{ST}(r_2)$.

c) Ist T einelementig, so entsprechen die formalen Potenzreihen den aus der Mathematik bekannten Potenzreihen, da dann

$$r = \sum_{w \in \{x\}^\star} r(w)w = \sum_{n \geq 0} \underbrace{r(x^n)}_{\text{Koeffizient}} x^n$$

gilt.

Man kann nun die rechten Seiten der Produktionen einer CFG $G = (I, T, P, S)$ als abbrechende formale Potenzreihen auffassen: Sei $P \cap \{A\} \times (I \cup T)^\star = \{(A, \alpha_i) \mid 1 \leq i \leq r\}$, dann wird diesen Produktionen mit gemeinsamer linker Seite A die Gleichung

$$A = \sum_{1 \leq i \leq r} \alpha_i$$

zugeordnet. Damit entspricht eine CFG einem Gleichungssystem.

Beispiel 2.18

Sei $G = (\{A_1, A_2\}, \{a, b\}, P, A_1)$ mit $P = \{A_1 \to A_1 A_2, A_1 \to A_1 a, A_1 \to b, A_2 \to A_1 a\}$. Es resultiert das Gleichungssystem

$$
\begin{aligned}
A_1 &= A_1 A_2 + A_1 a + b, \\
A_2 &= A_1 a.
\end{aligned}
$$

Dieses Gleichungssystem lässt sich u. U. durch sukzessive Approximation lösen:

$$
\begin{aligned}
(A_1, A_2) &= (0, 0) =: (\sigma_{01}, \sigma_{02}) \quad (0 \text{ im Ring der formalen Potenzreihen}) \\
(A_1, A_2) &= (\sigma_{01} \sigma_{02} + \sigma_{01} a + b, \sigma_{01} a) = (0 + 0 + b, 0a) = (b, 0) =: (\sigma_{11}, \sigma_{12}) \\
(A_1, A_2) &= (\sigma_{11} \sigma_{12} + \sigma_{11} a + b, \sigma_{11} a) = (b0 + ba + b, ba) = (ba + b, ba) =: (\sigma_{21}, \sigma_{22}) \\
(A_1, A_2) &= (\sigma_{21} \sigma_{22} + \sigma_{21} a + b, \sigma_{21} a) = ((ba + b)ba + (ba + b)a + b, (ba + b)a) \\
&= (baba + bba + baa + ba + b, baa + ba) =: (\sigma_{31}, \sigma_{32}) \\
&\;\;\vdots
\end{aligned}
$$

Für die Lösung gilt nun $(A_1, A_2) = (\lim_{k \to \infty} \sigma_{k1}, \lim_{k \to \infty} \sigma_{k2})$. Dabei lässt sich zeigen, dass für $\varepsilon \notin \mathscr{L}(G)$ und G eine ε-freie, kettenregelfreie CFG das Gleichungssystem von G genau eine Lösung hat, welche mit obigen Verfahren sukzessive bestimmt werden kann. Ist r_S die Lösung bzgl. des Axioms S, dann ist $\mathrm{ST}(r_S) = \mathscr{L}(G)$.

Definition 2.39

Sei $G = (I, T, P, S)$ eine ε-freie und kettenregelfreie CFG mit $I = \{A_1, \ldots, A_k\}$ und $A_1 = S$. Die Gleichung $\vec{A} = \vec{A} R + \vec{b}$ mit $\vec{A} = (A_1, \ldots, A_k)$ und $R = (r_{i,j})_{i,j=1,\ldots,k}$, wobei

$$
r_{i,j} = \begin{cases} \sum_{1 \le s \le m_{i,j}} \alpha_{i,j}^{(s)} & \text{falls } P \cap (\{A_j\} \times \{A_i\}(I \cup T)^\star) = \{(A_j, A_i \alpha_{i,j}^{(s)}) \in P \mid 1 \le s \le m_{i,j}\}, \\ 0 & \text{falls } P \cap (\{A_j\} \times \{A_i\}(I \cup T)^\star) = \emptyset \end{cases}
$$

und $\vec{b} = (b_1, \ldots, b_k)$, wobei

$$
b_i = \begin{cases} \sum_{1 \le \lambda \le n_i} \alpha_i^{(\lambda)} & \text{falls } P \cap (\{A_i\} \times T(I \cup T)^\star) = \{(A_i, \alpha_i^{(\lambda)}) \in P \mid 1 \le \lambda \le n_i\}, \\ 0 & \text{falls } P \cap (\{A_i\} \times T(I \cup T)^\star) = \emptyset \end{cases}
$$

heißt *Matrixdarstellung von G*.

Beispiel 2.19

Betrachte die CFG aus Beispiel 2.18. Es sind $r_{1,1} = A_2 + a$, $r_{1,2} = a$, $r_{2,1} = 0$, $r_{2,2} = 0$ und weiter $b_1 = b$ und $b_2 = 0$. Damit resultiert für die Matrixdarstellung von G

$$
(A_1, A_2) = (A_1, A_2) \begin{pmatrix} A_2 + a & a \\ 0 & 0 \end{pmatrix} + (b, 0).
$$

Man beachte die Korrespondez zwischen Grammatik G und Matrixdarstellung von G. Rechnet man im Ring der formalen Potenzreihen, so folgt

$$
(A_1, A_2) = (A_1(A_2 + a) + A_2 0, A_1 a + A_2 0) + (b, 0) = (A_1 A_2 + A_1 a + b, A_1 a).
$$

Satz 2.28
Zu jeder CFG $G = (I,T,P,S)$ existiert eine CFG $G' = (I',T,P',S)$ in Greibach-Normalform mit $\mathscr{L}(G) = \mathscr{L}(G')$.

Beweis: O.B.d.A. gilt für alle $(A,\alpha) \in P$, dass $\alpha \notin \{\varepsilon\} \cup I$ ist. (Falls dies nicht der Fall ist, mache G kettenregel- und ε-frei; falls (S,ε) als Produktion verbleibt, betrachte $\mathscr{L}(G) \setminus \{\varepsilon\}$). Sei die Matrixdarstellung von G gleich $\vec{A} = \vec{A}R + \vec{b}$ und weiter $H = (h_{i,j})_{i,j=1,\ldots,k}$ eine neue Matrix mit $I \cap \{h_{i,j} \mid 1 \leq i,j \leq k\} = \emptyset$. Definiere $G' = (I',T,P',S)$ durch

- $I' := I \cup \{h_{i,j} \mid 1 \leq i,j \leq k\}$,

- das Gleichungsytem von G' entsteht aus dem von G wie folgt:

  1. Setze

  $$\vec{A} = \vec{b}H + \vec{b} \qquad [1]$$
  $$H = RH + R \qquad [2]$$

  2. Führe folgende Transformation für jeden Eintrag in R in [2] aus: Sei $r_{i,j} = A\alpha, A \in I$. Ist $A = w$ die Gleichung für A in [1] (w beginnt mit Terminalzeichen), dann ersetze $r_{i,j}$ durch $w\alpha$.

Es ist klar, dass [1] und [2] das Gleichungssystem einer Grammatik G' ist, deren Regeln von der Form $I \times T(T \cup I)^*$ sind. Um zur Greibach-Normalform zu gelangen, müssen die dem Gleichungssystem entsprechenden Produktionen mit mehr als einem Terminalzeichen auf der rechten Seite mit unserer Standardkonstruktion (ersetze Terminal a durch Nonterminal A_a und führe Regel $A_a \to a$ ein) unter Verwendung zusätzlicher Hilfszeichen umgeformt werden. Um $\mathscr{L}(G) = \mathscr{L}(G')$ zu zeigen, ist zu beweisen:

$$\vec{A} \text{ Lösung von } \left\{ \begin{array}{rcl} \vec{A} & = & \vec{b}H + \vec{b} \\ H & = & RH + R \end{array} \right\} \quad \leftrightarrow \quad \vec{A} \text{ Lösung von } \vec{A} = \vec{A}R + \vec{b}.$$

$\rightarrow$: Aus $H = RH + R$ folgt durch Iteration $H = R(RH + R) + R = R^2H + R^2 + R = R^2(RH + R) + R^2 + R = R^3H + R^3 + R^2 + R = \cdots = \sum_{m \geq 1} R^m$. Damit folgt $\vec{A} = \vec{b}H + \vec{b} = \vec{b}\sum_{m \geq 1} R^m + \vec{b} = \vec{b} + \left[\sum_{m \geq 1} \vec{b}R^{m-1}\right]R = \vec{b} + \vec{A}R$, womit die Behauptung folgt. Dabei gilt die letzte Identität, da $\sum_{m \geq 1} \vec{b}R^{m-1} = \vec{b}R^0 + \vec{b}\sum_{m \geq 1} R^m = \vec{b} + \vec{b}H = \vec{A}$ nach [1].

$\leftarrow$: $\vec{A} = \vec{A}R + \vec{b} \curvearrowright \vec{A} = (\vec{A}R + \vec{b})R + \vec{b} = \vec{A}R^2 + \vec{b}R + \vec{b} = \cdots = \sum_{i \geq 0} \vec{b}R^i = \vec{b} + \vec{b}\sum_{i \geq 1} R^i$. Setze $H = \sum_{i \geq 1} R^i$, so folgt $H = R + RH \wedge A = \vec{b} + \vec{b}H$ und es folgt die Behauptung. $\square$

Beispiel 2.20
Betrachte die Grammatik aus Beispiel 2.18. Es ist

$$(A_1,A_2) = (A_1,A_2) \begin{pmatrix} A_2 + a & a \\ 0 & 0 \end{pmatrix} + (b,0),$$

womit folgt:

$$(A_1, A_2) = (b, 0) \begin{pmatrix} h_{1,1} & h_{1,2} \\ h_{2,1} & h_{2,2} \end{pmatrix} + (b, 0), \qquad [1]$$

$$\begin{pmatrix} h_{1,1} & h_{1,2} \\ h_{2,1} & h_{2,2} \end{pmatrix} = \begin{pmatrix} A_2 + a & a \\ 0 & 0 \end{pmatrix} \begin{pmatrix} h_{1,1} & h_{1,2} \\ h_{2,1} & h_{2,2} \end{pmatrix} + \begin{pmatrix} A_2 + a & a \\ 0 & 0 \end{pmatrix}. \qquad [2]$$

Ersetze A_2 in $r_{1,1}$ durch bh_{12}, da in [1] gilt: $A_2 = bh_{1,2} + 0h_{2,2} + 0 = bh_{1,2}$. Damit erhalten wir für das Gleichungssystem von G':

$$(A_1, A_2) = (b, 0) \begin{pmatrix} h_{1,1} & h_{1,2} \\ h_{2,1} & h_{2,2} \end{pmatrix} + (b, 0),$$

$$\begin{pmatrix} h_{1,1} & h_{1,2} \\ h_{2,1} & h_{2,2} \end{pmatrix} = \begin{pmatrix} bh_{1,2} + a & a \\ 0 & 0 \end{pmatrix} \begin{pmatrix} h_{1,1} & h_{1,2} \\ h_{2,1} & h_{2,2} \end{pmatrix} + \begin{pmatrix} bh_{1,2} + a & a \\ 0 & 0 \end{pmatrix}$$

$$= \begin{pmatrix} bh_{1,2}h_{1,1} + ah_{1,1} + ah_{2,1} + bh_{1,2} + a & bh_{1,2}h_{1,2} + ah_{1,2} + ah_{2,2} + a \\ 0 & 0 \end{pmatrix}.$$

Es folgt für das Regelsystem P' der Grammatik G': $P' = \{A_1 \to bh_{1,1}, A_1 \to b, A_2 \to bh_{1,2}, h_{1,1} \to bh_{1,2}h_{1,1}, h_{1,1} \to ah_{1,1}, h_{1,1} \to ah_{2,1}, h_{1,1} \to bh_{1,2}, h_{1,1} \to a, h_{1,2} \to bh_{1,2}h_{1,2}, h_{1,2} \to ah_{1,2}, h_{1,2} \to ah_{2,2}, h_{1,2} \to a\}$.

Bemerkung 2.23
Hat G im Beweis zu Satz 2.28 Chomsky-Normalform, so resultiert eine Grammatik G' in 2-Standardform (was durch die Konstruktion leicht einzusehen ist).

Definition 2.40
Sei $G = (I, T, P, S)$ eine CFG und τ ein geordneter, markierter Baum mit der Knotenmenge V, der Wurzel $r(\tau)$ und der (Knoten-)Markierungsfunktion $\lambda \in \text{ABB}(V, I \cup T)$. τ heißt *Ableitungsbaum bzgl. G*, falls gilt:

1. $\lambda(r(\tau)) = S$,

2. Sind $\tau_1, \tau_2, \ldots, \tau_k$ die Unterbäume in *Links-Rechts-Ordnung*, deren Wurzeln die direkten Nachfolger von $r(\tau)$ sind, dann ist
   - $(S, \lambda(r(\tau_1))\lambda(r(\tau_2))\ldots\lambda(r(\tau_k))) \in P$,
   - $(\forall i \in [1:k])(\lambda(r(\tau_i)) \in I \curvearrowright \tau_i$ ist Ableitungsbaum von $G' = (I, T, P, \lambda(r(\tau_i))))$.

Ist τ ein Ableitungsbaum von G mit den Blättern $b_1, \ldots, b_s$ in Links-Rechts-Ordnung, dann heißt das Wort $\lambda(b_1)\lambda(b_2)\ldots\lambda(b_s) \in (I \cup T)^*$ *Frontier* von τ (Schreibweise frontier(τ)) und τ heißt *Ableitungsbaum von* $\lambda(b_1)\lambda(b_2)\ldots\lambda(b_s)$ *bzgl. G*.

Beispiel 2.21
Sei $G = (I, T, P, S)$ mit $I = \{S, A\}$, $T = \{a, b\}$ und $P = \{S \to aA, A \to aS, A \to bAA, A \to \varepsilon\}$. Ein Ableitungsbaum bzgl. G ist z.B.

$$\tau_3 :=$$

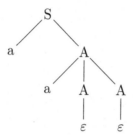

$$frontier(\tau_3) = ab\varepsilon b\varepsilon\varepsilon = abb$$

aber nicht

da $(A, aAA) \notin P$.

Man erkennt sofort: $S \Rightarrow_G^* w \leftrightarrow$ Es gibt einen Ableitungsbaum τ bzgl. G mit frontier$(\tau) = w$. Ableitungsbäume sind eine recht anschauliche Darstellung für die Erzeugung eines Wortes durch eine Grammatik. Die von ihnen gebotene Anschauung werden wir uns zunutze machen, um einen Satz ähnlich dem Pumping-Lemma für reguläre Sprachen zu beweisen. Zuvor jedoch noch eine Bemerkung:

Bemerkung 2.24

Ableitungsbäume einer Grammatik in Chomsky-Normalform haben stets eine sehr regelmäßige Struktur (alle inneren Knoten mit Ausnahme der direkten Vorgänger der Blätter haben genau zwei mit einem Hilfs-zeichen markierte Kinder ($\hat{=}$ Regel der Gestalt $A \to BC$), die direkten Vorgänger der Blätter sind unäre Knoten und repräsentieren eine Produktion der Gestalt $A \to b$ mit b ein Terminalsymbol) und ihre Höhe ist aufgrund der Normalform beschränkt. Deshalb ist es für eine Grammatik in CNF besonders einfach, das Wort- (ist Eingabe w ein Wort der Sprache) und Analyse-Problem (falls ja, wie sieht ein Ableitungsbaum zu w aus) algorithmisch zu lösen. Nachfolgend beschriebenes Verfahren geht auf YOUNGER zurück und stammt aus den 1960iger Jahren:

Sei $G = (I, T, P, S)$ eine CFG in Chomsky-Normalform und $w \in T^n$. Der Younger-Algorithmus erzeugt eine sog. *Recognition-Matrix t* mit

- $t_{i,j} \in \wp(I)$ für $i \leq n - j + 1$,
- $t_{i,j} = \emptyset$ für $i > n - j + 1$.

Damit hat die Matrix nur auf und oberhalb der Nebendiagonalen Elemente ungleich $\emptyset$. Der Algorithmus stellt dabei sicher, dass

$$A \in t_{i,j} \quad \leftrightarrow \quad A \Rightarrow_G^* w_j w_{j+1} \ldots w_{j+i-1}$$

für $w = w_1 w_2 \ldots w_n$, $w_k \in T$, $1 \leq k \leq n$. Dies bedeutet speziell für $A = S$, $i = n$ und $j = 1$:

$$S \in t_{n,1} \quad \leftrightarrow \quad S \Rightarrow_g^* w_1 w_2 \ldots w_n = w,$$

d. h. das Wortproblem wird gelöst. Nachfolgend der Algorithmus in Pseudocode:

Eingabe:

    1. CFG $G = (I, T, P, S)$ in Chomsky-Normalform,

    2. $w = a_1 a_2 \cdots a_n \in T^n$, $a_i \in T$, $1 \leq i \leq n$.

Ausgabe: $w \in \mathcal{L}(G) \vee w \notin \mathcal{L}(G)$

Verfahren:

begin
for j=1 **to** n **do**
    $t_{1,j} := \{A \in I \,|\, (A, a_j) \in P(G)\}$
end
for i:=2 **to** n **do**
    for j:=1 **to** n-i+1 **do**
        $t_{i,j} := \{A \in I \,|\, (\exists s \in [1 : i-1])((A, BC) \in P \wedge B \in t_{s,j} \wedge C \in t_{i-s, j+s})\}$
    end
end
if $S \in t_{n,1}$ **then** $w \in \mathcal{L}(G)$
        else $w \notin \mathcal{L}(G)$
end
end.

    Der Algorithmus folgt dem Entwurfsprinzip der *dynamischen Programmierung*; Lösungen für Teilprobleme (Teilableitungsbäume) werden zwischengespeichert, um sie später nicht erneut berechnen zu müssen[8]. Dadurch wird ein an und für sich exponentiell großer Suchraum vom Algorithmus in einer Rechenzeit proportional zu n^3 durchmustert.

Betrachten wir folgendes Beispiel: $G = (\{S, A\}, \{a, b\}, P, S)$ mit $P = \{S \rightarrow SA, S \rightarrow AS, S \rightarrow b, A \rightarrow AS, A \rightarrow a\}$. Wir wollen feststellen, ob $w = babbabab \in \{a, b\}^8$ in $\mathcal{L}(G)$ liegt. Der Algorithmus konstruiert folgende Recognition-Matrix

$$\begin{pmatrix} \{S\} & \{A\} & \{S\} & \{S\} & \{A\} & \{S\} & \{A\} & \{S\} \\ \{S\} & \{A,S\} & \emptyset & \{S\} & \{A,S\} & \{S\} & \{A,S\} & \emptyset \\ \{S\} & \{A,S\} & \emptyset & \{S\} & \{A,S\} & \{S\} & \emptyset & \emptyset \\ \{S\} & \{A,S\} & \emptyset & \{S\} & \{A,S\} & \emptyset & \emptyset & \emptyset \\ \{S\} & \{A,S\} & \emptyset & \{S\} & \emptyset & \emptyset & \emptyset & \emptyset \\ \{S\} & \{A,S\} & \emptyset & \emptyset & \emptyset & \emptyset & \emptyset & \emptyset \\ \{S\} & \{A,S\} & \emptyset & \emptyset & \emptyset & \emptyset & \emptyset & \emptyset \\ \{S\} & \emptyset & \emptyset & \emptyset & \emptyset & \emptyset & \emptyset & \emptyset \end{pmatrix}$$

und mit $S \in t_{8,1}$ folgt $w \in \mathcal{L}(G)$. Hat man die Recognition-Matrix berechnet, so kann man im Falle $w \in \mathcal{L}(G)$ mit einem *Traceback* auch einen Ableitungsbaum für w bestimmen. Wie dies möglich ist, werden wir in den Aufgaben sehen.

---

[8]Für Details zu dieser und anderer Methoden zum Entwurf effizienter Algorithmen siehe [Neb12].

Definition 2.41

Sei T ein Alphabet und $w \in T^\star$. $i \in \{1, \ldots, |w|\}$ heißt *Position* in w. $a \in T$ steht in w an *i-ter Position*, falls $w = w_1 a w_2$ mit $|w_1| = i - 1$. Die Position i in w heißt *markiert*, falls $w = w_1 \underline{a} w_2$ und a steht an i-ter Position in w.

Satz 2.29 (OGDENs **Lemma**)

Sei $G = (I, T, P, S)$ eine CFG , dann gibt es ein $k \geq 1$ mit folgenden Eigenschaften: Falls $\omega \in \mathscr{L}(G) \wedge |\omega| \geq k \wedge p \geq k$ verschiedene Positionen in ω sind markiert, dann hat ω eine Darstellung $\omega = uvwxy$ mit:

1. In w tritt mindestens eine der p markierten Positionen von ω auf,

2. entweder in u und v (beide) treten markierte Positionen von ω auf, oder in x und y (beide) treten markierte Positionen von ω auf,

3. in vwx treten höchsten k der markierten Positionen von ω auf,

4. es gibt ein $A \in I$ mit

$$S \Rightarrow_G^+ uAy \Rightarrow_G^+ uvAxy \Rightarrow_G^+ \cdots \Rightarrow_G^+ uv^i Ax^i y \Rightarrow_G^+ uv^i wx^i y$$

für alle $i \in \mathbb{N}_0$.

Beweis: Sei $r := \max\{\max_{(A,\alpha) \in P}\{|\alpha|\}, 2\}$. Wähle $k := r^{2|I|+3}$ und betrachte den Ableitungsbaum τ von $\omega \in \mathscr{L}(G)$, wobei $|\omega| \geq k$ gilt und mindestens k verschiedene Positionen in ω markiert sind. Man beobachtet:

- In τ gibt es mindestens einen Weg der Länge $\geq 2|I| + 3$ von der Wurzel zu einem Blatt (da Grad eines jeden Knotens $\leq r$ gibt es $\leq r^\lambda$ Knoten auf Niveau λ des Baumes, wobei das Niveau der Wurzel mit 0 angenommen wird).

- $p \geq k$ Blätter sind markiert (entsprechend den markierten Positionen in ω).

Wir bezeichnen im Folgenden einen Knoten v in τ als *B-Knoten*, falls v mindestens zwei direkte Nachfolger v_1 und v_2 besitzt, so dass v_1 und v_2 (beide) markierte Blätter als Nachfolger haben. Man beachte, dass damit die Markierung $\lambda(v)$ eines B-Knotens v stets ein Zeichen aus I ist. Wir definieren nun folgenden Pfad $v_1, v_2, \ldots$ in τ:

1. $v_1 = r(\tau)$

2. Sei $v_1, \ldots, v_i$ konstruiert:

   a) Existiert nur ein direkter Nachfolger v' von v_i, welcher markierte Blätter als Nachfolger besitzt (d. h. v_i ist kein B-Knoten), dann setze $v_{i+1} := v'$.

   b) Ist v_i ein B-Knoten, dann ist v_{i+1} der direkte Nachfolger von v_i, welcher die größte Anzahl markierter Blätter als Nachfolger besitzt; bei Gleichheit wähle den rechtesten Nachfolger mit maximaler Anzahl markierter Nachfolger.

   c) Ist v_i ein Blatt, dann terminiert der Weg.

Sei $v_1, v_2, \ldots, v_p$ ein so konstruierter Weg.

Behauptung 1: $v_1, v_2, \ldots v_i$ besitzt q B-Knoten $\curvearrowright$ v_{i+1} hat $\geq r^{2|I|+3-q}$ markierte Blätter als

Nachfolger.

Wir beweisen die Behauptung durch eine Induktion über i.

Aus $i = 0$ folgt $q = 0$ und nach den Voraussetzung für ω hat $v_1 = r(\tau)$ mindestens $r^{2|I|+3} = k$ markierte Blätter als Nachfolger; damit ist die Induktion verankert.

Sei die Aussage richtig für $v_1, v_2, \ldots, v_j$ für alle $j \leq i$ und betrachte $v_1, \ldots, v_{i+1}$.

1. Fall: v_{i+1} wurde gemäß 2.a gewählt, d. h. v_i war kein B-Knoten, womit $v_1, v_2, \ldots, v_{i-1}$ q B-Knoten besitzt. Nach Induktionsvoraussetzung hat $v_i \geq r^{2|I|+3-q}$ markierte Blätter als Nachfolger. Da v_i nur einen direkten Nachfolger hat, der markierte Blätter als Nachfolger besitzt (nämlich v_{i+1}), folgt, dass v_{i+1} dieselbe Anzahl markierter Blätter als Nachfolger besitzt wie v_i, also $\geq r^{2|I|+3-q}$.

2. Fall: v_{i+1} wurde gemäß 2.b ausgewählt. Dann war v_i ein B-Knoten und der Weg $v_1, \ldots, v_{i-1}$ hat $(q-1)$ viele B-Knoten. Nach Induktionsvoraussetzung hat v_i dann $\geq r^{2|I|+3-(q-1)} = r^{2|I|+4-q}$ markierte Blätter als Nachfolger. Habe v_i $m \geq 2$ viele direkte Nachfolger $v_i^{(1)}, \ldots, v_i^{(m)}$, wobei $v_i^{(s)}$ genau β_s viele markierte Blätter als Nachfolger habe, $1 \leq s \leq m$. Aufgrund der Wahl von r muss $m \leq r$ gelten. Gilt nun o.B.d.A. $\beta_1 \leq \beta_2 \leq \cdots \leq \beta_m$, so ist $v_{i+1} = v_i^{(m)}$ und $\beta_1 + \beta_2 + \ldots \beta_m \geq r^{2|I|+4-q}$. Damit ist $r^{2|I|+4-q} \leq m\beta_m \leq r\beta_m$ und Behauptung 1, also $\beta_m \geq r^{2|I|+3-q}$, folgt durch Division der Ungleichung durch r.

Annahme: $v_1, \ldots, v_p$ hat $\leq 2|I| + 2$ B-Knoten. Da v_p als Blatt kein B-Knoten sein kann, muss dann $v_1, v_2, \ldots, v_{p-1}$ höchstens $2|I| + 2$ B-Knoten besitzen. Dann impliziert Behauptung 1, dass v_p mindestens $r^{2|I|+3-2|I|-2} = r$ markierte Blätter als Nachfolger hat. Dies ist ein Widerspruch, da v_p ein Blatt ist und $r \geq 2$ gilt.

Wir können also davon ausgehen, dass der Pfad $v_1, \ldots, v_p \geq 2|I| + 3$ B-Knoten besitzt. Da v_p als letztes Element des Pfades ein Blatt ist, müssen sich die B-Knoten auf die anderen Elemente verteilen, d. h. $v_1 \ldots, v_{p-1}$ hat mindestens $2|I| + 3$ B-Knoten. Dies geht aber nur, wenn wir mindestens so viele Elemente haben, wie es B-Knoten geben muss, also wenn $p - 1 \geq 2|I| + 3$ gilt. Damit können wir folgern, dass der von uns konstruierte Weg länger als $2|I| + 3$ Knoten ist, d. h. $p > 2|I| + 3$ gilt.

Seien nun $b_1, b_2, \ldots, b_{2|I|+3}$ die letzten $2|I| + 3$ B-Knoten des Pfades $v_1, v_2, \ldots, v_p$. Wir nennen b_i einen linken B-Knoten (rechten B-Knoten), falls ein direkter Nachfolger von b_i, welcher nicht auf dem Pfad $v_1, v_2, \ldots, v_p$ liegt, markierte Blätter links von v_p (rechts von v_p) als Nachfolger hat. Da nach Definition ein B-Knoten immer mindestens zwei direkte Nachfolger hat, die markierte Blätter als Nachfolger besitzen, der Pfad aber stets nur einen unter ihnen auswählt, ist ein B-Knoten stets ein linker oder ein rechter B-Knoten. Es gibt dann $\geq |I| + 2$ linke B-Knoten oder $\geq |I| + 2$ rechte B-Knoten, da andernfalls:

$$\text{Anzahl der B-Knoten} \leq \text{Anzahl der linken B-Knoten} + \text{Anzahl der rechten B-Knoten}$$
$$\leq |I| + 1 + |I| + 1 = 2|I| + 2$$

im Widerspruch zur Existenz von mindestens $2|I| + 3$ B-Knoten.

1. Fall: Es gibt $\geq |I| + 2$ linke B-Knoten.

Seine $z_1, \ldots, z_{|I|+2}$ die letzten $|I| + 2$ linken B-Knoten in $b_1, b_2, \ldots, b_{2|I|+3}$. Da genau $|I|$ Hilfszeichen existieren gibt es zwei Knoten z und z' in $z_1, \ldots, z_{|I|+2}$ mit o.B.d.A. z' ist Nachfolger von z

und $\lambda(z) = \lambda(z') = A \in I$.
Veranschaulichung:

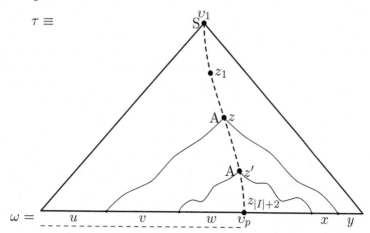

In u, v, w treten markierte Blätter auf, da z_1, z und z' linke B-Knoten sind.
Es gibt Wörter u, v, w, x, y wie in der Abbildung *definiert* mit

$$S \Rightarrow_G^+ uAy \quad \wedge \quad A \Rightarrow_G^+ vAx \quad \wedge \quad A \Rightarrow_G^+ w \quad \wedge \quad \omega = uvwxy$$

womit 4. des Satzes folgt.
Da das Symbol $\lambda(v_p)$ in w liegt und nach Konstruktion des Pfades dieser nur mit einem markierten Blatt enden kann, folgt 1. des Satzes.
In u (bzw. v) tritt jeweils mindestens eine markierte Position auf, da z_1 (bzw. z) linke B-Knoten sind. Damit folgt in Aussage 2. des Satzes die erste Alternative (in u und v treten markierte Positionen von z auf).
Nach Definition ist b_1 der $(2|I|+3)$-te letzte B-Knoten auf dem Pfad $v_1, \ldots, v_p$. Folglich hat $b_1 \leq r^{2|I|+3} = k$ markierte Blätter als Nachfolger (r ist der maximal mögliche Knotengrad im Ableitungsbaum; bei einer Höhe von $2|I|+3$ können so maximal $r^{2|I|+3}$ Blätter insgesamt entstehen, die wir in der Abschätzung alle als markiert annehmen; nicht B-Knoten tragen nicht zur betrachteten Höhe bei, da sie nach Definition nur einen Nachfolger mit markierten Nachfolgern besitzen, so dass keine Potenzierung der Gesamtzahl resultiert). Da z ein Nachfolger von b_1 ist und für den Teilbaum τ' mit $r(\tau') = z$ nach Konstruktion frontier$(\tau') = vwx$ gilt, folgt 3. des Satzes.

2. Fall: Es gibt $\geq |I| + 2$ rechte B-Knoten.
Symmetrischer Fall; hier ergibt sich in 2. des Satzes die zweite Alternative (in x und y treten markierte Postitonen von ω auf). $\qquad\Box$

Im Beweis zu OGDENs Lemma wurde nirgends verwendet, dass frontier$(\tau) \in T^\star$ gilt. Damit gilt dieser Satz auch für Satzformen, d. h. er bleibt richtig, wenn man $\mathscr{L}(G)$ durch $\vartheta(G)$ ersetzt. Wählt man in OGDENs Lemma alle Positionen in ω als markiert, dann folgt ein ebenfalls nützliches Resultat:

Satz 2.30 (Pumping-Lemma für CFGs)

Sei $G = (I, T, P, S)$ eine CFG. Es gibt ein $k \geq 1$, so dass für alle $\omega \in \mathscr{L}(G)$ mit $|\omega| \geq k$ eine Darstellung $\omega = uvwxy$ existiert mit

- $u, v, w \neq \varepsilon \quad \vee \quad w, x, y \neq \varepsilon,$
- $|vwx| \leq k,$
- $(\forall i \geq 0)(uv^i wx^i y \in \mathscr{L}(G)).$

Bemerkung 2.25

OGDENs Lemma und das Pumping-Lemma für kontextfreie Grammatiken sind dazu geeignet, zu belegen, dass eine Sprache **nicht** kontextfrei ist[9]. Die dazu notwendige Beweisführung kann man sich auch hier als Spiel gegen einen imaginären Gegner vorstellen, der stets versucht, unsere Beweisführung zum Scheitern zu bringen. Wir verdeutlichen dies am Beispiel der Sprache $\mathscr{L} = \{a^n b^n c^n \mid n \geq 1\}$.

Nachdem unser Gegner k gewählt hat, dürfen wir in Abhängigkeit von k ein Wort aus $\omega \in \mathscr{L}(G)$ aussuchen, das $|\omega| \geq k$ erfüllt; wir wählen $\omega = a^k b^k c^k$. Unser Gegner hat nun mehrere Möglichkeiten: Wählt er vwx so, dass es nur a's enthält, so ist das *gepumpte* Wort offensichtlich nicht in $\mathscr{L}$. Dasselbe gilt natürlich auch bei einer Wahl von ausschließlich Buchstaben b oder c. Wählt er ein Wort mit gleicher Anzahl a's und b's, so können wir Wörter $a^m b^m c^k$ mit $m \neq k$ erzeugen, so dass wieder Wörter nicht in $\mathscr{L}$ resultieren. Der einzige Weg, wie der Gegner unseren Sieg vereiteln könnte, wäre die Wahl eines Teilwortes vwx mit derselben Anzahl a's, b's und c's. Eine solche Wahl ist aber unmöglich, da $|vwx| \leq k$ gelten muss (hier macht sich jetzt unsere geschickte Wahl von ω bezahlt). Damit ist $\mathscr{L}$ nicht kontextfrei.

Es gibt Sprachen, z.B. $\mathscr{L} = \{a^i b^j c^k d^l \mid j = 0 \vee i = k = l\}$, welche sich mit OGDENs Lemma als nicht kontextfrei erweisen, während mit dem Pumping-Lemma für kontextfreie Grammatiken ein solcher Beweis nicht gelingt. OGDENs Lemma ist damit in der Aussage das stärkere der beiden Resultate. Keines der beiden Lemmata jedoch liefert eine hinreichende Bedingung dafür, dass eine Sprache kontextfrei ist.

Wir wollen nun eine wichtige Einschränkung des Ableitungsprozesses kontextfreier Grammatiken untersuchen. Im Allgemeinen ist es nämlich möglich, dass eine Grammatik mehrere Möglichkeiten besitzt, um ein Wort ihrer Sprache zu erzeugen. Wie wir später sehen werden, ist eine solche Grammatik im Kontext der Syntax von Programmiersprachen ungeeignet. Darüber hinaus ermöglichen Grammatiken, für die entsprechende Wahlmöglichkeiten besonders eingeschränkt sind, ein besonders effizientes Lösen des Wort- und Analyseproblems – ein Aspekt, den wir hier nicht im Detail behandeln werden. Doch kommen wir zu den entscheidenden Definitionen und Resultaten:

---

[9] Die entsprechende Anwendung haben wir zuvor bereits für das Pumping-Lemma für unendliche reguläre Mengen kennengelernt.

Definition 2.42

Sei $G = (I, T, P, S)$ ein CFG und

$$N_G(w) := |\{(S, \alpha_1, \alpha_2, \ldots, \alpha_n) \in [(I \cup T)^\star]^{n+1} \mid S \Rightarrow_{lm} \alpha_1 \Rightarrow_{lm} \alpha_2 \Rightarrow_{lm} \cdots \Rightarrow_{lm} \alpha_n = w\}|.$$

$N_G(w)$ heißt *Mehrdeutigkeitsgrad* von w bzgl. G. G heißt *mehrdeutig*, falls

$$(\exists w \in \mathscr{L}(G))(N_G(w) \geq 2).$$

G heißt *mehrdeutig vom Grad $k \in \mathbb{N}_0$*, falls

$$(\forall w \in \mathscr{L}(G))(N_G(w) \leq k).$$

G heißt *mehrdeutig vom Grad unendlich*, falls

$$(\forall n \in \mathbb{N})(\exists w \in \mathscr{L}(G))(N_G(w) \geq n).$$

G heißt *eindeutig*, falls

$$(\forall w \in \mathscr{L}(G))(N_G(w) = 1).$$

Nun die entsprechende Definition für Sprachen:

Definition 2.43

Sei $\mathscr{L} \in \mathrm{CFL}(T)$. $\mathscr{L}$ heißt *eindeutig*, falls

$$(\exists G = (I, T, P, S))(G \text{ ist eindeutige CFG} \wedge \mathscr{L} = \mathscr{L}(G)).$$

$\mathscr{L}$ heißt *inhärent mehrdeutig*, falls

$$(\forall G = (I, T, P, S))(\mathscr{L} = \mathscr{L}(G) \wedge G \text{ ist CFG} \curvearrowright G \text{ mehrdeutig}).$$

Beispiel 2.22

a) Betrachte $G = (\{S\}, \{a\}, P, S)$ mit $P = \{S \to SS, S \to a\}$. Man sieht sofort, dass die Anzahl der Linksableitungen von $a^n \in \mathscr{L}(G)$ gleich der Anzahl erweiterter binärer Bäume mit n Blättern ($\triangleq$ Ableitungsbäume); deren Anzahl ist bekannt und durch

$$\frac{1}{n}\binom{2n-2}{n-1}$$

gegeben. Folglich ist G mehrdeutig vom Grad unendlich.

b) Betrachte $G = (\{S, A\}, \{a, b\}, P, S)$ mit $P = \{S \to Aa, S \to ba, A \to b\}$. Es ist $\mathscr{L}(G) = \{ba\}$ und G mehrdeutig vom Grad 2 (es ist nämlich $N_G(ba) = |\{(S, Aa, ba), (S, ba)\}|$).

Bemerkung 2.26

1. In Definition 2.42 kann Linksableitung durch Rechtsableitung ersetzt werden.

2. G eindeutig ist äquivalent dazu, dass jedes Wort aus $\mathscr{L}(G)$ genau einen Ableitungsbaum bzgl. G besitzt.

3. G mehrdeutig ist äquivalent dazu, dass es mindestens ein $w \in \mathscr{L}(G)$ mit mindestens zwei verschiedenen Ableitungsbäumen bzgl. G gibt.

4. $\mathscr{L}$ inhärent mehrdeutig impliziert, dass jede CFG die $\mathscr{L}$ erzeugt mehrdeutig ist. Aus der Beobachtung einer mehrdeutigen CFG die $\mathscr{L}$ erzeugt können wir entsprechend nicht auf die inhärente Mehrdeutigkeit von $\mathscr{L}$ schließen.

5. Ist $r_S = \sum_{w \in T^\star} r(w)w$ die Lösung des Gleichungssystems bzgl. des Axioms S einer CFG G, so folgt $r(w) = N_G(w)$. Dieser Zusammenhang ist leicht über die Iteration des Gleichungssystems einzusehen.

Im Compilerbau greift man in der Regel auf kontextfreie Grammatiken zurück, um die Menge aller syntaktisch korrekten Programme zu spezifizieren. Die Punkte 2. und 3. aus vorheriger Bemerkung sind damit für uns von praktischer Relevanz: Da die Semantik eines Programmes oft über den Ableitungsbaum seines Quelltextes bzgl. einer geeigneten Grammatik definiert wird, müssen wir auf mehrdeutige Grammatiken verzichten; sie führten dazu, dass einem Programmtext verschiedene Bedeutungen zugeordnet werden könnten. Punkt 4. legt uns nahe, auf eine Programmiersprache zu verzichten, die inhärent mehrdeutig ist, da (bei der Verwendung einer kontextfreien Grammatik) niemals eine eindeutige, am Ableitungsbaum orientierte Semantik realisierbar ist. Doch gibt es überhaupt inhärent mehrdeutige Sprachen? Nachfolgender Satz liefert eine Antwort auf diese Frage.

Satz 2.31

Sei $L_0 = \{a^i b^j c^l \mid i, j, l \geq 0 \wedge (i \doteq j \vee j = l)\}$. Es gilt:

1. $L_0 \in \mathsf{CFL}(\{a, b, c\})$,

2. L_0 ist inhärent mehrdeutig.

Beweisskizze: Eine CFG G, welche L_0 erzeugt, kann leicht gefunden werden (hier sei der Leser aufgefordert, eine solche zur Übung zu konstruieren; siehe 37. Aufgabe). Damit lässt sich Punkt 1. nachweisen.

Sei also G eine beliebige CFG mit $\mathscr{L}(G) = L_0$ und k' die im OGDENs Lemma geforderte Konstante und $k := \max\{k', 3\}$. Wir wählen $\omega = \underline{a}^k b^k c^{k+k!} \in L_0$, wobei alle Positionen in a^k markiert sind. Es folgt die Existenz einer Zerlegung $\omega = uvwxy$, welche die Bedingungen 1. bis 4. des Satzes erfüllt.

Feststellung 1: $u, v \in \{a\}^\star$ da nach 1. mindestens eine Position in w markiert ist, d. h. in w ein a auftritt.

Feststellung 2: $x \in \{a\}^\star \cup \{b\}^\star \cup \{c\}^\star$ denn treten in x zwei verschiedene Symbole auf, so resultiert für das gepumpte Wort $uv^2 wx^2 y$, dass es nicht aus L_0 ist.

Feststellung 3: $x \in \{b\}^\star$. Um dies einzusehen, nimmt man an, $x = a^p$ bzw. $x = c^p$ (andere Alternativen existieren nach Feststellung 2 nicht) und führt diese zum Widerspruch indem man zeigt, dass ein gepumptes Wort nur dann zu L_0 gehören kann, wenn $x = v = \varepsilon$ bzw. $v = \varepsilon$ und $xy \in c^\star$ gilt. In beiden Fällen ergibt sich jedoch ein Widerspruch zu OGDENs Lemma, Punkt 2.

Aus der Kenntnis, dass $x = b^p$ für ein $p \in \mathbb{N}_0$ gilt, kann man nun folgern, dass entweder p gleich der Länge von v ist oder p gleich $k!$ gelten muss; die Alternative $p = k!$ impliziert für $k \geq 3$ aber $|v| = k!$ und scheidet nach Feststellung 1 damit *mangels Masse* aus.

An dieser Stelle wissen wir also, dass $v = a^p$ und $x = b^p$ gilt, d. h. $\omega = uvwxy = a^k b^k c^{k+k!} \in L_0$ impliziert $u = a^{i_1 - p}$, $v = a^p$, $w = a^{k - i_1} b^{i_2}$, $x = b^p$ und $y = b^{k - i_2 - p} c^{k+k!}$ für geeignet gewählte i_1, i_2. Nach OGDENs Lemma gilt nun für alle $m \geq 0$:

$$S \Rightarrow^+ uAy \Rightarrow^+ uv^m A x^m y \Rightarrow^+ uv^m wx^m y.$$

Wählen wir $m := k!/p + 1$ (da $1 \leq p \leq k$ gilt, ist p sicher ein Faktor von $k!$ und unsere Wahl zulässig), so resultiert die Ableitung

$$S \Rightarrow^+ uv^m Ax^m y \Rightarrow^+ uv^m wx^m y = a^{k+k!}b^{k+k!}c^{k+k!}.$$

Wir müssen nun die identischen Überlegungen anstellen, diesmal jedoch mit $\omega' = a^{k+k!}b^k c^k$ und dieselben Argumente liefern die Existenz einer Zerlegung $\omega' = u'v'w'x'y'$ mit $v' \in \{b\}^+$, $u' \in \{a\}^\star$, $x' \in \{c\}^+$ und $|v'| = |x'|$ sowie die Existenz der Ableitung.

$$S \Rightarrow^+ u'v'^{m'} Bx'^{m'} y' \Rightarrow^+ u'v'^{m'} w'x'^{m'} y' = a^{k+k!}b^{k+k!}c^{k+k!}.$$

Man schließt nun den Beweis durch den Nachweis, dass die beiden vorherigen Ableitungen für das Wort $a^{k+k!}b^{k+k!}c^{k+k!}$ verschieden sein müssen. $\qquad\square$

Bemerkung 2.27

Wir haben oben gesehen, dass die Strukturfunktion $S_{\mathscr{L}}(x)$ einer regulären Sprache $\mathscr{L}$ rational über $\mathbb{Q}$ ist. Ein ähnliches Ergebnis kann man auch für kontextfreie Sprachen zeigen, denn es gilt:

$$\mathscr{L} \in \mathsf{CFL}(T) \wedge \mathscr{L} \text{ eindeutig} \quad \rightsquigarrow \quad S_{\mathscr{L}}(x) \text{ ist algebraisch über } \mathbb{Q}.$$

Dabei ist – etwas unpräzise formuliert – eine Funktion algebraisch, wenn sie sich nur aus einer Verknüpfung der Grundrechenarten und dem Radizieren (Wurzelziehen) zusammensetzt.

Beispiel 2.23

a) Betrachte die CFG $G = (\{S\}, \{(,)\}, P, S)$ mit $P = \{S \rightarrow (S)S, S \rightarrow ()\}$. Wenn wir die Produktionen aus P in ein Gleichungssystem für die Strukturfunktion $S_{\mathscr{L}(G)}(x)$ übersetzen, so folgt

$$S_{\mathscr{L}(G)}(x) = \underbrace{x^2 S_{\mathscr{L}(G)}(x)^2}_{} \quad + \quad \underbrace{x^2}_{} .$$

Beitrag der Produktion $S \rightarrow (S)S$; x^2 zeigt an, dass die rechte Seite der Produktion zwei Terminalsymbole zu einem Terminalwort beiträgt (Exponent = Wortlänge), $S_{\mathscr{L}(G)}(x)^2$ berücksichtigt die aus den beiden Hilfszeichen S zusätzlich erzeugbaren Terminalzeichen (durch die Multiplikation werden die Exponenten von x addiert).

Beitrag der Regel $S \rightarrow ()$; ein Terminalwort der Länge 2 wird erzeugt.

Diese Gleichung können wir einfach mit der pq-Formel nach $S_{\mathscr{L}(G)}(x)$ auflösen und erhalten

$$S_{\mathscr{L}(G)}(x) = \frac{1 \pm \sqrt{1 - 4x^4}}{2x^2}.$$

Doch welche der beiden Lösungen stellt nun die gesuchte Strukturfunktion dar? Diese Frage lässt sich einfach beantworten: Nach Definition liefert die Strukturfunktion an der Stelle $x = 0$ die Anzahl der Wörter aus $\mathscr{L}(G)$ mit einer Länge von 0, da alle anderen Summanden einen Faktor x^i, $i \geq 1$, haben, womit sie durch die Wahl $x = 0$ verschwinden. Wie man sofort einsieht, ist das kürzeste Wort, dass unserer Grammatik erzeugen kann gleich $()$ und damit die Anzahl der Wörter aus $\mathscr{L}(G)$ mit einer Länge von 0 gleich 0. Aus

$$\lim_{x \to 0} \frac{1 + \sqrt{1 - 4x^4}}{2x^2} = \infty,$$

$$\lim_{x \to 0} \frac{1 - \sqrt{1 - 4x^4}}{2x^2} = 0,$$

folgt damit sofort, dass die Lösung mit dem Minus die von uns gesuchte ist. Wie vom Satz behauptet, ist diese eine Funktion, die ausschließlich aus Verknüpfungen der Grundrechenarten und dem Wurzelziehen entsteht. Es sei abschließend bemerkt, dass man nur für eine eindeutige Grammatik wie zuvor das Produktionssystem in ein Gleichungssystem für die Strukturfunktion der erzeugten Sprache übersetzen kann. Existieren für ein Wort mehrere Linksableitungen, so würde es bei gleichem Vorgehen mehrfach gezählt, was in der Definition der Strukturfunktion nicht vorgesehen ist.

b) Für die Sprache $\mathscr{L} = \{a\}\{b^n a^n \mid n \geq 1\}^\star \cup \{a^n b^{2n} \mid n \geq 1\}^\star \{a\}^+$ lässt sich eine kontextfreie Grammatik angeben, womit $\mathscr{L} \in \mathsf{CFL}(\{a,b\})$ folgt. Betrachtet man die Strukturfunktion $S_{\mathscr{L}}(x)$, so kann man aber aus der Kenntnis, dass die *Fredholmreihe* $\sum_{\lambda \geq 0} x^{2^\lambda}$ für $z \in {]0:1[}$ einen transzendenten Wert hat, ableiten, dass $S_{\mathscr{L}}(x)$ nicht algebraisch ist. Damit folgt die inhärente Mehrdeutigkeit von $\mathscr{L}$.

Man beachte, dass es in diesem Fall nicht möglich ist, aus einer kontextfreien Grammatik für $\mathscr{L}$ auf die Strukturfunktion zu schließen (aber warum?).

Bemerkung 2.28

Aus der Mathematik ist bekannt, dass man eine beliebig oft differenzierbare analytische Funktion f im Punkt z_0 als Taylor-Reihe

$$P_f = f(z_0) + \frac{f'(z_0)}{1!}(z - z_0)^1 + \cdots + \frac{f^{(k)}(z_0)}{k!}(z - z_0)^k + \cdots$$

darstellen kann, wobei $f^{(k)}$ die k-te Ableitung von f repräsentiert. Ist nun f eine Strukturfunktion, so liefert uns die Taylor-Reihenentwicklung im Punkt 0 die Anzahl der Wörter verschiedener Längen in der zugehörigen Sprache. So ist beispielsweise die Taylor-Reihe in 0 der Funktion $\frac{1-\sqrt{1-4x^4}}{2x^2}$ aus vorherigem Beispiel gleich

$$x^2 + x^6 + 2x^{10} + 5x^{14} + 14x^{18} + 42x^{22} + 132x^{26} + 429x^{30} + 1430x^{34} + \cdots,$$

d. h. die Grammatik erzeugt kein Wort der Längen $0,1,3,4,5,6,7,8,9,\ldots$ ein Wort der Länge 2, ein Wort der Länge 6, zwei Wörter der Länge 10 usw.

Mit dieser Beobachtung liefern uns die (kontextfreien) Grammatiken einen Weg, diskrete Objekte abzuzählen:

1. Kodiere die Objekte über eine eindeutige formale Sprache L;

2. konstruiere eine eindeutige (kontextfreie) Grammatik G mit $\mathscr{L}(G) = L$;

3. übersetze die Grammatik G in ein Gleichungssystem für $S_L(x)$;

4. löse dieses Gleichungssystem und im Falle mehrerer Lösungen, wähle die *richtige* aus;

5. bestimme den Koeffizienten bei x^n in $S_L(x)$ (als Formel in n).

Oft stellt sich dabei Punkt 5. als besonders schwierig heraus, in vielen Fällen lässt sich aber beim wiederholten Ableiten der Strukturfunktion ein Muster erkennen, das man dann per Induktion beweist und so eine Darstellung der n-ten Ableitung als Funktion in n erhält. Diese kann man dann gemäß obiger Formel der Taylor-Reihe verwenden, um eine allgemeingültige Darstellung des gesuchten Koeffizienten zu erlangen.

Wir wollen auch hier unsere Betrachtung dadurch abrunden, dass wir die Abschlusseigenschaften der kontextfreien Sprachen untersuchen.

Satz 2.32
Ist $\mathscr{L} \in \mathsf{CFL}(T)$ und τ eine Substitution derart, dass $\tau(a)$ für jedes $a \in T$ eine kontextfreie Sprache ist, dann ist $\tau(\mathscr{L})$ kontextfrei.

Beweis: Sei $G = (I,T,P,S)$ eine CFG mit $\mathscr{L}(G) = \mathscr{L}$. Wir konstruieren eine CFG G', die $\tau(\mathscr{L})$ erzeugt. Dabei besteht die wesentliche Idee darin, alle Vorkommen eines Terminalsymbols $a \in T$ in den Regeln aus P durch das Axiom S_a einer Grammatik zu ersetzen, die $\tau(a)$ erzeugt. Seien also $G_a = (I_a,T,P_a,S_a)$, $a \in T$, kontextfreie Grammatiken mit $\mathscr{L}(G_a) = \tau_a$ (diese existieren nach Voraussetzung). Durch Umbenennung können wir sicherstellen, dass I und I_a für alle $a \in T$ disjunkt sind. Für $G' = (I',T,P',S')$ gilt dann:

- $I' := I \cup \bigcup_{a \in T} I_a$.

- $P' := \bigcup_{a \in T} P_a \cup \{(A, h(\alpha)) \mid (A, \alpha) \in P\}$, wobei h jedes Vorkommen von $a \in T$ durch S_a ersetzt.

- $S' = S$.

Bleibt zu zeigen, dass diese Grammatik tatsächlich die Sprache $\tau(\mathscr{L})$ erzeugt.
Sei also $w \in \tau(\mathscr{L})$. Dann gibt es ein Wort $a_1 a_2 \ldots a_n \in \mathscr{L}$ und $x_i \in \tau(a_i)$, $1 \le i \le n$, so dass $w = x_1 x_2 \ldots x_n$ gilt. Nach Konstruktion gilt dann für die Grammatik G', dass $S \Rightarrow_{G'}^{+} S_{a_1} \ldots S_{a_n}$ und aufgrund der Regeln in P_a, $a \in T$, letztlich $S \Rightarrow_{G'}^{+} x_1 x_2 \ldots x_n =$, d. h. $w \in \mathscr{L}(G')$ was zu zeigen war.
Sei umgekehrt $w \in \mathscr{L}(G')$. Wir betrachten einen Ableitungsbaum A für w bzgl. G' und beobachten, dass es einen Schnitt durch A geben muss, dessen Knoten alle mit Axiomen S_a für $a \in T$ markiert sind (dieser Schnitt ist dabei nichts anderes als eine Satzform in $(\bigcup_{a \in T} S_a)^*$, die aus dem Axiom S erzeugt werden kann). Der Grund hierfür ist einfach: Nach Konstruktion startet G' mit dem Axiom S der Grammatik G. In den Regeln, die wir aus G übernommen haben, existieren aber keine Terminalzeichen mehr (Abbildung h der Konstruktion) und die Hilfszeichenmengen von G und den Grammatiken G_a, $a \in T$, wurden als disjunkt angenommen. Somit kann von S startend nur dann ein Terminalsymbol erreicht werden, wenn dazwischen irgendwann ein Axiom S_a erzeugt wird. Des Weiteren erzwingt die disjunkte Wahl der Hilfszeichenalphabete, dass unterhalb eines Axioms S_a nur Regeln aus P_a angewandt werden können, $a \in T$. Damit erlaubt uns zuvor genannter Schnitt die Identifikation eines Wortes $a_1 a_2 \ldots a_n$ (die mit dem Schnitt korrespondierende Satzform ist gleich $S_{a_1} S_{a_2} \ldots S_{a_n}$) mit

- $a_1 a_2 \ldots a_n \in \mathscr{L}(G) = \mathscr{L}$,

- $w \in \tau(a_1)\tau(a_2)\ldots\tau(a_n)$,

womit $w \in \tau(\mathscr{L})$ folgt. $\qquad\square$

Satz 2.33
Sei T ein Alphabet und gelte $L_1, L_2 \in \mathsf{CFL}(T)$, dann folgt $L_1 \cup L_2 \in \mathsf{CFL}(T)$.

Beweis: Seien $G_i = (I_i,T,P_i,S_i)$, zwei CFG mit $\mathscr{L}(G_i) = L_i$, $i \in \{1,2\}$. O.B.d.A. können wir annehmen, dass $I_1 \cap I_2 = \emptyset$ gilt (u. U. Umbenennung). Definiere $G = (I_1 \cup I_2 \,\dot\cup\, \{S\}, T, P_1 \cup P_2 \cup \{(S,S_1),(S,S_2)\}, S)$. Offensichtlich ist G kontextfrei und erzeugt $L_1 \cup L_2$. $\qquad\square$

Bemerkung 2.29

a) Die Klasse der deterministischen $\mathsf{DKL}(T)$ (bzw. eindeutigen $\mathsf{EKL}(T)$) kontextfreien Sprachen ist definiert als die Menge all jener Sprachen über dem Alphabet T, die durch einen deterministischen (bzw. eindeutigen) Kellerautomaten mit Endzustand akzeptiert werden können. Dabei ist weder die Menge $\mathsf{DKL}(T)$ noch die Menge $\mathsf{EKL}(T)$ unter der Vereinigung abgeschlossen. Eine Begründung hierfür werden wir in den Aufgaben kennenlernen.

b) Die unter a) genannte Klasse der deterministischen kontextfreien Sprachen ist im Kontext des Compilerbaus von besonderer Bedeutung, da sie eine Teilmenge der kontextfreien Sprachen darstellen, die zum einen erlaubt, die für eine moderne Programmiersprache notwendigen syntaktischen Strukturen zu erzeugen, und zum anderen eine Syntaxanalyse in Linearzeit ermöglicht.

Satz 2.34
Sei T ein Alphabet und gelte $L_1, L_2 \in \mathsf{CFL}(T)$, dann folgt $L_1 \cdot L_2 \in \mathsf{CFL}(T)$.

Beweis: Seien $G_i = (I_i, T, P_i, S_i)$, zwei CFG mit $\mathscr{L}(G_i) = L_i$, $i \in \{1,2\}$. O.B.d.A. können wir annehmen, dass $I_1 \cap I_2 = \emptyset$ gilt (u. U. Umbenennung). Definiere $G = (I_1 \cup I_2 \dot{\cup} \{S\}, T, P_1 \cup P_2 \cup \{(S, S_1 S_2)\}, S)$. Offensichtlich ist G kontextfrei und erzeugt $L_1 \cdot L_2$. $\qquad\square$

Bemerkung 2.30
Die Beweise des Abschlusses der kontextfreien Sprachen unter Vereinigung und Konkatenation bestanden in einfachen Konstruktionen einer entsprechenden Grammatik. Eleganter ist aber die Wahl einer passenden Substitution, die diese Operationen *simuliert*. Wie dies möglich ist, werden wir nachfolgend sehen, und dabei noch weitere Abschlusseigenschaften der kontextfreien Sprachen beweisen:

1. **Vereinigung:** Betrachte $L = \{1, 2\}$. Offensichtlich ist L kontextfrei und die Substitution $\tau(1) = L_1$, $\tau(2) = L_2$ für L_1, L_2 zwei kontextfreie Sprachen erzeugt $L_1 \cup L_2$.

2. **Konkatenation:** Betrachte $L = \{1 \cdot 2\}$. Offensichtlich ist L kontextfrei und die Substitution $\tau(1) = L_1$, $\tau(2) = L_2$ für L_1, L_2 zwei kontextfreie Sprachen erzeugt $L_1 \cdot L_2$.

3. **Hüllenbildung ($\cdot^\star$ und $\cdot^+$):** Betrachte $L = \{1\}^\star$ bzw. $L = \{1\}^+$ zusammen mit der Substitution $\tau(1) = L_1$ für L_1 die kontextfreie Sprache, deren Hülle wir zu erzeugen suchen.

4. **Homomorphismus:** Sei $L \subseteq T^\star$ eine kontextfreie Sprache und h ein Homomorphismus über T. Für s die Substitution, die jedes Symbol $a \in T$ durch die Sprache ersetzt, die aus dem Wort $h(a)$ besteht (d. h. $s(a) := \{h(a)\}$), gilt offensichtlich $h(L) = s(L)$.

Auch unter der Konkatenation sind die Mengen $\mathsf{DKL}(T)$ und $\mathsf{EKL}(T)$ nicht abgeschlossen. Nachfolgend jedoch eine Operation unter der auch diese Klassen abgeschlossen sind.

Satz 2.35
Sei $\mathscr{L} \in \mathsf{CFL}(T)$ (bzw. $\mathsf{EKL}(T)$ bzw. $\mathsf{DKL}(T)$) und $R \subseteq T^\star$ regulär. Es gilt $\mathscr{L} \cap R \in \mathsf{CFL}(T)$ (bzw. $\mathsf{EKL}(T)$ bzw. $\mathsf{DKL}(T)$).

Beweis: Sei $\mathscr{L} = T_F(K)$ für einen Kellerautomaten $K = (Z, T, \Gamma, \delta, z_0, \$, F)$ und $R = T(A)$ für einen DEA $A = (Z_A, T, \delta_A, z_0^{(A)}, F_A)$. Wir definieren den PDA $K' = (Z \times Z_A, T, \Gamma, \delta', (z_0, z_0^{(A)}), \$, F \times F_A)$ durch

$$(\forall (z, z') \in Z \times Z_A)(\forall a \in T \cup \{\varepsilon\})(\forall x \in \Gamma):$$

$$(\delta'((z,z'),a,x) := \{((z'',\underline{\delta}_A(z',a)),\alpha) \mid (z'',\alpha) \in \delta(z,a,x)\}.$$

Die Idee dieser Konstruktion liegt darin, K und A parallel zu simulieren und zu akzeptieren, falls beide Automaten akzeptiert hätten; da $\underline{\delta}_A(z,\varepsilon) = z$ gilt, laufen K und A synchron. Eine Induktion über die Anzahl der Übergänge liefert nun

$$((z,z'),w,\alpha) \vdash_{K'}^{\star} ((z_1,z_1'),\varepsilon,\beta) \quad \leftrightarrow \quad (z,w,\alpha) \vdash_K^{\star} (z_1,\varepsilon,\beta) \wedge z_1' = \underline{\delta}_A(z',w).$$

Also gilt $w \in T_{F \times F_A}(K') \leftrightarrow w \in T_F(K) \wedge w \in T(A)$ und damit ist die von K' mit Endzustand akzeptierte Wortmenge gerade der Schnitt $T_F(K) \cap T(A) = \mathscr{L} \cap R$. $\qquad \square$

Des Weiteren ist die Menge der kontextfreien Sprachen unter dem Spiegelbild sowie unter der Differenz $L \setminus R$ für R eine reguläre Sprache abgeschlossen; nicht abgeschlossen sind sie unter dem Komplement $\complement$ und der Differenz zweier kontextfreier Sprachen.

2.3.3 Die Chomsky-Hierarchie

Nachdem wir nun die verschiedenen Klassen formaler Sprachen bzgl. ihrer Eigenschaften besser kennengelernt haben, bleibt die Frage nach den Möglichkeiten, die uns die verschiedenen Klassen für die Erzeugung einer Sprache bieten. Wie wir gesehen haben, scheint die algorithmische Lösung des Wortproblems der verschiedenen Klassen unterschiedlich kompliziert zu sein; wir haben mehr oder weniger komplizierte Modelle von Rechenmaschinen kennengelernt, die es uns erlauben, das Wortproblem der unterschiedlichen Sprachklassen zu lösen. Ein Programm zur Analyse der syntaktischen Struktur des Quelltextes einer höheren Programmiersprache könnte also (ausgehend von einer Grammatik für die formale Sprache aller syntaktisch korrekter Programme) das entsprechende Maschinenmodell simulieren. Dies ist für einen endlichen Automaten sicher einfacher als für einen Kellerautomaten oder eine Turingmaschine. Von daher sind wir daran interessiert, das einfachste Modell zu verwenden, mit dem wir unsere Sprache akzeptieren/erzeugen können. Nach alle dem, was wir bisher explizit als Resultate präsentiert haben, ist dabei nicht ausgeschlossen, dass der Kellerautomat oder die Turingmaschine unnötig kompliziert sind und wir alle Sprachen aus den zugehörigen Klassen mit einem endlichen Automaten erkennen bzw. mit einer regulären Grammatik erzeugen können, wir nur nicht in der Lage waren, einen entsprechenden Automaten bzw. eine entsprechende Grammatik zu konstruieren. Nachfolgender Satz zerstört allerdings diese Hoffnung und zeigt eine klare Abgrenzung der verschiedenen Klassen.

Satz 2.36 (Chomsky-Hierarchie)

$\mathsf{LLINL}(T) = \mathsf{RLINL}(T) \subsetneq \mathsf{DKL}(T) \subsetneq \mathsf{EKL}(T) \subsetneq \mathsf{CFL}(T) \subsetneq \mathsf{CSL}(T) \subsetneq \mathsf{CSLL}(T) = \mathsf{CHL0}(T).$

Beweis: Da nach Definition die erlaubten Produktionssysteme der den Sprachklassen entsprechenden Chomsky-Grammatiken von links nach rechts ineinander enthalten sind, ist klar, dass eine Inklusion zwischen den Sprachklassen von links nach rechts vorliegt. Nur für die deterministischen und eindeutigen kontextfreien Sprachen können wir dieses Argument nicht anführen, hier greift jedoch obige Beobachtung, dass jeder deterministische Kellerautomat auch eindeutig und jeder eindeutige Kellerautomat ein Kellerautomat ist. Des Weiteren können wir einen deterministischen endlichen Automaten als einen deterministischen Kellerautomaten ansehen, der seinen Kellerspeicher nicht verwendet, womit auch $\mathrm{RLINL}(T) \subseteq \mathrm{DKL}(T)$ klar ist. Die Gleichheit $\mathrm{LLINL}(T) = \mathrm{RLINL}(T)$ haben wir bereits oben nachgewiesen, so dass für den Beweis des Satzes lediglich die Echtheit der genannten Inklusionen zu belegen ist.

$\mathrm{RLINL}(T) \neq \mathrm{DKL}(T)$: In Beispiel 2.14 haben wir gesehen, dass die Sprache $\mathscr{L} = \{a^n b^n \mid n \geq 0\}$ nicht regulär ist; Beispiel 2.11 präsentierte aber einen deterministischen Kellerautomaten für diese Sprache.

$\mathrm{DKL}(T) \neq \mathrm{EKL}(T)$: Die Sprache $\{ww^R \mid w \in \{a,b\}^+\}$ wird von dem eindeutigen Kellerautomaten aus Beispiel 2.11 b) akzeptiert, es gibt aber keinen deterministischen Kellerautomaten, der diese Sprache erkennt, was man wie folgt einsieht: Wir definieren für eine Sprache $\mathscr{L} \subseteq T^\star$ die Menge der *minimalen $\mathscr{L}$-Wörter* als $\min(\mathscr{L}) := \{w \in \mathscr{L} \mid (\not\exists u \in T^\star)(u \in \mathscr{L} \wedge w = uv \wedge v \in T^+)\}$. Nun lässt sich leicht zeigen, dass $\mathscr{L} \in \mathrm{DKL}(T) \curvearrowright \min(\mathscr{L}) \in \mathrm{DKL}(T)$. Für den Beweis dieser Aussage erweitern wir den DPDA der $\mathscr{L}$ akzeptiert um einen Zustand q und modifizieren jede einen Endzustand verlassende Transition derart, dass sie im neuen Automaten nach q führt. Zustand q selbst wird anschließend nie wieder verlassen und da q kein Endzustand ist, akzeptiert der so modifizierte Automat folglich genau dann ein Wort w, wenn der ursprüngliche Automat w aber kein echtes Präfix von w akzeptiert. Nehmen wir nun an, $\mathscr{L} = \{ww^R \mid w \in \{a,b\}^+\}$ würde von einem DPDA K akzeptiert, dann folgt die Existenz eines DPDA K', der $\min(\mathscr{L})$ akzeptiert. Nach Satz 2.35 wissen wir, dass die deterministischen kontextfreien Sprachen unter dem Schnitt mit regulären Sprachen abgeschlossen sind. Nun gilt aber $\min(\mathscr{L}) \cap \{(ab)^+(ba)^+(ab)^+(ba)^+\} = \{(ab)^i(ba)^j(ab)^j(ba)^i \mid 1 \leq j < i\}$[10]. Für k die Konstante aus dem Pumping-Lemma betrachten wir $z = (ab)^{k+1}(ba)^k(ab)^k(ba)^{k+1}$ und unterscheiden die Fälle:

1. Fall: vwx liegt in z vor dem aa der Mitte. Dann verletzt die Wahl $i = 0$ die Palindrom-Eigenschaft, d. h. ein erzeugtes Wort ist nicht mehr sein eigenes Spiegelbild.

2. Fall: vwx liegt in z rechts dem aa der Mitte führt analog zu einem Widerspruch.

3. Fall: In allen anderen Fällen muss vwx wegen der Bedingung $|vwx| \leq k$ ein *Infix* von $(ba)^k(ab)^k$ sein. Dann gibt es aber ein i für das für das gepumpte Wort gilt $uv^i wx^i y = (ab)^{k+1}(ba)^j(ab)^j ba^{k+1}$ mit $j > k+1$. Wörter dieser Gestalt liegen aber nicht in $\min(\mathscr{L}) \cap \{(ab)^+(ba)^+(ab)^+(ba)^+\}$.

Damit ist der betrachtete Schnitt nicht kontextfrei und folglich erst recht nicht deterministisch kontextfrei. Da wir aber eine Abgeschlossenheit unter dem Schnitt mit regulären Mengen haben, kann damit nur unsere Annahme falsch gewesen sein.

$\mathrm{EKL}(T) \neq \mathrm{CFL}(T)$: Mit dem Nachweis der Existenz inhärent mehrdeutiger kontextfreier Sprachen haben wir diese Aussage bereits bewiesen.

$\mathrm{CFL}(T) \neq \mathrm{CSL}(T)$: Wir haben in Bemerkung 2.25 gesehen, dass die Sprache $\{a^n b^n c^n \mid n \geq 1\}$ nicht kontextfrei ist. Die kontextsensitive Grammatik $G = (\{C,Q,S,X\}, \{a,b,c\}, P, S)$ mit $P = \{S \to abC, S \to, aSQ, bQC \to bbCC, CQ \to CX, CX \to QX, QX \to QC, C \to c\}$ erzeugt aber gerade diese Sprache, womit die Behauptung folgt[11].

---

[10] Für $j \geq i$ wäre bereits das Präfix $(ab)^i(ba)^i$ in $\mathscr{L}$ und damit $(ab)^i(ba)^j(ab)^j(ba)^i$ kein Element von $\min(\mathscr{L})$.

[11] Auch die Grammatik $G = (\{S,A,B\}, \{a,b,c\}, P, S)$ mit $P = \{S \to aSA, S \to aB, BA \to bBc, cA \to Ac, B \to bc\}$ erzeugt die Sprache $\{a^n b^n c^n \mid n \geq 1\}$, ist nach unserer Definition aber nicht kontextsensitiv. Eine Grammatik mit $P \subseteq (I \cup T)^\star I (I \cup T)^\star \times (I \cup T)^+$ und $(\forall (\alpha,\beta) \in P)(|\alpha| \leq |\beta|)$ nennt man *monoton*; vorangestellte Grammatik ist ein Beispiel. Es lässt sich nun zeigen, dass die Klasse der von einer monotonen Grammatik erzeugbaren Sprachen

$\text{CSL}(T) \neq \text{CSLL}(T)$: Wir zeigen, dass es Mengen gibt, die von einer Turingmaschine akzeptiert aber nicht durch eine kontextsensitive Grammatik erzeugt werden können. Da eine kontextsensitiv-löschende Grammatik ein *Spezialfall* (siehe nächsten Punkt des Beweises) einer Typ-0-Grammatik ist folgt damit mit obiger Bemerkung, die Menge der von Turingmaschinen zu erkennenden Sprachen sei gleich der Menge der durch eine Typ-0-Grammatik erzeugbaren Sprachen, die Aussage. Sei T ein Alphabet und $x_1, x_2, x_3, \ldots$ eine Aufzählung (ohne Wiederholungen) von T^*. Weiter sei $G_1, G_2, \ldots$ eine Aufzählung (ohne Wiederholungen) der kontextsensitiven Grammatiken. Wir definieren $L_0 := \{x_i \mid x_i \notin \mathcal{L}(G_i)\}$.

Behauptung 1: L_0 kann von einer Turingmaschine erkannt werden.

Um dies einzusehen, betrachten wir $w \in T^*$ und bestimmen mit Hilfe der Aufzählung $x_1, x_2, \ldots$ das i für das $w = x_i$ gilt. Dabei muss unsere Turingmaschine diese Aufzählung erzeugen, was jedoch kein Problem darstellt (wovon sich der Leser selbst überzeugen möge)[12]. Die Turingmaschine beendet die Aufzählung an dem Punkt, an dem sie w erzeugt hat; mit $w \in T^*$ ist sicher, dass dieser Punkt irgendwann erreicht wird. Anschließend bestimmen wir anhand der Aufzählung der Grammatiken, welche Grammatik den Index i besitzt. Auch dies kann von einer Turingmaschine geleistet werden; die *Funktion*, die den Nachfolger einer Grammatik in der Aufzählung berechnet wird $(i-1)$-mal beginnend bei der Kodierung der Grammatik G_1 angewandt. An dieser Stelle hat unsere Turingmaschine die Kodierung der Grammatik G_i auf ihrem Band und kann damit beginnen, wie im Beweis zu Satz 2.17, die *Reduktion* von w auf das Axiom zu berechnen. Dabei unterliegen wir hier keinen Einschränkungen bzgl. des Platzverbrauches, die Kodierung der Grammatik liefert uns die benötigten Informationen wie die Menge der Terminale und Nichtterminale sowie das Produktionssystem. Wenn wir dabei deterministisch arbeiten wollen, kann es sein, dass wir unterschiedliche Alternativen für eine Reduktion durchprobieren müssen, bis die richtige gefunden wurde (Backtracking). Dies wirkt sich aber lediglich auf die Laufzeit, nicht aber auf die generelle Durchführbarkeit der Berechnung aus. Damit können wir das Wortproblem für L_0 wie behauptet mit einer Turingmaschine lösen.

Behauptung 2: L_0 wird von keiner kontextsensitiven Grammatik erzeugt.

Nehmen wir an L_0 sei kontextsensitiv, d. h. $L_0 = \mathcal{L}(G_j)$ für $j \in \mathbb{N}$ (wenn L_0 kontextsensitiv ist, muss es ein solches j geben). Dann gilt aber für $x_j \in T^*$, dass

$$x_j \in L_0 \quad \leftrightarrow \quad x_j \in \mathcal{L}(G_j) \quad \leftrightarrow \quad x_j \notin L_0.$$

Dies ist ein Widerspruch (die dabei angewandte *Technik* bezeichnet man als **Diagonalisierung**).

$\text{CSLL}(T) = \text{CHL0}(T)$: Sei $G = (I, T, P, S)$ eine Typ-0-Grammatik. Wie wir in den Aufgaben sehen werden, können wir für G o.B.d.A. annehmen, dass

- $\max\{|\beta| \mid (\alpha, \beta) \in P\} \leq 2$,

- $(\forall(\alpha, \beta) \in P \setminus (I \times \{\varepsilon\}))(|\alpha| \leq |\beta|)$,

- $(\alpha, \beta) \in P \curvearrowright \alpha \in I^+ \wedge \beta \in (I \cup T)^*$.

Wir konstruieren eine neue Grammatik $G' = (I', T, P', S)$, wobei P' gegeben ist durch:

---

gleich den kontextsensitiven Sprachen ist (siehe hierzu auch die Bemerkungen am Ende des Beweises zu Satz 2.17).

[12]Als eine Alternative kann man w als die Darstellung einer Zahl zur Basis $|T|$ auffassen und mit den bekannten Algorithmen den Wert von w berechnen. Auch so lässt sich eine eindeutige Aufzählung erreichen.

- $(\alpha, \beta) \in P \wedge \alpha \in I \to (\alpha, \beta) \in P'$,

- $(AB, CD) \in P \wedge (C = A \vee D = B) \curvearrowright (AB, CD) \in P'$,

- für $f = (AB, CD) \in P \wedge C \neq A \wedge D \neq B$ füge folgende Regeln zu P' hinzu (diese Konstruktion kennen wir bereits aus dem Beweis zu Satz 2.18):

  - $AB \to (f, A)B$,

  - $(f, A)B \to (f, A)(f, B)$,

  - $(f, A)(f, B) \to C(f, B)$,

  - $C(f, B) \to CD$.

  Hierbei sind (f, A) und (f, B) neue Nonterminals in I'.

Da $AB \Rightarrow (f, a)B \Rightarrow (f, A)(f, B) \Rightarrow C(f, B) \Rightarrow CD$ folgt $\mathscr{L}(G) = \mathscr{L}(G')$ (formal per Induktion zu beweisen). Dabei verhindert die Verwendung des *Regelnamens f* in den neuen Hilfszeichen jegliche andere Erzeugung eines Terminalwortes als die unter Verwendung von $AB \Rightarrow^+ CD$. Die konstruierte Grammatik G' ist offensichtlich kontextsensitiv-löschend, womit $\mathrm{CHL0}(T) \subseteq \mathrm{CSLL}(T)$ folgt.

Auf der anderen Seite ist eine kontextsensitiv-löschende Grammatik ein Spezialfall einer beliebigen Chomsky-Grammatik; nach Bemerkung 2.3 ist deren Erzeugungskraft gleich der der Typ-0-Grammatiken. Diese Beobachtung impliziert $\mathrm{CSLL}(T) \subseteq \mathrm{CHL0}(T)$, womit die Behauptung folgt. $\qquad\square$

Nachdem wir nun einen kleinen Einblick in die mit der Syntax einer Programmiersprache verknüpfte Theorie gewonnen haben, wollen wir uns nachfolgend der Semantik unserer Programme zuwenden.

2.4 Quellenangaben und Literaturhinweise

Das vorliegende Werk ist als Lehrbuch angelegt und richtet sich vornehmlich an Studierende in einem Bachelor-Programm. Entsprechend ist es nicht mein Ziel, in diesem Abschnitt (und in entsprechenden der folgenden Kapitel) auf die unzähligen Originalarbeiten hinzuweisen, auf denen die hier behandelten Konzepte, Resultate und Beweise fußen oder einen möglichst vollständigen Überblick über die entscheidenden Originalarbeiten oder den Stand der Forschung bereitzustellen. Vielmehr sollen hier die wesentlichen Quellen genannt werden, die mir bei der Ausarbeitung des Textes hilfreich waren sowie der interessierten Leserin der eine oder andere Hinweis gegeben werden, welche anderen (Lehr-)Bücher als sinnvolle Ergänzung oder Vertiefung geeignet sind. Die in diesem Kapitel präsentierten Abbildungen verschiedenster Automaten wurden mit der Software *AtoCC* erstellt. Vorlage der Inhalte dieses Kapitels waren Unterlagen, die ich während meines Studiums in entsprechenden Vorlesungen erarbeitet habe. Auf welche Quellen deren Dozenten dabei zurückgriffen, entzieht sich leider meiner Kenntnis. Ich gehe jedoch davon aus, dass [Har78] und [AU79] als Vorlage dienten, da dies die klassischen Standard-Einführungswerke zu dem Gebiet sind bzw. waren. Letzteres Buch liegt inzwischen in einer deutlich überarbeiteten

Fassung [AMU02] vor, in der manche, insbesondere vertiefende Ergebnisse ausgelassen, die Darstellung der anderen jedoch didaktisch überarbeitet wurde. Ein ähnliches Werk, das auf eine besonders ausführliche Behandlung der grundlegenden Konzepte und Ergebnisse abzielt ist [Lin01]. Die hier präsentierten Ergebnisse zu formalen Potenzreihen stammen im Wesentlichen aus [SS78] und [KS86], die zugehörige Theorie kann dort vertieft werden. Für eine Einführung in die Details der Theory formaler Sprachen insbesondere mit Blick auf den Compilerbau sei an [AU72] und [AU73] verwiesen. Das Drachenbuch [ALSU08] liefert einen deutlich anwendungsorientierten Blick auf dieses Themenfeld.

Die Anwendungen formaler Sprachen und der Automaten-Theorie gehen weit über den Compilerbau hinaus. So spielen beide etwa in der Bioinformatik oder der Computerlinguistik eine wichtige Rolle, um nur zwei Beispiele zu nennen. In [And06] findet sich eine entsprechende Einführung, [Kel10] beleuchtet die algorithmischen Herausforderungen, möchte man formale Sprachen im Kontext natürlicher Sprachen verwenden. Zuletzt sei bemerkt, dass auch die Kombinatorik auf Wörtern ein spannendes und für die Anwendungen wichtiges Gebiet darstellt. Der interessierte Leser sei für einen Einstieg in dieses Thema an [Lot97] verwiesen.

2.5 Aufgaben

1. Aufgabe

Geben Sie jeweils eine Chomsky-Grammatik G_i bzw. eine Sprache $\mathscr{L}_i$ an, so dass $\mathscr{L}_i = \mathscr{L}(G_i)$ gilt. Beweisen Sie ihre Behauptungen (siehe hierzu auch den Abschnitt *Beweistechniken*).

a) $\mathscr{L}_1 = \{ww^R \mid w \in \{a,b\}^\star\}$.

b) $G_2 = (\{A,S\}, \{(,),[,],|\}, \{S \to (S), S \to [S], S \to |||\}, S)$.

c) $G_3 = (\{A,B\}, \{a,b,c\}, \{A \to aA, A \to bB, B \to bB, B \to c\}, A)$.

d) $\mathscr{L}_4 = \{(a^\star b^2)^\star\}$.

e) $G_5 = (\{S\}, \{(,|,)\}, \{S \to (S)S, S \to |S, S \to \varepsilon\}, S)$.

2. Aufgabe

In welche der Klassen aus Definition 2.7 fallen die folgenden Grammatiken? (Geben Sie jeweils alle Klassen an.)

a) $G_a = (\{S,A,B,C\}, \{a,b\}, \{S \to aAb, S \to aBb, A \to a, S \to \varepsilon\}, S)$.

b) $G_b = (\{\alpha,\beta\}, \{R,S,T,U\}, \{\alpha \to \beta S, \beta S \to TS\}, \alpha)$.

c) $G_c = (\{R,S,U\}, \{a,b,g\}, \{S \to aRg, aaR \to aabb, R \to S, UaaU \to UaaU\}, S)$.

d) $G_d = (\{X,a\}, \{f,G,d,P\}, \{X \to a, a \to fGdP\}, S)$.

e) $G_e = (\{S,A,B,\}, \{a,b,c\}, \{S \to aAc, AB \to BcA, A \to a, B \to abc\}, S)$.

3. Aufgabe

Sei $G_3 = (\{A,B\},\{a,b,c\},\{A \to aA, A \to bB, B \to bB, B \to c\},A)\}$. Geben Sie eine linkslineare Grammatik an, die $\mathscr{L}(G_3)$ erzeugt. Beweisen Sie die Korrektheit ihrer Antwort.

4. Aufgabe

Geben Sie zu den folgenden endlichen Automaten jeweils die anderen beiden im Text eingeführten Darstellungen an. Geben Sie außerdem jeweils an, ob es sich bei dem Automaten um einen NEA (DEA) handelt.

a)

	a	b	ε	Endzustand?
(Start) z_0	z_0	z_a	z_a, z_b	$\checkmark$
z_a	z_1	z_0		
z_b	z_0	z_a, z_1	z_0	
z_1	z_a	z_b		$\checkmark$

b)

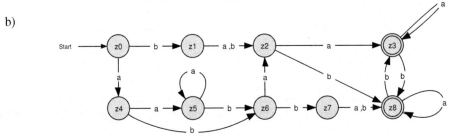

c) $(\{q_0, q_1, q_3, q_4\}, \{a, c\}, \{((q_0, a), q_3), ((q_1, c), q_0),$
   $((q_3, a), q_4), ((q_0, c), q_4), ((q_0, a), q_4)((q_4, \varepsilon), q_1), ((q_3, c), q_1)\}, q_0, \{q_1, q_4\})$

d)

	a	b	Endz.?
(Start) z_0	z_1	z_2	
z_1	z_3	z_2	$\checkmark$
z_2	z_1	z_2	
z_3	z_3	z_3	$\checkmark$

e)

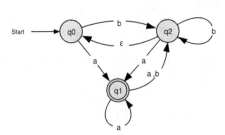

5. Aufgabe

Geben Sie zu den folgenden Automaten aus der 4. Aufgabe und den spezifizierten Eingabewörtern jeweils eine wenn möglich akzeptierende Berechnung an.

a) Der Automat a) und das Wort *babbabb*.

b) Der Automat b) und das Wort *aababab*.

c) Der Automat c) und das Wort *accaacaa*.

d) Der Automat d) und das Wort *abbabab*.

e) Der Automat e) und das Wort *babbabbaa*.

6. Aufgabe

Konstruieren Sie zu den NEA aus der 4. Aufgabe jeweils einen äquivalenten DEA.

7. Aufgabe

Sei $G_5 = (\{S\}, \{(,|,)\}, \{S \rightarrow (S)S, S \rightarrow |S, S \rightarrow \varepsilon\}, S)$.

a) Geben Sie ein Kalkül an, das $\vartheta(G_5)$ erzeugt. Beweisen Sie die Korrektheit ihrer Lösung.

b) Geben Sie ein Kalkül an, das $\mathscr{L}(G_5)$ erzeugt (ohne Beweis).

8. Aufgabe

Für ein Alphabet T bezeichne $\mathsf{KALK}(T)$ die Menge aller durch einen Kalkül mit Zeichenalphabet T erzeugbaren Sprachen. Zeigen oder widerlegen Sie: $\mathsf{KALK}(T)$ ist gegenüber der Operation $\cdot^R$ (*Spiegelbild*) abgeschlossen.

9. Aufgabe

Geben Sie zu den DEA aus der 4. und 6. Aufgaben jeweils einen äquivalenten reduzierten DEA an. Beweisen Sie jeweils die Korrektheit ihrer Lösung.

10. Aufgabe

Sei M eine endliche Menge. Geben Sie einen Algorithmus an, der zu einer gegebenen Relation $\sim \subseteq M \times M$ die reflexive und transitive Hülle $\sim^*$ konstruiert. Begründen Sie möglichst präzise, warum ihr Algorithmus korrekt arbeitet.

11. Aufgabe

Wir betrachten endliche Automaten, die nicht nur Zeichen lesen, sondern zusätzlich bei jedem Zustandsübergang ein Zeichen ausgeben können (aber nicht müssen).

a) Geben Sie eine formale Definition für dieses erweiterte Automatenmodell sowohl für den deterministischen als auch für den nichtdeterministischen Fall an.

b) Gibt es auch in diesem Modell zu jedem nichtdeterministischen Automaten einen äquivalenten deterministischen Automaten?

(Wir bezeichnen hier 2 Automaten als äquivalent, wenn sie dieselben Wörter akzeptieren
und dieselben Wörter emittieren, verlangen aber **nicht**, dass sie bei gleicher Eingabe
auch die gleiche Ausgabe liefern.)

Begründen Sie ihre Antwort.

12. Aufgabe

Geben Sie zu den folgenden regulären Ausdrücken jeweils einen NEA an, der die von dem
jeweiligen Ausdruck beschriebene Sprache akzeptiert. Beweisen Sie jeweils ihre Behauptungen.

a) $((a)^\star \cdot (a)^\star)$.

b) $((\lambda + b) \cdot a)$.

c) $((\lambda)^\star + (b \cdot a))$.

d) $(((a \cdot c))^\star + ((c \cdot b) \cdot (a + b)))$.

e) $(((a + b) \cdot (b \cdot (c + (a)^\star))))^\star$.

13. Aufgabe

Geben Sie zu den regulären Ausdrücken aus der 12. Aufgabe a)-c) jeweils einen minimierten
DEA an, der die von dem jeweiligen Ausdruck beschriebene Sprache akzeptiert.

14. Aufgabe

Zeigen Sie Behauptung 2 aus dem Beweis zu Satz 2.4 im Text:

$$\underline{\delta}(z_0, w) = z_r \text{ für ein } z_r \in [z] \leftrightarrow \underline{\delta}_M([z_0], w) = [z].$$

15. Aufgabe

Zeigen Sie: Die regulären Mengen sind unter der Operation $\cdot^R$ (*Spiegelbild*) abgeschlossen.

16. Aufgabe

Gegeben sei ein Alphabet T.

a) Geben Sie ein Kalkül an, in dem genau die Menge aller regulären Ausdrücke über T
ableitbar ist.

Beweisen Sie ihre Behauptung.

b) Geben Sie eine Chomsky-Grammatik an, die die regulären Ausdrücke über T erzeugt.
Welche zusätzliche Forderung an T ist hierfür nötig?

Zeigen Sie, dass ihre Grammatik das Gewünschte leistet.

17. Aufgabe

Sei A ein DEA und $\mathscr{L}$ eine beliebige reguläre Menge. Zeigen Sie konstruktiv, dass dann stets ein DEA B existiert, der genau $T(A) \cap \mathscr{L}$ akzeptiert.

18. Aufgabe

Geben Sie zu den folgenden PDA und Eingaben jeweils eine akzeptierende Berechnung an. Welche Art der Akzeptanz benutzt ihre Berechnung?

a) $A_1 = (\{z_0\}, \{0,1,2\}, \{\$,x\}, \delta, z_0, \$, \{\})$ und $w_1 = 001101012$, wobei

$$\delta(z_0, a, b) = \begin{cases} \{(z_0, bx)\}, & \text{falls } a = 0, \\ \{(z_0, \varepsilon)\}, & \text{falls } a = 1 \text{ und } b = x, \\ \{(z_0, \varepsilon)\}, & \text{falls } a = 2 \text{ und } b = \$. \end{cases}$$

b) $w_2 = abcabcabaccbabc$, Kellerstartsymbol 0.

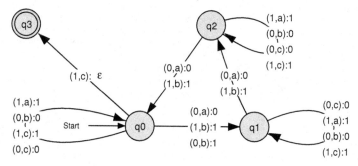

c) $A_3 = (\{z_0, z_1\}, \{0,1,2\}, \{\$,x\}, \delta, z_0, \$, \{z_1\})$ und $w_1 = 001101012$, wobei

$$\delta(z_0, a, b) = \begin{cases} \{(z_0, bx)\}, & \text{falls } a = 0, \\ \{(z_0, \varepsilon)\}, & \text{falls } a = 1 \text{ und } b = x, \\ \{(z_1, \$)\}, & \text{falls } a = 2 \text{ und } b = \$. \end{cases}$$

19. Aufgabe

Geben Sie zu den folgenden kontextfreien Grammatiken jeweils einen PDA an, der die von der jeweiligen Grammatik erzeugte Sprache akzeptiert. Beweisen Sie jeweils ihre Behauptungen.

a) $(\{S,T\}, \{(,|,)\}, \{S \to (T)S, S \to T, S \to \varepsilon, T \to |S, T \to (T)S\}, S)$.

b) $(\{A,S\}, \{a,b,c\}, \{S \to aSb, S \to cA, A \to cA, A \to c\}, S)$.

c) $(\{S\}, \{(,),[,],|\}, \{S \to (S), S \to [S], S \to |||\}, S)$.

d) $(\{S\}, \{(,|,)\}, \{S \to (S)S, S \to |S, S \to \varepsilon\}, S)$.

20. Aufgabe

a) Bestimmen Sie zu den folgenden Automaten jeweils einen äquivalenten regulären Ausdruck nach der Konstruktion aus Satz 2.6. Was fällt ihnen auf?

(i)

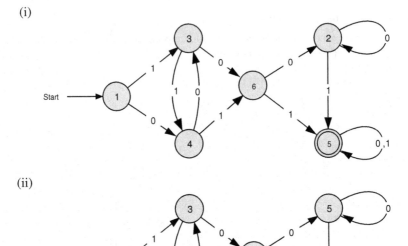

(ii)

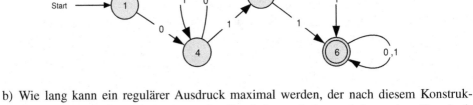

b) Wie lang kann ein regulärer Ausdruck maximal werden, der nach diesem Konstruktionsmuster aus einem Automaten mit n Zuständen und einem m-elementigen Terminalalphabet entsteht?

c) Funktioniert die Konstruktion auch für NEA, die keine DEA sind?

21. Aufgabe

Zeigen Sie: Für G und K aus dem Beweis zu Satz 2.12, $u \in T^\star$, $\alpha \in I(I \cup T)^\star \cup \{\varepsilon\}$ gilt:

$$S \Rightarrow^\star_{lm} u\alpha \curvearrowright (\forall v \in T^\star)((z_0, uv, S) \vdash^\star_K (z_0, v, \alpha^R)).$$

22. Aufgabe

a) Zeigen Sie: Zu jedem NPDA $K = (Z, T, \Gamma, \delta, z_0, \$, F)$ gibt es einen NPDA $K' = (Z', T, \Gamma', \delta', z_0', \bowtie, F')$ mit $F' = \{f\}$, $(z_0', x, \bowtie) \vdash^\star_{K'} (z, \varepsilon, \varepsilon) \leftrightarrow z = f$ und $T_{\Gamma'}(K') = T_{F'}(K') = T_F(K)$.

b) Zeigen Sie: Zu jedem NPDA $K = (Z, T, \Gamma, \delta, z_0, \$, F)$ gibt es einen NPDA $K' = (Z', T, \Gamma', \delta', z_0', \bowtie, F')$ mit $F' = \{f\}$, $(z_0', x, \bowtie) \vdash^\star_{K'} (z, \varepsilon, \varepsilon) \leftrightarrow z = f$ und $T_{\Gamma'}(K') = T_{F'}(K') = T_\Gamma(K)$.

23. Aufgabe

Wir definieren einen 2-Keller-Automaten (2-NPDA) als 7-Tupel $K = (Z, T, \Gamma, \delta, z_0, \$, F)$ mit Z, T, Γ, z_0, F wie beim NPDA, $\delta \in \text{ABB}(Z \times (T \cup \{\varepsilon\}) \times \Gamma^2, \wp_e(Z \times (\Gamma^\star)^2))$, $\$ \in \Gamma^2$. Berechnungen und akzeptierte Wortmenge seien analog zum NPDA definiert.
Welche der im Text vorgestellten Sprachklassen können von 2-NPDAs mit Endzustand erkannt werden? Beweisen Sie ihre Behauptung.

24. Aufgabe

Gegeben seien der LBA $M = (\{z_0, z_1, z_e\}, \{\Box, \spadesuit\}, \delta, z_0, \{z_e\})$, δ gemäß folgender Transfertafel:

	$\Box$	$\spadesuit$	$\hat{\Box}$	$\hat{\spadesuit}$
z_0		$z_1, \Box, R$		
z_1		$z_0, \spadesuit, R$		$z_e, \hat{\spadesuit}, N$

a) Geben Sie eine akzeptierende Berechnung von M mit der Eingabe $w = \spadesuit\spadesuit\spadesuit\spadesuit$ an.

b) Konstruieren Sie die zu M korrespondierende kontextsensitive Grammatik G gemäß Satz 2.18. Geben Sie I', P', I, die Regeln vom Typ 4 für mindestens 2 der Regeln aus P' sowie alle Regeln der anderen Typen aus P an.

c) Geben Sie die Ableitung in G an, die ihrer Berechnung aus Aufgabenteil a) entspricht.

d) Wie viele Produktionen hat die Grammatik, die aus dem LBA $M' = (\{z_0, z_1, z_2, z_3, z_e\}, \{\Box, \heartsuit, \clubsuit\}, \delta', z_0, \{z_e\})$ resultiert, δ' gemäß folgender Transfertafel:

	$\Box$	$\heartsuit$	$\clubsuit$	$\hat{\Box}$	$\hat{\heartsuit}$	$\hat{\clubsuit}$
z_0	$z_0, \Box, R$	$z_1, \clubsuit, R$			$z_e, \hat{\Box}, N$	
z_1	$z_1, \Box, R$	$z_2, \heartsuit, R$			$z_3, \hat{\heartsuit}, L$	
z_2	$z_2, \Box, R$	$z_1, \Box, R$				
z_3	$z_3, \Box, L$	$z_3, \heartsuit, L$	$z_0, \Box, R$		$z_3, \hat{\heartsuit}, L$	

25. Aufgabe

Zeigen Sie für die folgenden Sprachen jeweils, dass sie nicht regulär sind.

a) $L_a = \{ww^R \mid w \in \{a, b\}^\star\}$.

b) $L_b = \{a^n b^n c^n \mid n \in \mathbb{N}^+\}$.

c) $L_c = \{w \in \{(, |,)\} \mid w \text{ ist korrekt geklammert}\}$.

d) $L_d = \{yy \mid y \in \{a, b\}^\star\}$.

e) $L_e = \{xy \mid x \in \{0, 1\}^\star, y \in \{a, b\}^\star, |x| = |y|\}$.

26. Aufgabe

In der vorherigen Aufgabe wurde gezeigt: Die Sprache $\mathscr{L} = \{ww^R | w \in \{a,b\}^*\}$ ist nicht regulär. Ist die Strukturfunktion $S_{\mathscr{L}}(x)$ rational?

27. Aufgabe

Zeigen Sie: Ist r ein regulärer Ausdruck über Σ mit $i(r) = \mathscr{L}$ und $h : \Sigma^* \to \Gamma^*$ ein Homomorphismus, so ist $i(h(r)) = h(\mathscr{L})$.

28. Aufgabe

Geben Sie zu den folgenden Grammatiken G_i jeweils eine äquivalente reduzierte Grammatik G_i' in der angegebenen Normalform an. Beweisen Sie ihre Behauptungen.

a) $G_1 = (\{S,A,B,C\}, \{a,b,c\}, \{S \to aAb, A \to aAb, A \to B, A \to AA,$
$\qquad B \to c, B \to C, C \to \varepsilon\}, S)$ in CNF.

b) $G_2 = G_1$ in GNF.

c) $G_3 = (\{S\}, \{<,|,>\}, \{S \to S<S>, S \to <S>, S \to S|, S \to |\})$ in CNF.

d) $G_4 = G_3$ in GNF.

e) $G_5 = (\{S\}, \{[,|,]\}, \{S \to [S]S, S \to [S], S \to |S, S \to |\})$ in CNF.

f) $G_6 = G_5$ in GNF.

29. Aufgabe

Welche der folgenden Sprachen sind regulär? Begründen Sie ihre Behauptungen möglichst präzise. Wie sehen ggf. möglichst kurze entsprechende reguläre Ausdrücke aus?

a) $\{xyyz | x,y,z \in \{a,b\}^*\}$,

b) $\{xyyz | x,z \in \{a,b\}^*, y \in \{a,b,c\}^+\}$,

c) $\{xyyz | x,y,z \in \{a,b,c\}^+\}$.

30. Aufgabe

Zeigen Sie: Zu jeder Typ 0 Grammatik $G = (I,T,P,S)$ existiert eine Typ 0 Grammatik $G' = (I',T,P',S)$ mit

- $\max\{|\beta| \,|\, (\alpha,\beta) \in P'\} \leq 2$,

- $(\forall (\alpha,\beta) \in P' \setminus (I' \times \{\varepsilon\}))(|\alpha| \leq |\beta|)$ und

- $\mathscr{L}(G') = \mathscr{L}(G)$.

31. Aufgabe

Zeigen Sie für die folgenden Sprachen L_i jeweils: L_i ist nicht kontextfrei.

a) $L_1 = \{a^i b^j c^k d^l \mid j = 0 \lor i = k = l\}$.

b) $L_2 = \{ww \mid w \in \{0,1\}^\star\}$.

c) $L_3 = \{c^n d^n f^n \mid n \geq 1\}$.

d) $L_4 = \{w a^{|w|} w^R \mid w \in \{a,b\}^\star\}$.

e) $L_5 = \{a^n b^{n/2} c^n \mid n \geq 1\}$.

32. Aufgabe

Bestimmen Sie für die folgenden eindeutigen kontextfreien Grammatiken G_i jeweils $S_{\mathscr{L}(G_i)}(x)$.

a) $G_1 = (\{S\}, \{<,|,>\}, \{S \to S<S>, S \to <S>, S \to S|, S \to |\}, S)$.

b) $G_2 = (\{S,A\}, \{a,b\}, \{S \to AA, A \to aAb, A \to \varepsilon\}, S)$.

c) $G_3 = (\{S,T,U\}, \{+,*,x,(,)\}, \{S \to (S+ST, S \to (S*SU, T \to +ST, T \to),$
$\quad U \to *SU, U \to), S \to x\}, S)$.

33. Aufgabe

Geben Sie einen Algorithmus an, der bei Eingabe einer CFG G, eines Wortes $w \in \mathscr{L}(G)$ und der zugehörigen Recognition-Matrix einen Ableitungsbaum für w bestimmt. Begründen Sie die Korrektheit ihres Algorithmus.

34. Aufgabe

Geben Sie die Recognition-Matrix und einen Ableitungsbaum für das Wort $w = acacbabcb$ und die Grammatik G' aus Aufgabe 28 a) an.

35. Aufgabe

Sei T ein Alphabet. Zeigen Sie: $\mathsf{DKL}(T)$ und $\mathsf{EKL}(T)$ sind nicht abgeschlossen gegenüber Vereinigung.

36. Aufgabe

a) Sei $\Sigma = \{0,1\}, L_2 = \{ww \mid w \in \Sigma^\star\}$. Zeigen Sie: $\mathbb{C}_\Sigma L_2 \in \mathsf{CFL}(\Sigma)$.

b) Sei $\Sigma = \{0,1\}, L_3 = \{www \mid w \in \Sigma^\star\}$. Zeigen Sie: $\mathbb{C}_\Sigma L_3 \in \mathsf{CFL}(\Sigma)$.

37. Aufgabe

Geben Sie eine kontextfreie Grammatik G an, die die Sprache L_0 aus Satz 2.31 erzeugt.

38. Aufgabe

Sei $G = (\{S\}, \{a\}, \{S \rightarrow aS, S \rightarrow aSa, S \rightarrow a\}, S)$. Bestimmen Sie den Mehrdeutigkeitsgrad von G.

3 Semantik von Programmiersprachen

Grob betrachtet legen wir mit der Syntax einer Programmiersprache fest, **wie** die Gestalt korrekt geformter Programme aussieht, die Semantik beschreibt dann, **was** diese Programme bedeuten, d. h. was bei der Ausführung des Programmes geschehen soll. Doch in der Praxis ist diese Trennung nicht so offensichtlich, wie es das Was und das Wie suggerieren. Um eine effiziente Syntaxanalyse zu ermöglichen, verwenden moderne Programmiersprache eine kontextfreie Syntax, auf Konstrukte, die kompliziertere syntaktische Abhängigkeiten benötigen, wird zugunsten der Effizienz verzichtet – aber nur scheinbar. So ist es in den meisten Programmiersprachen Voraussetzung, dass eine Variable, bevor sie im Programm verwendet werden kann, deklariert wird. Auch gibt es Programmiersprachen (z.B. MODULA-2) in denen nur typengleiche Argumente in arithmetischen Ausdrücken vorkommen dürfen (so ist dort z.B. der Ausdruck $7 - 0.5$ unzulässig). Formuliert werden solche Einschränkungen jedoch in der Regel nur verbal und die über eine kontextfreie Grammatik definierte Syntax stellt keine entsprechenden Forderungen an ein korrektes Programm (da dies mit einer kontextfreien Grammatik nicht möglich ist). Werden jedoch von einem Programm solche Forderungen verletzt, so ist es nicht möglich, ihnen eine sinnvolle Bedeutung (Semantik) zuzuordnen. Von daher werden auch sie von einem Compiler verworfen, und zwar als Fehler der sog. *statischen Semantik* (können zur Compilezeit entdeckt werden). Andere Ursachen für *semantiklose* Programme wie beispielsweise das Auftreten einer Division durch 0 sind in der Regel zur Compilezeit nicht zu erkennen und werden den sog. *dynamischen Semantikfehlern* zugeordnet.

Damit wird klar, dass die genaue Kenntnis der Semantik einer Programmiersprache für den Compilerbau unverzichtbar ist. Aber auch in anderer Hinsicht, z.B. für Korrektheitsbeweise unserer Programme ist eine formal sauber definierte Semantik von entscheidender Bedeutung. Hier wollen wir uns deshalb mit zwei verschiedenen Ansätzen beschäftigen, wie man formal sauber die Semantik einer Programmiersprache definieren kann. Wir betrachten zum einen den Zugang der operationellen Semantik, in der man von einem mehr oder weniger abstrakten Modell eines Computers ausgeht, und auf diesem für die einzelnen Befehle der Programmiersprache definiert, welche Konfigurationsänderungen des Modellrechners sie hervorrufen. Der zweite in diesem Buch untersuchte Ansatz ist die sog. denotationelle Semantik, bei der man von den einzelnen Rechenschritten abstrahiert und nur noch am Resultat einer Programmausführung interessiert ist; man betrachtet also ausschließlich das Ein-/Ausgabeverhalten der Programme. Weitere bekannte Ansätze wie die Übersetzungsmethode[1] sind nicht Gegenstand dieser Abhandlung.

---

[1] Kennt man bereits eine exakt definierte Zielsprache (Programmiersprache) $\mathscr{L}$, so kann man die Semantik einer neuen Sprache $\mathscr{S}$ dadurch festlegen, dass man angibt, wie ein Programm aus $\mathscr{S}$ in ein semantisch äquivalentes Programm aus $\mathscr{L}$ übersetzt wird.

3.1 Operationelle Semantik

Wir beginnen mit der Betrachtung von Ausdrücken, deren Syntax wir mit den uns bekannten Mitteln festlegen:

Definition 3.1

Die Syntax von *Integer-Ausdrücken* ist durch folgende kontextfreie Grammatik $G = (\{E\}, \{c, x, (,), +, -, *\}, P, E)$ mit

$$P := \{E \rightarrow c, E \rightarrow x, E \rightarrow (-E_1), E \rightarrow (E_1 + E_2), E \rightarrow (E_1 - E_2), E \rightarrow (E_1 * E_2)\}$$

festgelegt. Dabei dient die Indizierung des Hilfszeichens E in den rechten Seiten der Produktionen lediglich der Unterscheidung der Vorkommen von E. Die von G erzeugte Sprache ist gleich der Menge aller syntaktisch korrekter Integer-Ausdrücke. Dabei repräsentiert das Terminal c bzw. x einen Platzhalter für eine Integer-Konstante bzw. -Variable.

Wir können nun die Länge und die Tiefe eines Integer-Ausdrucks definieren.

Definition 3.2

Die *Länge* $|E|$ eines Integer-Ausdrucks E ist rekursiv wie folgt definiert:

$$
\begin{aligned}
|c| &= 1, \\
|x| &= 1, \\
|(-E_1)| &= |E_1| + 1, \\
|(E_1 \circ E_2)| &= |E_1| + |E_2| + 1, \text{ mit } \circ \in \{+, -, *\}.
\end{aligned}
$$

Definition 3.3

Die *Tiefe* $d(E)$ eines Integer-Ausdrucks E ist rekursiv wie folgt definiert:

$$
\begin{aligned}
d(c) &= 0, \\
d(x) &= 0, \\
d((-E_1)) &= d(E_1) + 1, \\
d((E_1 \circ E_2)) &= \max\{d(E_1), d(E_2)\} + 1, \text{ mit } \circ \in \{+, -, *\}.
\end{aligned}
$$

Über die syntaktische Struktur der Ausdrücke ist es möglich, eine Induktion zu führen, um Eigenschaften der Ausdrücke zu beweisen. Den Anker der Induktion bilden dabei die Terminale c und x, die den Anwendungen der Operatoren entsprechenden Produktionen bilden den Induktionsschritt. Um diese Art der Beweisführung zu erlernen, beweisen wir nachfolgenden Zusammenhang zwischen Länge und Tiefe eines Integer-Ausdrucks.

Satz 3.1

$$|E| \leq 2^{d(E)+1} - 1.$$

Beweis: Anker $E \equiv c$ oder $E \equiv x$: Es ist in beiden Fällen $|E| = 1 = 2 - 1 = 2^{d(E)+1} - 1$.

Schritt: Wir unterscheiden zwischen der unären und der binären Operatoranwendung:

- $E \equiv (-E_1)$: Es ist $|E| = |E_1| + 1$
$$
\begin{array}{rl}
\overset{\text{Ind. Vor.}}{\leq} & (2^{d(E_1)+1} - 1) + 1 \\
= & 2^{d(E_1)+1} \\
\overset{\text{Def. } d}{=} & 2^{d(E)} \\
\leq & 2^{d(E)+1} - 1.
\end{array}
$$

- $E \equiv E_1 \circ E_2$: $|E| = |E_1| + |E_2| + 1$
$$
\begin{array}{rl}
\overset{\text{Ind. Vor.}}{\leq} & (2^{d(E_1)+1} - 1) + (2^{d(E_2)+1} - 1) + 1 \\
= & 2 \cdot (2^{d(E_1)} + 2^{d(E_2)}) - 1 \\
\leq & 2 \cdot 2 \cdot 2^{\max\{d(E_1), d(E_2)\}} - 1 \\
= & 2 \cdot 2^{\max\{d(E_1), d(E_2)\}+1} - 1 \\
= & 2 \cdot 2^{d(E)} - 1 \\
= & 2^{d(E)+1} - 1,
\end{array}
$$

für $\circ \in \{+, -, *\}$.

$\square$

Definition 3.4

Sei $G_E = (I_E, T_E, P_E, E)$ die Grammatik der Integer-Ausdrücke. Wir legen die Syntax der BOOLEschen-Ausdrücke durch folgende kontextfreie Grammatik $G = (\{B\} \cup I_E, \{\text{True}, \text{False} \neg, \vee, \wedge, =, <\} \cup T_E, P \cup P_E, B)$ mit $P = \{B \to \text{True}, B \to \text{False}, B \to (\neg B_1), B \to (B_1 \wedge B_2), B \to (B_1 \vee B_2), B \to (E_1 = E_2), B \to (E_1 < E_2)\}$ fest. Auch hier dient die Indizierung der Hilfzeichen lediglich der Unterscheidung ihrer Vorkommen, aus Gründen der Einfachheit verzichten wir auf BOOLEsche Variablen. Die von G erzeugte Sprache ist gleich der Menge aller syntaktisch korrekter BOOLEscher Ausdrücke.

Beispiel 3.1

BOOLEsche Ausrücke nach vorheriger Definition sind $(\neg(y = 7))$, True und $((x < 0) \vee (0 < x))$.

Mit der Syntax sind unsere Integer- und BOOLEschen-Ausdrücke noch vollkommen inhaltslos. Erst durch die Festlegung ihrer Semantik erhalten sie eine Bedeutung. Diesen Schritt wollen wir nachfolgend gehen. Als erstes müssen wir dazu den Variablen eines Ausdrucks einen Wert des passenden Typs zuweisen, was wir wie folgt formalisieren:

Definition 3.5

Eine Abbildung $\sigma : Vars \to D$, die jeder Variable aus $Vars$ einen Wert aus D zuordnet, bezeichnen wir als *Variablenbelegung*.

Dabei wollen wir für σ aber auch für die Anwendung anderer Funktionen zugunsten einer übersichtlicheren Darstellung im Rest dieses Kapitels auf die Klammerung der Funktionsargumente verzichten. Wir schreiben also im Folgenden statt $f(x)$ einfach $f\, x$.

Definition 3.6
Sei *Vars* eine Menge von Variablen und $\mathbb{Z}$ die Menge der ganzen Zahlen. Die *Semantik eines Integer-Ausdrucks E* ist eine Funktion $[\![E]\!] : (Vars \to \mathbb{Z}) \to \mathbb{Z}$, die wie folgt definiert ist:

$$[\![c]\!]\sigma \quad := \quad c, \text{ (d. h. die Semantik einer Konstanten ist unabhängig von } \sigma),$$

$$[\![x]\!]\sigma \quad := \quad \sigma x, \text{ (d. h. die Semantik einer Variablen entspricht ihrer Belegung)},$$

$$[\![(-E_1)]\!]\sigma \quad := \quad -([\![E_1]\!]\sigma),$$

$$[\![(E_1 \circ E_2)]\!]\sigma \quad := \quad ([\![E_1]\!]\sigma) \circ ([\![E_2]\!]\sigma), \circ : \mathbb{Z}^2 \to \mathbb{Z}, \circ \in \{+, -, *\}.$$

Genau genommen benötigen wir zusätzlich Funktionen, die jeder Repräsentation einer Zahl oder eines Operators die eigentliche Zahl bzw. den eigentlichen Operator zuordnet ("+" ist beispielsweise in einem Ausdruck zunächst ein *bedeutungsloses* Terminalsymbol und zunächst nicht zwingend die Addition). Um diesen *Overhead* jedoch zu vermeiden, identifizieren wir einfach Repräsentationen von Zahlen und deren Bedeutung bzw. Repräsentationen von Operatoren und die Operatoren selbst.

Beispiel 3.2
Sei $E \equiv x - y$. Für die Variablenbelegung $\sigma_1 := \{x \mapsto 3, y \mapsto 7\}$ erhalten wir $[\![E]\!]\sigma_1 = -4$, für $\sigma_2 := \{x \mapsto 5, y \mapsto -3\}$ erhalten wir $[\![E]\!]\sigma_2 = 8$.

Wir definieren nun die Semantik BOOLEscher Ausdrücke entsprechend:

Definition 3.7
Sei *Vars* eine Menge von Variablen und $\mathbb{B} = \{\text{True}, \text{False}\}$ die Menge der BOOLEschen Konstanten. Die *Semantik eines* BOOLE*schen Ausdrucks B* ist eine Funktion $[\![B]\!] : (Vars \to \mathbb{Z}) \to \mathbb{B}$, die wie folgt definiert ist:

$$[\![\text{True}]\!]\sigma \quad := \quad \text{True},$$

$$[\![\text{False}]\!]\sigma \quad := \quad \text{False},$$

$$[\![(\neg B)]\!]\sigma \quad := \quad \neg[\![B]\!]\sigma,$$

$$[\![(B_1 \circ B_2)]\!]\sigma \quad := \quad ([\![B_1]\!]\sigma) \circ ([\![B_2]\!]\sigma), \circ : \mathbb{B}^2 \to \mathbb{B}, \circ \in \{\wedge, \vee\},$$

$$[\![(E_1 \circ E_2)]\!]\sigma \quad := \quad ([\![E_1]\!]\sigma) \circ ([\![E_2]\!]\sigma), \circ : \mathbb{Z}^2 \to \mathbb{B}, \circ \in \{=, <\}.$$

Auch hier bedürfte es strenggenommen einer Abbildung der Repräsentationen der BOOLEschen Operatoren auf die Operatoren selbst; wir verfahren aber wie zuvor und identifizieren beide miteinander.

Beispiel 3.3
Mit $\sigma_1 := \{x \mapsto 3, y \mapsto 7\}$ folgt

$$[\![((x < y) \underbrace{\vee}_{\substack{\text{hier Terminalsymbol der} \\ \text{Syntax}}} (y < 0))]\!]\sigma_1 = ([\![(x < y)]\!]\sigma_1) \underbrace{\vee}_{\substack{\text{hier ODER-Verknüpfung} \\ \text{der Logik}}} ([\![(y = 0)]\!]\sigma_1)$$

$$= (\sigma_1 x < \sigma_1 y) \vee (\sigma_1 y = 0)$$

$$= \text{True} \vee \text{False}$$

$$= \text{True}.$$

3.1.1 **Eine einfache Programmiersprache**

Wir wollen unsere Betrachtung der operationellen Semantik nicht auf Ausdrücken alleine aufbauen, sondern eine einfache Programmierspreche untersuchen, welche folgende Konstrukte besitzt:

1. Ausdrücke (wie in vorherigem Abschnitt eingeführt),

2. Zuweisungen,

3. bedingte Anweisungen,

4. Schleifen.

Wir werden dabei eine PASCAL-ähnliche Syntax verwenden, um solche Programme zu beschreiben. Dabei sollte klar sein, dass es notwendig ist, die Syntax einer solchen Programmiersprache auf Basis einer Chomsky-Grammatik formal sauber zu definieren. Bevor wir damit aber fortfahren, soll eine kleines Beispiel einen Eindruck vermitteln, wie unsere Programmiersprache (syntaktisch) aufgebaut ist.

Beispiel 3.4
Berechnung von $y := \lceil \log_2 x \rceil$ für $x > 1$, $y := 1$ für $x = 1$:

```
If  (x < 1)  then
        y := -1;
else
        y := 0;
        z := 1;
        While  (¬(x < z))  do
                y := y + 1;
                z := 2 * z;
        end;
end;
```

Definition 3.8
Sei $G_B = (I_B, T_B, P_B, B)$ die Grammatik der BOOLEschen-Ausdrücke. Die Syntax eines Programmes (Programmfragments) Q ist durch die kontextfreie Grammatik $G = (\{Q, S\} \cup I_B, T_B \cup \{:=$, **If, then, else, end, While, do,** ;$\}, P \cup P_B, Q)$ gegeben, wobei P die folgenden Regeln enthält:

$$Q \quad \rightarrow \quad S; Q \text{ (Anweisung, gefolgt von einem Programm)},$$

$$Q \quad \rightarrow \quad \varepsilon \text{ (leeres Programm)}.$$

Anweisungen (Statements) S haben folgenden Aufbau:

$$S \quad \rightarrow \quad x := E \text{ (Zuweisung)},$$

$$S \quad \rightarrow \quad \textbf{If } B \textbf{ then } Q_1 \textbf{ else } Q_2 \textbf{ end} \text{ (bedingte Verzweigung)},$$

$$S \quad \rightarrow \quad \textbf{While } B \textbf{ do } Q_1 \textbf{ end} \text{ (Schleife)}.$$

Auch hier dient die Indizierung der Hilfszeichen lediglich zu deren Unterscheidung, die von G erzeugte Sprache ist gleich der Menge aller syntaktisch korrekter Programme.

Unser Ziel wird es im Folgenden sein, den syntaktisch korrekten Programmen eine Semantik, also eine Bedeutung, zuzuordnen. Dabei können wir die Programmausführung als eine Folge einfacher Berechnungsschritte auffassen, wobei jeder Schritt so zu wählen ist, dass er die Variablenbelegung verändert. Die Semantik eines Programmes ist dann gleich dem Effekt, den eine solche Folge auf die Variablenbelegung hat.

3.1.2 Operationelle Small-Step-Semantik

Wir greifen hier die zuvor skizzierte Idee der *Folgen einfacher Berechnungsschritte* auf und definieren zunächst einen Operator $\oplus$, mit dessen Hilfe wir die Variablenwerte in einer Variablenbelegung modifizieren können.

Definition 3.9

Sei $\sigma : Vars \to D$ eine Variablenbelegung und $\{x_1, \dots, x_k\} \subseteq Vars$ eine Menge von Variablen. Dann ist $\sigma \oplus \{x_1 \mapsto d_1, \dots, x_k \mapsto d_k\}$ die Variablenbelegung, die man erhält, wenn man jede Variable x_i mit dem Wert d_i überschreibt, $1 \le i \le k$.

Wir können nun die Idee des Berechnungsschrittes formalisieren:

Definition 3.10

Sei Q_1 das auszuführende Programm(fragment) und σ_1 die Initialbelegung der Variablen in Q_1. Ein *Berechnungsschritt* ist eine Relation

$$Q_1 \mid \sigma_1 \to Q_2 \mid \sigma_2, \ (\text{d. h. es ist} \to \subseteq Q_1 \mid \sigma_1 \times Q_2 \mid \sigma_2)$$

wobei Q_2 das Programm und σ_2 die Variablenbelegung nach Ausführung des Berechnungsschritts sind. Wir bezeichnen mit $\to^*$ die reflexive, transitive Hülle der Relation $\to$.

Sei $Q' \equiv S; Q$. Wir definieren Berechnungsschritte durch Fallunterscheidung gemäß der möglichen Formen der Anweisung S:

1. $S \equiv x := E$:
    Dann gilt $S; Q \mid \sigma_1 \to Q \mid \sigma_2$, wobei $\sigma_2 := \sigma_1 \oplus \{x \mapsto [\![E]\!]\sigma_1\}$ gilt (E wird also gemäß σ_1 ausgewertet und die Variable x mit dem Ergebnis überschrieben).

2. $S \equiv$ **If** B **then** Q_1 **else** Q_2 **end**:
    Dann gilt $S; Q \mid \sigma_1 \to Q_i Q \mid \sigma_1$, wobei $i = 1$ gilt, falls $[\![B]\!]\sigma_1 = \mathsf{True}$ ist (then-Zweig) und $i = 2$ ist, falls $[\![B]\!]\sigma_1 = \mathsf{False}$ gilt (else-Zweig).

3. $S \equiv$ **While** B **do** Q_1 **end**:
    Dann gilt $S; Q \mid \sigma_1 \to Q_1 S; Q \mid \sigma_1$, sofern $[\![B]\!]\sigma_1 = \mathsf{True}$ gilt und $S; Q \mid \sigma_1 \to Q \mid \sigma_1$ im Fall von $[\![B]\!]\sigma_1 = \mathsf{False}$.
    Im ersten Fall wird also der Schleifenrumpf betreten und die Schleife samt Abfrage muss erneut ausgeführt werden, im zweiten Fall wird sie übersprungen und die Ausführung des restlichen Programmes fortgesetzt.

Auf Basis dieses Begriffes eines Berechnungsschrittes können wir nun eine Berechnung selbst definieren.

Definition 3.11

Eine *Berechnung für ein Programm(fragment) Q bzgl. einer Variablenbelegung* σ ist eine (möglicherweise unendliche) Folge von Berechnungsschritten

$$Q_0 \mid \sigma_0 \to Q_1 \mid \sigma_1 \to \ldots \to Q_m \mid \sigma_m \to \ldots,$$

wobei $Q_0 \mid \sigma_0 \equiv Q \mid \sigma$ gilt. Eine Berechnung der Form

$$Q_0 \mid \sigma_0 \to Q_1 \mid \sigma_1 \to \ldots \to \varepsilon \mid \sigma_k$$

bezeichnen wir als *erfolgreich terminierend.*

Beispiel 3.5

Wir wollen das Konzept einer Berechnung am Beispiel obigen Programmes zur Berechnung von $y := \lceil \log_2 x \rceil$ verdeutlichen. Wir nehmen dabei an, dass die Initialbelegung σ durch $\{x \mapsto 3, y \mapsto \square, z \mapsto \square\}$ gegeben ist, wobei $\square$ die unspezifizierte Belegung der entsprechenden Variable repräsentiere (x ist die einzige Eingabevariable des Programmes). Unspezifiziert heißt dabei, dass die entsprechende Variable mit einem uns nicht näher bekannten Wert vorbelegt ist (in der Praxis durch die Initialisierung der Variablen bei ihrer Deklaration), der erst im weiteren Verlauf der Berechnung durch eine Zuweisung in einen uns bekannten Wert überführt wird. Für Q_0 ein Bezeichner für das gesamte Programm und die Q_i, $1 \le i \le 7$, gemäß nachfolgender Tabelle,

Bezeichner	Programmstück
Q_1	$y := -1;$
Q_2	$y := 0; z := 1;$ **While** $(\ldots)$ **do** $\ldots$ **end;**
Q_3	$z := 1;$ **While** $(\ldots)$ **do** $\ldots$ **end;**
Q_4	**While** $(\neg(x < z))$ **do** $\ldots$ **end;**
Q_5	$y := y+1; z := 2*z;$ **While** $(\ldots)$ **do** $\ldots$ **end;**
Q_6	$z := 2*z;$ **While** $(\ldots)$ **do** $\ldots$ **end;**
Q_7	ε

resultiert folgende erfolgreich terminierende Berechnung:

$$
\begin{aligned}
& Q_0 \mid \{x \mapsto 3, y \mapsto \square, z \mapsto \square\} && \to && Q_2 \mid \{x \mapsto 3, y \mapsto \square, z \mapsto \square\} \\
\to\ & Q_3 \mid \{x \mapsto 3, y \mapsto 0, z \mapsto \square\} && \to && Q_4 \mid \{x \mapsto 3, y \mapsto 0, z \mapsto 1\} \\
\to\ & Q_5 \mid \{x \mapsto 3, y \mapsto 0, z \mapsto 1\} && \to && Q_6 \mid \{x \mapsto 3, y \mapsto 1, z \mapsto 1\} \\
\to\ & Q_4 \mid \{x \mapsto 3, y \mapsto 1, z \mapsto 2\} && \to && Q_5 \mid \{x \mapsto 3, y \mapsto 1, z \mapsto 2\} \\
\to\ & Q_6 \mid \{x \mapsto 3, y \mapsto 2, z \mapsto 2\} && \to && Q_4 \mid \{x \mapsto 3, y \mapsto 2, z \mapsto 4\} \\
\to\ & Q_7 \mid \{x \mapsto 3, y \mapsto 2, z \mapsto 4\}.
\end{aligned}
$$

Bemerkung 3.1

Es ist möglich, eine Berechnung von Q bzgl. σ mittels dem sog. *Kontrollflußssgraphen* graphisch darzustellen. Dessen Knoten repräsentieren dabei die noch abzuarbeitenden Programmstücke, seine Kanten stellen je einen möglichen Berechnungsschritt dar. Sie werden dabei mit der auszuführenden Anweisung beschriftet (Zuweisung) bzw. mit den Bedingungen des Programmschritts (bedingte Anweisungen, Schleifen) versehen. Nachfolgendes Beispiel zeigt diesen Graphen für unser Beispielprogramm zur Berechnung von $y := \lceil \log_2 x \rceil$: Knoten Q_0 als *Startknoten* korrespondiert entsprechend dem gesamten Programm (hier ist noch kein Berechnungsschritt vollzogen und damit noch das gesamte Programm auszuführen). Für die anderen Knoten sind die zugehörigen noch abzuarbeitenden Programmstücke in obiger Tabelle aufgelistet.

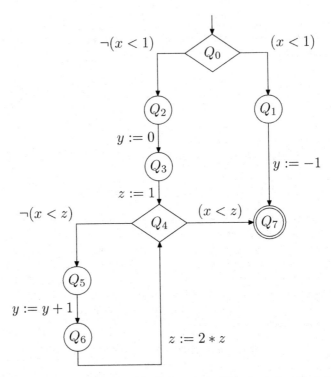

Man erkennt sogleich, dass eine Berechnung für Q stets einem Weg durch den Kontrollflussgraphen entspricht, der mit dem Startknoten beginnt und entlang der Kanten unter Berücksichtigung der an ihnen notierten Bedingungen von Knoten zu Knoten führt. Traversieren wir dabei eine mit einer Zuweisung korrespondierende Kante, so entspricht dies einer Anpassung der Variablenbelegung. Führt der Weg in den mit dem leeren Wort korrespondierenden Knoten des Graphen, so terminiert die Berechnung erfolgreich.

Im weiteren Verlauf dieses Kapitel wollen wir eine partielle Funktion durch das Symbol $\leadsto$ anstelle von $\to$ bezeichnen.

Definition 3.12
Die partielle Funktion $\mathsf{Eff}(Q) : (\mathit{Vars} \to \mathbb{Z}) \leadsto (\mathit{Vars} \to \mathbb{Z})$, die durch

$$\mathsf{Eff}(Q) = \{\sigma \mapsto \sigma' \mid Q \mid \sigma \to^* \varepsilon \mid \sigma'\}$$

definiert ist, nennen wir den *Effekt des Programmes Q*.

Der Effekt $\mathsf{Eff}(Q)$ beschreibt nur das Ein-/Ausgabeverhalten des Programmes Q. Programmabbrüche (etwa durch einen Division durch Null) oder eine Nichtterminierung (hervorgerufen z.B. durch eine Endlosschleife) werden nicht unterschieden. Doch wann terminiert eine Berechnung erfolgreich? Folgender Satz liefert eine Charakterisierung.

Satz 3.2
$Q_1 Q_2 \mid \sigma_1 \to^* \varepsilon \mid \sigma_2$ gilt genau dann, wenn eine Variablenbelegung σ existiert, für die $Q_1 \mid \sigma_1 \to^* \varepsilon \mid \sigma$ und $Q_2 \mid \sigma \to^* \varepsilon \mid \sigma_2$ gilt.

Beweis: Wir zeigen zunächst die Richtung

"$\rightarrow$": Sei $P_0 \mid \tau_0 \rightarrow P_1 \mid \tau_1 \rightarrow \ldots \rightarrow P_m \mid \tau_m$ die Berechnung mit $P_0 \mid \tau_0 \equiv Q_1 Q_2 \mid \sigma_1$ und $P_m \mid \tau_m \equiv \varepsilon \mid \sigma_2$. Sei j in dem Sinne maximal, dass für alle $i < j$ gilt: $P_i \equiv P_i' Q_2 \wedge P_i' \not\equiv \varepsilon$, d. h. für alle $i < j$ ist das Fragment Q_2 ein echtes Suffix von P_i (in dieser Notation gilt insbesondere $P_0' \equiv Q_1$ und $P_j' \equiv \varepsilon$). Wegen der maximalen Wahl von j wird ab dem $(j+1)$-ten Schritt die erste Anweisung von Q_2 ausgeführt. Dann gilt aber nach der Definition von $\rightarrow$ $P_0' \mid \tau_0 \rightarrow \ldots \rightarrow P_j' \mid \tau_j$. Folglich gilt $Q_1 \mid \sigma_1 \rightarrow^\star \varepsilon \mid \sigma$ mit $\sigma = \tau_j$ und weiter $Q_2 \mid \sigma \rightarrow^\star \varepsilon \mid \sigma_2$.

"$\leftarrow$": Mittels Induktion über die Länge der Berechnung $Q_1 \mid \sigma_1 \rightarrow \ldots \rightarrow \varepsilon \mid \sigma$ (siehe 4. Aufgabe) zeigt man, dass $Q_1 Q_2 \mid \sigma_1 \rightarrow^\star Q_2 \mid \sigma$ gilt. Nun kann man die Berechnung $Q_2 \mid \sigma \rightarrow^\star \varepsilon \mid \sigma_2$ einfach anhängen. $\qquad\square$

3.1.3 `Operationelle Big-Step-Semantik`

Wir haben zuvor für die Small-Step-Semantik Details der Programmausführung definiert (Berechnungsschritt, Berechnung) und anschließend wieder von diesen abstrahiert und das Ein-/Ausgabeverhalten eines Programmes über die partielle Funktion Eff ausgedrückt. In diesem Abschnitt werden wir sehen, dass es möglich ist, direkt ein Regelsystem anzugeben, das es erlaubt, die Übergänge $(\sigma \mapsto \sigma') \in \mathrm{Eff}(Q)$ zwischen Variablenbelegungen zu *verifizieren*. Wir verwenden dabei das uns bereits bekannte Konzept des Kalküls mit den nachfolgend angegebenen Regeln.

Definition 3.13

Das Kalkül der *strukturellen operationellen Semantik* hat folgende Axiome:

1. $\dfrac{}{[\![B]\!]\sigma = \mathsf{False}}$, für alle BOOLEschen Ausdrücke B mit $[\![B]\!]\sigma = \mathsf{False}$,

2. $\dfrac{}{[\![B]\!]\sigma = \mathsf{True}}$, für alle BOOLEschen Ausdrücke B mit $[\![B]\!]\sigma = \mathsf{True}$,

3. $\dfrac{}{\varepsilon \mid \sigma \mapsto \sigma}$,

4. $\dfrac{}{x := E; \mid \sigma \mapsto \sigma \oplus \{x \mapsto [\![E]\!]\sigma\}}$.

Weitere Regeln sind:

Conc: $\dfrac{S; \mid \sigma_1 \mapsto \sigma, \quad Q \mid \sigma \mapsto \sigma_2}{S; Q \mid \sigma_1 \mapsto \sigma_2}$

If1: $\dfrac{[\![B]\!]\sigma_1 = \mathsf{True}, \quad Q_1 \mid \sigma_1 \mapsto \sigma_2}{\textbf{If } B \textbf{ then } Q_1 \textbf{ else } Q_2 \textbf{ end}; \mid \sigma_1 \mapsto \sigma_2}$

If2: $\dfrac{[\![B]\!]\sigma_1 = \mathsf{False}, \quad Q_2 \mid \sigma_1 \mapsto \sigma_2}{\textbf{If } B \textbf{ then } Q_1 \textbf{ else } Q_2 \textbf{ end}; \mid \sigma_1 \mapsto \sigma_2}$

While1: $\dfrac{[\![B]\!]\sigma_1 = \mathsf{True}, \quad Q_1 \mid \sigma_1 \mapsto \sigma, \quad \textbf{While } B \textbf{ do } Q_1 \textbf{ end}; \mid \sigma \mapsto \sigma_2}{\textbf{While } B \textbf{ do } Q_1 \textbf{ end}; \mid \sigma_1 \mapsto \sigma_2}$

While2: $\dfrac{[\![B]\!]\sigma = \mathsf{False}}{\textbf{While } B \textbf{ do } Q_1 \textbf{ end}; \mid \sigma \mapsto \sigma}$

Wie das Zeichen- und wie das Variablenalphabet zu wählen sind, sollte klar sein. Mit Hilfe dieser Kalkülregeln können wir nun Aussagen *beweisen*. Ein Beweis für Aussage A ist dabei eine geordneter, einwachsender Baum, dessen Knoten Aussagen sind. Die Wurzel des Baumes ist die zu beweisende Aussage A, die Blätter entsprechen allesamt Axiomen des Kalküls. Gibt es im Baum eine Teilstruktur der Gestalt

$$\boxed{B_1} \quad \cdots \quad \boxed{B_m}$$
$$\searrow \qquad \swarrow$$
$$\boxed{B} \quad ,$$

dann muss es auch die Regel $\frac{B_1,...,B_m}{B}$ geben. Gibt es einen Beweisbaum für A, schreiben wir kurz $\vdash A$.

Beispiel 3.6
Wir betrachten unser Beispiel des Programmes Q zur Berechnung von $y = \lceil \log_2 x \rceil$ und nehmen zur Darstellung des Beispiels an, es sei eine feste Ordnung $(x_1, \ldots, x_n)$ der Variablen vorgegeben. In diesem Fall können wir die Variablenbelegung $\sigma = \{x_1 \mapsto d_1, \ldots, x_n \mapsto d_n\}$ verkürzt darstellen als $\sigma = (d_1, \ldots, d_n)$. Für unser Beispielprogramm wollen wir beweisen, dass $Q \mid \{x \mapsto 3, y \mapsto \Box, z \mapsto \Box\} \mapsto \{x \mapsto 3, y \mapsto 2, z \mapsto 4\}$ gilt (wir bezeichnen Axiome mit A_i und Konklusionen mit C_j):

$$\frac{\overbrace{y := y+1; \mid (3,1,2) \mapsto (3,2,2),}^{A_1} \quad \overbrace{z := 2*z; \mid (3,2,2) \mapsto (3,2,4)}^{A_2}}{\underbrace{y := y+1; z := 2*z; \mid (3,1,2) \mapsto (3,2,4)}_{C_1}}$$

$$\frac{\overbrace{y := y+1; \mid (3,0,1) \mapsto (3,1,1),}^{A_3} \quad \overbrace{z := 2*z; \mid (3,1,1) \mapsto (3,1,2)}^{A_4}}{\underbrace{y := y+1; z := 2*z; \mid (3,0,1) \mapsto (3,1,2)}_{C_2}}$$

$$\frac{\overbrace{[\![\neg(x < z)]\!](3,2,4) = \mathsf{False}}^{A_5}}{\underbrace{\mathbf{While}\ (\neg(x<z))\ \mathbf{do}\ y := y+1; z := 2*z;\ \mathbf{end} \mid (3,2,4) \mapsto (3,2,4)}_{C_3}}$$

$$\frac{\overbrace{[\![\neg(x < z)]\!](3,1,2) = \mathsf{True},}^{A_6} \quad C_1, \quad C_3}{\underbrace{\mathbf{While}\ (\neg(x<z))\ \mathbf{do}\ y := y+1; z := 2*z;\ \mathbf{end} \mid (3,1,2) \mapsto (3,2,4)}_{C_4}}$$

$$\frac{\overbrace{[\![\neg(x < z)]\!](3,0,1) = \mathsf{True},}^{A_7} \quad C_2, \quad C_4}{\underbrace{\mathbf{While}\ (\neg(x<z))\ \mathbf{do}\ y := y+1; z := 2*z;\ \mathbf{end} \mid (3,0,1) \mapsto (3,2,4)}_{C_5}}$$

$$\frac{\overbrace{z := 1; \mid (3,0,\Box) \mapsto (3,0,1),}^{A_8} \quad C_5}{\underbrace{z := 1; \mathbf{While}\ (\neg(x<z))\ \mathbf{do}\ y := y+1; z := 2*z;\ \mathbf{end} \mid (3,0,\Box) \mapsto (3,2,4)}_{C_6}}$$

$$\overbrace{y := 0;\,|\,(3,\square,\square) \mapsto (3,0,\square),\quad C_6}^{A_9}$$

$$\underbrace{y := 0;\,z := 1;\,\textbf{While } (\neg(x < z))\textbf{ do } y := y+1;\,z := 2*z;\,\textbf{ end } \,|\,(3,\square,\square) \mapsto (3,2,4)}_{C_7}$$

$$\overbrace{[\![x < 1]\!](3,\square,\square) = \mathsf{False},\quad C_7}^{A_{10}}$$

$$\underbrace{\underbrace{\textbf{If}\cdots\textbf{then}\cdots\textbf{else }y := 0;\,z := 1;\,\textbf{While }(\cdots)\textbf{ do }\cdots;\textbf{ end};\textbf{end};\,|\,(3,\square,\square) \mapsto (3,2,4)}_{Q}}_{C_8}$$

Der entsprechende Beweisbaum sieht dann wie folgt aus:

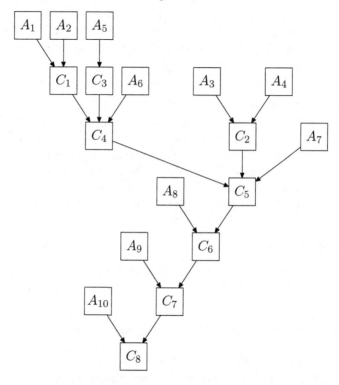

Wir zeigen nun folgenden Zusammenhang zwischen der Small-Step- und der Big-Step-Semantik:

Satz 3.3
$Q\,|\,\sigma_1 \to^\star \varepsilon\,|\,\sigma_2$ gilt genau dann, wenn $\vdash Q\,|\,\sigma_1 \mapsto \sigma_2$ gilt.

Beweis:
"$\to$": Wir führen eine Induktion über die Länge n (Anzahl Schritte) einer erfolgreich terminierenden Berechnung $Q\,|\,\sigma_1 \to \ldots \to \varepsilon\,|\,\sigma_2$:
$n = 0$: Hier gilt $Q\,|\,\sigma_1 \equiv \varepsilon\,|\,\sigma_2$ und es folgt $\vdash \varepsilon\,|\,\sigma_2 \mapsto \sigma_2$ nach Axiom 3.

$n > 0$: Wir unterscheiden zwei Fälle der Struktur von Q:

1. Fall: $Q \equiv S; Q'$ mit $Q' \neq \varepsilon$.

Nach Satz 3.2 gibt es eine Variablenbelegung σ für die $S; | \sigma_1 \to^* \varepsilon | \sigma$ und $Q' | \sigma \to^* \varepsilon | \sigma_2$ gilt. Die beiden dort beteiligten Berechnungen haben beide eine Länge $< n$, weshalb wir die Induktionsannahme verwenden können. Danach gilt entsprechend $\vdash S; | \sigma_1 \mapsto \sigma$ und $\vdash Q' | \sigma \mapsto \sigma_2$. Mit der mit *Conc* bezeichneten Regel folgt dann $\vdash S; Q' | \sigma_1 \mapsto \sigma_2$, was zu zeigen war.

2. Fall: $Q \equiv S; \quad$, wobei wir die verschiedenen Alternativen für S unterscheiden:

- $S \equiv x := E$

  Mit $\sigma_2 = \sigma_1 \oplus \{x \mapsto [\![E]\!]\sigma_1\}$ folgt $\vdash x := E; | \sigma_1 \mapsto \sigma_2$ mit Axiom 4.

- $S \equiv$ **If** B **then** Q_1 **else** Q_2 **end**

  Es sei $[\![B]\!]\sigma_1 = $ True. Dann gilt $S; | \sigma_1 \to Q_1 | \sigma_1 \to^* \varepsilon | \sigma_2$. Nach Induktionsvoraussetzung gilt aber $\vdash Q_1 | \sigma_1 \mapsto \sigma_2$ (die nun betrachtete Berechnung ist um einen Schritt verkürzt, so dass wir die Induktionsannahme verwenden dürfen). Aus der mit *If1* bezeichneten Regel folgt damit $\vdash S; | \sigma_1 \mapsto \sigma_2$.

  Die Argumentation für $[\![B]\!]\sigma_1 = $ False verläuft völlig analog.

- $S \equiv$ **While** B **do** Q_1 **end**

  Es sei $[\![B]\!]\sigma_1 = $ True. Dann gilt $S; | \sigma_1 \to Q_1 S; | \sigma_1 \to^* \varepsilon | \sigma_2$. Nach Satz 3.2 gibt es dann eine Variablenbelegung σ und kürzere Berechnungen $Q_1 | \sigma_1 \to^* \varepsilon | \sigma$ und $S; | \sigma \to^* \varepsilon | \sigma_2$. Für diese kann nun die Induktionsannahme verwendet werden und es folgt $\vdash Q_1 | \sigma_1 \mapsto \sigma$ und $\vdash S; | \sigma \mapsto \sigma_2$. Aus der *While1*-Regel folgt dann aber $\vdash S; | \sigma_1 \mapsto \sigma_2$ was zu zeigen war.

  Sei nun $[\![B]\!]\sigma_1 = $ False. Dann gilt $S; | \sigma_1 \to \varepsilon | \sigma_1$, d. h. $\sigma_2 \equiv \sigma_1$. Aus der *While2*-Regel folgt dann sofort $\vdash S; | \sigma_1 \mapsto \sigma_2$.

"$\leftarrow$": Siehe 5. Aufgabe. $\square$

Damit haben wir gezeigt, dass beide Konzepte dieselbe Semantik (im Hinblick auf das Ein-/Ausgabeverhalten) für die Programme unserer Beispiel-Programmiersprache liefern.

3.2 Denotationelle Semantik

Bei der operationellen (Small-Step-) Semantik haben wir die Bedeutung eines Programmes durch die Berechnung spezifiziert, die es bei seiner Ausführung auf einer Maschine induziert. Dabei wurde im Detail Wert darauf gelegt, wie der Effekt einer Berechnung erzeugt wird. Bei der denotationellen Semantik[2] interessiert es uns nicht, wie der Effekt erzeugt wird, lediglich der erzielte Effekt selbst steht im Fokus des Interesses. Dazu modellieren wir die Ausführung eines Programm mittels mathematischer Funktionen; deren Komposition entspricht der Verkettung einzelner Anweisungen. Da der Effekt Eff eines Programmes Q jedoch eine partielle Funktion ist, stellt sich die Frage, ob man mit solchen Funktionen überhaupt sinnvoll rechnen kann. Doch kommen wir zu Details:

---

[2]Ein anderer geläufiger Begriff ist *Funktionensemantik*, da die Abbildung eines Speicherzustandes in einen anderen betrachtet wird.

Definition 3.14
Wir definieren $[\![Q]\!] : (\text{Vars} \to \mathbb{Z}) \rightsquigarrow (\text{Vars} \to \mathbb{Z})$ als die partielle Funktion mit

- $[\![\varepsilon]\!]\sigma = \sigma$ (Identität),

- $[\![S;Q]\!]\sigma = [\![Q]\!]([\![S;]\!]\sigma)$ (Komposition),

- $[\![x := E;]\!]\sigma = \sigma \oplus \{x \mapsto [\![E]\!]\sigma\}$,

- $[\![\textbf{If } B \textbf{ then } Q_1 \textbf{ else } Q_2 \textbf{ end;}]\!]\sigma = \begin{cases} [\![Q_1]\!]\sigma & \text{falls } [\![B]\!]\sigma = \text{True} \\ [\![Q_2]\!]\sigma & \text{falls } [\![B]\!]\sigma = \text{False} \end{cases}$,

- $[\![\textbf{While } B \textbf{ do } Q_1 \textbf{ end;}]\!]\sigma = \begin{cases} [\![\textbf{While } B \textbf{ do } Q_1 \textbf{ end;}]\!]([\![Q_1]\!]\sigma) & \text{falls } [\![B]\!]\sigma = \text{True} \\ \sigma & \text{falls } [\![B]\!]\sigma = \text{False} \end{cases}$.

Problematisch an dieser Definition ist nun, dass $[\![\textbf{While } B \textbf{ do } Q_1 \textbf{ end;}]\!]$ durch sich selbst definiert wird. Wir müssen also eine rekursive Gleichung lösen, um einen Wert für $[\![\cdot]\!]$ in diesem Fall zu bestimmen. Dazu nutzt man strukturelle Eigenschaften der Menge $(\text{Vars} \to \mathbb{Z}) \rightsquigarrow (\text{Vars} \to \mathbb{Z})$ aus, die wir nachfolgend betrachten wollen. Wir machen einen Exkurs in die Theorie der partiell geordneten Mengen.

3.2.1 Partiell geordnete Mengen

Definition 3.15
Sei D eine Menge und $\sqsubseteq\ \subseteq D \times D$ eine zweistellige Relation über D. Eine *partielle Ordnung* ist ein Paar $(D, \sqsubseteq)$ mit folgenden Eigenschaften:

- $(\forall x \in D)(x \sqsubseteq x)$ (Reflexivität),

- $(\forall x, y \in D)(x \sqsubseteq y \wedge y \sqsubseteq x \curvearrowright x = y)$ (Antisymmetrie),

- $(\forall x, y, z \in D)(x \sqsubseteq y \wedge y \sqsubseteq z \curvearrowright x \sqsubseteq z)$ (Transitivität).

Wenn klar ist, wie $\sqsubseteq$ aussieht, schreiben wir auch einfach D anstelle von $(D, \sqsubseteq)$.

Bemerkung 3.2
Partielle Ordnungen $(D, \sqsubseteq)$ können durch HASSE-Diagramme dargestellt werden:

- Jedem Element aus D entspricht ein Knoten.

- Zwei Knoten werden genau dann durch eine Kante verbunden, wenn

  (a) $x \neq y$ und

  (b) $x \sqsubseteq y$ und

  (c) $\neg(\exists z \in D)(z \neq x \wedge z \neq y \wedge x \sqsubseteq z \wedge z \sqsubseteq y)$, d. h. es liegt 'zwischen x und y kein Element aus D'. (Der Knoten x wird hierbei unter den Knoten y gezeichnet. Dies ist möglich, da $\sqsubseteq$ transitiv und antisymmetrisch ist.)

Beispiel 3.7
Betrachten wir beispielsweise folgendes Hasse-Diagramm des sog. Teilmengenverbandes:

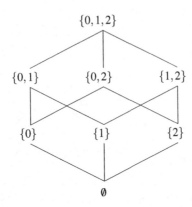

Es gilt $D = \wp(\{0,1,2\})$ und $x \sqsubseteq y$, $x,y \in D$, genau dann, wenn $(|x| \le |y|) \wedge (x \subseteq y)$ gilt.

Die strukturerhaltenden Abbildungen zu partiellen Ordnungen sind die monotonen Funktionen.

Definition 3.16
Seien $(D_1, \sqsubseteq_1)$ und $(D_2, \sqsubseteq_2)$ partielle Ordnungen und f eine Funktion $f : D_1 \to D_2$. Dann heißt f *monoton*, falls für alle $x,y \in D_1$ gilt: $x \sqsubseteq_1 y \curvearrowright fx \sqsubseteq_2 fy$.

Definition 3.17
Sei $(D, \sqsubseteq)$ eine partielle Ordnung und sei $X \subseteq D$. Ein Element $d \in D$ heißt *obere Schranke* von X, falls $(\forall x \in X)(x \sqsubseteq d)$ gilt. Eine obere Schranke d heißt *kleinste obere Schranke* von X, falls $d \sqsubseteq d'$ für jede obere Schranke d' von X gilt.

Wir schreiben für kleinste obere Schranken d von X kurz $d = \bigsqcup X$ oder $d = x \sqcup y$, falls $X = \{x,y\}$, oder $d = \bigsqcup_{i \ge 0} x_i$, falls $X = \{x_i \mid i \ge 0\}$. Untere Schranken und größte untere Schranken werden analog definiert und entsprechend mit Hilfe des Symbols $\sqcap$ notiert.

Definition 3.18
Eine *aufsteigende Kette* in einer partiellen Ordnung $(D, \sqsubseteq)$ ist eine (endliche oder unendliche) Folge von Elementen $x_0, x_1, x_2, \cdots \in D$ mit $x_0 \sqsubseteq x_1 \sqsubseteq x_2 \sqsubseteq \cdots$.

Definition 3.19
Eine partielle Ordnung $(D, \sqsubseteq)$ heißt *vollständige partielle Ordnung*, falls sie die beiden folgenden Bedingungen erfüllt:

1. Es gibt ein kleinstes Element $\bot = \bigsqcap D \in D$.

2. Jede aufsteigende Kette $x_0 \sqsubseteq x_1 \sqsubseteq x_2 \sqsubseteq \cdots$ besitzt eine kleinste obere Schranke in D.

Es sei bemerkt, dass der Teilmengenverband aus vorherigem Beispiel vollständig ist.

Um bei vollständigen partiellen Ordnungen eine strukturerhaltende Abbildung zu erlangen, ist die Forderung der Monotonie nicht weiter ausreichend. Hier müssen wir die Stetigkeit der betrachteten Funktion voraussetzen.

Definition 3.20

Seien $(D_1, \sqsubseteq_1)$ und $(D_2, \sqsubseteq_2)$ partielle Ordnungen und f eine Funktion $f : D_1 \to D_2$. f heißt *stetig*, falls für jede Kette $x_0 \sqsubseteq_1 x_1 \sqsubseteq_1 x_2 \sqsubseteq_1 \ldots$ aus D_1 gilt:

$$f(\bigsqcup_{i \geq 0} x_i) = \bigsqcup_{i \geq 0} f x_i.$$

Es sei bemerkt, dass aus der Stetigkeit einer Funktion auch stets deren Monotonie folgt.

Beispiel 3.8

Betrachte die natürliche Ordnung auf der Menge der natürlichen Zahlen. Dann ist die Nachfolgerfuntion $succ : \mathbb{N}_0 \to \mathbb{N}_0$ mit $succ(x) = \begin{cases} \perp & \text{falls } x = \perp, \\ x + 1 & \text{sonst,} \end{cases}$ eine stetige Funktion.

Wir kommen nun zu der entscheidenden strukturellen Eigenschaften partiell geordneter Mengen, die uns die Herleitung einer Semantik für die **while**-Schleife anhand unserer rekursiven Definition gestattet.

Definition 3.21

Sei $(D, \sqsubseteq)$ eine partielle Ordnung. $d \in D$ heißt *Fixpunkt* einer Funktion $f : D \to D$, falls $f d = d$ gilt. Ein Fixpunkt d heißt *kleinster Fixpunkt* einer Funktion f, falls

$$(\forall d' \in D)(f d' = d' \curvearrowright d \sqsubseteq d').$$

Satz 3.4 (Fixpunktsatz von KLEENE)

Sei $(D, \sqsubseteq)$ eine vollständige partielle Ordnung. Dann besitzt jede stetige Funktion $f : D \to D$ einen kleinsten Fixpunkt $d \in D$. Mit f^i die i-te Iterierte der Funktion f ist d durch $d = \bigsqcup_{i \geq 0} f^i \perp$ gegeben.

Beweis: Wir definieren eine Folge d_i, $i \geq 0$, durch $d_0 = \perp$ und $d_i = f d_{i-1}$ für $i > 0$. Wir machen folgende Beobachtungen:

1. d_i, $i \geq 0$, ist eine aufsteigende Kette in D, denn d_0 ist gleich dem kleinsten Element $\perp$ in D und damit gilt $d_0 = \perp \sqsubseteq d_1$ unabhängig davon, wie d_1 aussieht. Für $i > 0$ nehmen wir an, dass $d_{i-1} \sqsubseteq d_i$ gilt und folgern aus der Monotonie von f dann $d_i = f d_{i-1} \sqsubseteq f d_i = d_{i+1}$. Damit ist Beobachtung 1. bewiesen.

2. $d := \bigsqcup_{i \geq 0} d_i$ ist kleinster Fixpunkt von f, denn:

   - $f d = f(\bigsqcup_{i \geq 0} d_i) = \bigsqcup_{i \geq 0} f d_i = \bigsqcup_{i \geq 0} d_{i+1} = \perp \sqcup \bigsqcup_{i > 0} d_i = \bigsqcup_{i \geq 0} d_i = d$; damit ist d ein Fixpunkt von f.

   - Sei $x \in D$ mit $f x = x$. Wir zeigen zunächst per Induktion nach i, dass $d_i \sqsubseteq x$ für alle $i \geq 0$ gilt.

     Anker $i = 0$: Hier ist $d_i = d_0 = \perp$ das kleinste Element in D und folglich gilt $d_i \sqsubseteq x$ unabhängig von der Wahl von x.

     Schritt: Gelte $d_i \sqsubseteq x$, so folgt aus der Monotonie von f dann $d_{i+1} = f d_i \sqsubseteq f x = x$, wobei die letzte Gleichheit gilt, da x nach Voraussetzung ein Fixpunkt von f ist.

Wäre nun aber x und nicht d ein kleinster Fixpunkt von f, so wäre mit dem eben bewiesenen x eine kleinere obere Schranke der Folge d_i, $i \geq 0$, als d im Widerspruch zu dessen Definition.   □

Es sei bemerkt, dass KLEENEs Fixpunktsatz die Berechnung des kleinsten Fixpunktes einer Funktion f nur dann gestattet, wenn die Folge $\bot, f \bot, f^2 \bot, \ldots$ irgendwann stationär wird $(d := \bigsqcup_{i \geq 0} f^i \bot)$.

3.2.2 Rekursive Gleichungen in der denotationellen Semantik

Wenden wir die Überlegungen des letzten Abschnitts auf die Menge partieller Funktionen $D := (Vars \to \mathbb{Z}) \rightsquigarrow (Vars \to \mathbb{Z})$ an, so stellen wir fest:

- D ist durch die Relation $\subseteq$ partiell geordnet, d. h. mit $\sqsubseteq \equiv \subseteq$ ist $(D, \sqsubseteq)$ eine partiell geordnete Menge. Dabei gilt für Funktionen $f, g \in D$ genau dann $f \sqsubseteq g$, wenn $D_f \subseteq D_g$ gilt und f und g auf D_f übereinstimmen. Mit $D_\circ$ bezeichnen wir hier den Definitionsbereich der Funktion $\circ \in \{f, g\}$.
  Diese Definition rührt daher, dass man eine Funktion als ihren Graphen (Punktmenge $(x, f(x))$ für alle $x \in D_f$) definiert und entsprechend für die Graphen fordert, dass der eine eine Teilmenge des anderen ist.

- D besitzt die völlig undefinierte Funktion Φ als kleinstes Element $\bot$ (jeder andere Graph ist eine Obermenge der leeren Punktmenge).

- Jede aufsteigende Kette $f_0 \sqsubseteq f_1 \sqsubseteq f_2 \sqsubseteq \ldots$ in D hat eine kleinste obere Schranke $f \in D$, denn:
  Konstruiere f als $f := \bigcup_{i \geq 0} f_i$. Für ein $\sigma \in D_f$ folgt $(\exists i \in \mathbb{N}_0)(\sigma \in D_{f_i})$ und da die Kette der f_j aufsteigend ist, können wir folgern, dass $(\forall j \geq i)(\sigma \in D_{f_j})$ und dass aufgrund der Definition von $f_i \subseteq f_j$ weiter $(\forall j \geq i)(f_i \sigma = f_j \sigma)$ gilt; f ist also wohldefiniert (keine Konflikte hinsichtlich des Funktionswertes bei unterschiedlichen Ursprüngen eines $\sigma \in D_f$). Des Weiteren ist f offensichtlich eine obere Schranke, da für ein beliebiges $n \in \mathbb{N}_0$ stets $f_n \subseteq f$ gilt. f ist auch eine kleinste obere Schranke, da für jede weitere obere Schranke f' nach Definition $(\forall i \in \mathbb{N}_0)(f_i \subseteq f')$ gilt. Damit ist aber auch die Vereinigung aller f_i eine Teilmenge von f' und es gilt entsprechend $f = \bigcup_{i \geq 0} f_i \subseteq f'$, was zu zeigen war.

Aus diesen Beobachtungen folgt nun, dass $(D, \sqsubseteq)$ eine vollständige partielle Ordnung ist.

Kommen wir zu unserem anfänglichen Problem zurück, für das wir partiell geordnete Mengen überhaupt betrachtet haben; betrachte die rekursive Gleichung

$$\underbrace{[\![\textbf{While } B \textbf{ do } Q_1 \textbf{ end};]\!]}_{X} \sigma = \begin{cases} \underbrace{[\![\textbf{While } B \textbf{ do } Q_1 \textbf{ end};]\!]}_{X}(\underbrace{[\![Q_1]\!] \sigma}_{g}) & \text{falls } [\![B]\!]\sigma = \text{True} \\ \sigma & \text{falls } [\![B]\!]\sigma = \text{False} \end{cases}$$

der denotationellen Semantik. Diese Gleichung ist offensichtlich von der Gestalt $X = FX$, wobei $F : D \rightarrow D$ durch folgende Funktion gegeben ist:

$$FX\sigma = \begin{cases} X(g\sigma) & \text{falls } [\![B]\!]\sigma = \text{True} \\ \sigma & \text{falls } [\![B]\!]\sigma = \text{False} \end{cases}.$$

Satz 3.5

Die Funktion $F : D \rightarrow D$ ist stetig.

Beweis: Wir zeigen zunächst die Monotonie von F: Sei $X_1 \sqsubseteq X_2$ mit $X_1, X_2 \in D$.

1. Fall $[\![B]\!]\sigma = \text{False}$: In diesem Fall ist der Wert von $FX\sigma$ unabhängig von X und stets als σ definiert. Damit ist σ Element der Definitionsbereiche von FX_1 und von FX_2, also $\sigma \in D_{FX_1} \cap D_{FX_2}$, und es gilt $FX_1\sigma = \sigma = FX_2\sigma$.

2. Fall $[\![B]\!]\sigma = \text{True}$: Sei $\sigma_1 \mapsto \sigma_2 \in FX_1$. Die Änderung der Variablenbelegung gemäß $\sigma_1 \mapsto \sigma_2$ erfolgt an zwei Stellen; zum einen kann g zum anderen kann anschließend X_1 für eine Änderung sorgen. Entsprechend gibt es also ein σ mit $\sigma_1 \mapsto \sigma \in g$ und $\sigma \mapsto \sigma_2 \in X_1$. Wegen $X_1 \sqsubseteq X_2$ gilt dann aber auch $(\exists\sigma)(\sigma_1 \mapsto \sigma \in g \wedge \sigma \mapsto \sigma_2 \in X_2)$. Damit folgt aber insgesamt, dass $\sigma_1 \mapsto \sigma_2 \in FX_2$ gilt.

Aus $X_1 \sqsubseteq X_2$ folgt also $FX_1 \sqsubseteq FX_2$; wir haben die Monotonie bewiesen. Für jede Kette $X_0 \sqsubseteq X_1 \sqsubseteq X_2 \sqsubseteq \ldots$ aus D mit kleinster oberer Schranke $\bigsqcup_{i \geq 0} X_i$ gilt damit $(\forall j \geq 0)(FX_j \sqsubseteq F(\bigsqcup_{i \geq 0} X_i))$. Also gilt insgesamt

$$\bigsqcup_{i \geq 0} FX_i \sqsubseteq F(\bigsqcup_{i \geq 0} X_i). \tag{3.1}$$

Sei nun $X_0 \sqsubseteq X_1 \sqsubseteq X_2 \sqsubseteq \ldots$ eine aufsteigende Kette aus D mit kleinster oberer Schranke $X := \bigsqcup_{i \geq 0} X_i$. Sei $FX = \{\sigma \mapsto \sigma \mid [\![B]\!]\sigma = \text{False}\} \cup S$ mit $S := \{\sigma_1 \mapsto \sigma_2 \mid [\![B]\!]\sigma_1 = \text{True} \wedge \sigma_2 = X(g\sigma_1)\}$. Sei weiter $FX_i = \{\sigma \mapsto \sigma \mid [\![B]\!]\sigma = \text{False}\} \cup S_i$ mit $S_i := \{\sigma_1 \mapsto \sigma_2 \mid [\![B]\!]\sigma_1 = \text{True} \wedge \sigma_2 = X_i(g\sigma_1)\}$, $i \geq 0$. Mit (3.1) genügt es für den Beweis von F stetig noch $S \subseteq \bigcup_{i \geq 0} S_i$ zu zeigen: Sei $\sigma_1 \mapsto \sigma_2 \in S$. Dann gibt es ein σ mit $\sigma_1 \mapsto \sigma \in g$ und $\sigma \mapsto \sigma_2 \in X$. Dann gilt aber für ein $i \in \mathbb{N}_0$, dass es ein σ gibt mit $\sigma_1 \mapsto \sigma \in g$ und $\sigma \mapsto \sigma_2 \in X_i$. Wegen $[\![B]\!]\sigma_1 = \text{True}$ folgt weiter $\sigma_1 \mapsto \sigma_2 \in S_i$. Damit ist jedes Element aus S auch Element der Vereinigung der S_i und es gilt entsprechend der Definitionen von S und der S_i

$$FX = \underbrace{F(\bigsqcup_{i \geq 0} X_i) \sqsubseteq \bigsqcup_{i \geq 0} FX_i}_{} = \bigcup_{i \geq 0} FX_i.$$

Umkehrung von (3.1); damit kann nur noch die Gleichheit gelten.

$\square$

Da $(D, \sqsubseteq)$ eine vollständige partielle Ordnung und F eine stetige Funktion auf D sind, folgt mit dem Fixpunktsatz von KLEENE, dass F einen kleinsten Fixpunkt besitzt. Die Gleichung $X = FX$ von oben besitzt somit nicht nur eine Lösung, sondern sogar eine kleinste Lösung $X = \bigsqcup_{i \geq 0} F^i \bot$ mit $\bot \equiv \Phi$. Diese wählen wir als Semantik der **While**-Schleife.

Satz 3.6
Folgende drei Aussagen sind äquivalent:

1. $Q \mid \sigma_1 \rightarrow^* \varepsilon \mid \sigma_2$,

2. $\vdash Q \mid \sigma_1 \mapsto \sigma_2$,

3. $\sigma_1 \mapsto \sigma_2 \in [\![Q]\!]$.

Beweis: Die Äquivalenz (1) $\Leftrightarrow$ (2) wurde bereits im vorherigen Abschnitt bewiesen.
(2) $\Rightarrow$ (3): Wir führen eine Induktion nach der Tiefe d eines Beweisbaumes T_B.
Anker $d = 0$ (T_B besteht nur aus einem Blatt):

- Für $Q \equiv \varepsilon$ gilt $\vdash Q \mid \sigma \mapsto \sigma$ (Axiom 3) und $[\![Q]\!]\sigma = \sigma$.

- Für $Q \equiv x := E$; gilt $\vdash Q \mid \sigma \mapsto \sigma \oplus \{x \mapsto [\![E]\!]\sigma\}$ (Axiom 4) und $[\![Q]\!]\sigma = \sigma \oplus \{x \mapsto [\![E]\!]\sigma\}$.

Schritt: Gelte die Aussage für Beweisbäume mit einer Tiefe $< d$. Wir vollziehen eine Fallunterscheidung nach der letzten angewandten Regel und bemerken, dass die Prämissen der jeweiligen Regel stets Beweise mit einer Tiefe $< d$ haben.

- Für $Q \equiv S; Q'$ lautet die entsprechende Regel (Conc) der Big-Step-Semantik

$$\frac{S; \mid \sigma_1 \mapsto \sigma, \quad Q' \mid \sigma \mapsto \sigma_2}{S; Q' \mid \sigma_1 \mapsto \sigma_2}.$$

Nach Induktionsannahme gilt $[\![S;]\!]\sigma_1 = \sigma$ und $[\![Q']\!]\sigma = \sigma_2$ womit

$$[\![S; Q']\!]\sigma_1 = [\![Q']\!]([\![S;]\!]\sigma_1) = [\![Q']\!]\sigma = \sigma_2$$

folgt.

- Zu $Q \equiv$ **While** B **do** Q' **end**; gehören die beiden Regeln While1 bzw. While2 der Big-Step-Semantik, welche lauten

$$\frac{[\![B]\!]\sigma_1 = \text{True}, \quad Q' \mid \sigma_1 \mapsto \sigma, \quad Q \mid \sigma \mapsto \sigma_2}{Q \mid \sigma_1 \mapsto \sigma_2} \quad \text{bzw.}$$

$$\frac{[\![B]\!]\sigma_1 = \text{False}}{\textbf{While } B \textbf{ do } Q' \textbf{ end}; \mid \sigma_1 \mapsto \sigma_1}.$$

Nach Induktionsannahme gelten $[\![Q']\!]\sigma_1 = \sigma$ und $[\![Q]\!]\sigma = \sigma_2$. Damit folgt

$$[\![Q]\!]\sigma_1 = F[\![Q]\!]\sigma_1 = \begin{cases} [\![Q]\!]([\![Q']\!]\sigma_1) = [\![Q]\!]\sigma = \sigma_2 & \text{falls } [\![B]\!]\sigma_1 = \text{True} \\ \sigma_1 & \text{falls } [\![B]\!]\sigma_1 = \text{False} \end{cases}.$$

- Für $Q \equiv$ **If** B **then** Q_1 **else** Q_2 **end**; wird der Beweis in der 7. Aufgabe des aktuellen Kapitels geführt.

(3) $\Rightarrow$ (2): Wir führen eine strukturelle Induktion, die wir an der leeren Anweisung und der Zuweisung verankern:

- $Q \equiv \varepsilon$: Es gilt $[\![Q]\!]\sigma = \sigma$ (Identität) und $\vdash Q \mid \sigma \mapsto \sigma$ nach Axiom 3.

- $Q \equiv x := E;$: Nach Definition von $[\![\cdot]\!]$ ist $[\![Q]\!]\sigma = \sigma \oplus \{x \mapsto [\![E]\!]\sigma\}$ und nach Axiom 4 gilt
  $\vdash Q \mid \sigma \mapsto \sigma \oplus \{x \mapsto [\![E]\!]\sigma\}$.

Wir vollziehen den Induktionsschritt:

- $Q \equiv S; Q'$: Für $\sigma_1 \mapsto \sigma_2 \in [\![S; Q']\!]$ gilt $[\![Q']\!]([\![S;]\!]\sigma_1) = \sigma_2$ nach der Definition der denotationellen Semantik $[\![\cdot]\!]$ (Komposition). Also gibt es eine Variablenbelegung σ mit $\sigma = [\![S;]\!]\sigma_1$ und $\sigma_2 = [\![Q']\!]\sigma$. Die Induktionsannahme impliziert nun $\vdash S; \mid \sigma_1 \mapsto \sigma$ und $\vdash Q' \mid \sigma \mapsto \sigma_2$. Nach der Conc-Regel folgt dann aber $\vdash Q \mid \sigma_1 \mapsto \sigma_2$, was zu zeigen war.

- $Q \equiv \textbf{While } B \textbf{ do } Q' \textbf{ end};$: Wir haben die denotationelle Semantik der **While**-Schleife als den kleinsten Fixpunkt unserer rekursiven Definition eingeführt, für den nach dem Satz von KLEENE die Darstellung $[\![Q]\!] = \bigsqcup_{i \geq 0} [\![Q]\!]_i$ existiert, mit $[\![Q]\!]_i = F^i \bot$. Wir führen eine Induktion nach der Anzahl Iterationen i, wobei wir annehmen, dass $\sigma_1 \mapsto \sigma_2 \in [\![Q]\!]_i$ gilt:
  Anker $i = 1$: Es ist $[\![B]\!]\sigma_1 = \textsf{False}$, da für $i = 0$ der Rumpf Q' der Schleife nicht ausgeführt werden darf. Also ist $[\![Q]\!]_1\sigma_1 = \sigma_1$ und nach Regel While2 gilt $\vdash Q \mid \sigma_1 \mapsto \sigma_1$.
  Schritt $i > 1$: Hier muss $[\![B]\!]\sigma_1 = \textsf{True}$ gelten und es ist

$$[\![Q]\!]_i\sigma_1 = F^i \bot \sigma_1 = F(F^{i-1} \bot)\sigma_1 = (F^{i-1} \bot)(g\sigma_1) = [\![Q]\!]^{i-1}([\![Q']\!]\sigma_1).$$

Also gibt es eine Variablenbelegung σ mit $[\![Q']\!]\sigma_1 = \sigma$ und $[\![Q]\!]_{i-1}\sigma = \sigma_2$. Nach Induktionsannahme gilt dann aber $\vdash Q' \mid \sigma_1 \mapsto \sigma$ und $\vdash Q \mid \sigma \mapsto \sigma_2$. Mit der While1-Regel folgt daraus letztlich $\vdash Q \mid \sigma_1 \mapsto \sigma_2$, was zu zeigen war.

- $Q \equiv \textbf{If } B \textbf{ then } Q_1 \textbf{ else } Q_2 \textbf{ end};$: Auch hier wollen wir den Fall der bedingten Anweisungen als Übungsaufgaben betrachten.

$\square$

Damit haben wir gesehen, dass für unsere Beispiel-Programmiersprache alle drei Semantik-Ansätze äquivalent sind. Doch wozu betrachtet man dann überhaupt unterschiedliche Wege zur Festlegung einer Semantik? Dafür gibt es verschiedene Gründe. Zum einen, gibt es Programmiersprachen, für die die drei Ansätze nicht äquivalent sind. Zum anderen besitzen die verschiedenen Ansätze unterschiedliche Stärken und Schwächen. So können wir für die Big-Step-Semantik nicht unterscheiden, ob ein *abnormaler* Programmabbruch vorliegt oder wir kein Ergebnis aufgrund einer Endlosschleife erhalten. Bei der Small-Step-Semantik wird ersteres Verhalten durch eine Berechnung reflektiert, für deren letzte Konfiguration keine definierte Nachfolgekonfiguration existiert, wogegen eine Endlosschleife zu einer unendlichen Berechnung führt. Erweitert man unsere Beispiel-Programmiersprache um das Konstrukt $(Q_1 \textbf{ or } Q_2)$ für das wir nichtdeterministisch auswählen können, ob Programmfragment Q_1 oder Programmfragment Q_2 ausgeführt werden soll, so können wir dieses Verhalten für die Big-Step-Semantik durch die beiden zusätzlichen Regeln

$$\frac{Q_1 \mid \sigma_1 \mapsto \sigma_2}{(Q_1 \textbf{ or } Q_2) \mid \sigma_1 \mapsto \sigma_2} \text{ und}$$

$$\frac{Q_2 \mid \sigma_1 \mapsto \sigma_2}{(Q_1 \textbf{ or } Q_2) \mid \sigma_1 \mapsto \sigma_2}$$

erreichen. Für die Small-Step-Semantik definieren wir entsprechend

$$(Q_1 \operatorname{or} Q_2); Q \mid \sigma_1 \to Q_1; Q \mid \sigma_1 \text{ und}$$

$$(Q_1 \operatorname{or} Q_2); Q \mid \sigma_1 \to Q_2; Q \mid \sigma_1.$$

Betrachtet man die resultierenden Semantiken genauer, so erkennt man, dass der Nichtdeterminismus in der Big-Step-Semantik eine Endlosschleife immer vermeiden wird, falls dies möglich ist, wogegen der Nichtdeterminismus in der Small-Step-Semantik auch in eine Endlosschleife hineinläuft, wenn dies vermieden werden kann. Wollen wir unsere Programmiersprache mit der Möglichkeit versehen, mehrere Programmfragmente parallel auszuführen, so ermöglicht die Small-Step-Semantik ein *Interleaving* der verschiedenen Berechnungen, d. h. es können Wechselwirkungen erzeugt werden z.B. dadurch, dass beide Berechnungen eine gemeinsame Variable verwenden. Dann hängt es von der Ausführungsreihenfolge ab, welches Resultat entsteht. Für die Big-Step-Semantik ist die Ausführung jeweils eines der parallelisierten Programmfragmente eine atomare Einheit, so dass ein Interleaving unmöglich ist (für Details sei an die 9. Aufgabe verwiesen). Als letzten Unterschied wollen wir hervorheben, dass unterschiedliche Programmiersprachen verschieden gut zu den drei Semantik-Ansätzen passen. So lassen sich die denotationellen Semantik und die Small-Step-Semantik gut durch eine funktionale Programmiersprache implementieren, für die Big-Step-Semantik gilt dies nicht.

3.3 **Programmverifikation**

Nachdem wir nun Wege kennengelernt haben, die Bedeutung eines Programmes unmißverständlich festzulegen, stellt sich die Frage, ob es damit auch möglich ist, zu beweisen, dass ein Programm tatsächlich den Effekt erzielt, den es erzielen soll. Dabei haben wir bisher stets die Situation betrachtet, dass ein Programm für eine feste Initialbelegung der Variablen ausgeführt wird. Für den Beweis der Korrektheit eines Programmes wollen wir diese aber für alle möglichen bzw. alle uns interessierenden Eingaben nachweisen. Entsprechend ist unser Ziel der Beweis von Aussagen der Art:

> Falls vor der Ausführung eines Programmes Q für eine Variable x stets $x \le 1$ gilt,
> dann gilt nach der Ausführung von Q immer $x > 17$ (sofern Q terminiert).

Wir sind also an Invarianten interessiert; die wir mittels sog. HOARE-Tripel $\{V\}Q\{N\}$ darstellen (vorherige Beispiel-Invariante korrespondiert mit dem Tripel $\{x \le 1\}Q\{x > 17\}$). Wir bezeichnen V in $\{V\}Q\{N\}$ als die *Vorbedingung* (*Precondition*) und N als die *Nachbedingung* (*Postcondition*); V und N heißen auch *Zusicherungen*. Dabei legt die Vorbedingung V die Menge aller Variablenbelegungen σ fest, die V erfüllen (symbolisch $\sigma \models V$); wir schreiben $\models V$, falls V für jede Variablenbelegung erfüllt ist, also $(\forall \sigma)(\sigma \models V)$ gilt. Im Beispiel oben gilt $\sigma \models V \quad \leftrightarrow \quad (\sigma x) \le 1$. Insbesondere fordern wir für $\models$:

- $\sigma \models$ True für jede Variablenbelegung σ,

- $\sigma \models$ False für keine Variablenbelegung σ,

- $\sigma \models B \quad \leftrightarrow \quad [\![B]\!]\sigma = \mathsf{True}$ für einen BOOLEschen Ausdruck B.

Definition 3.22

Die Aussage $\{V\}Q\{N\}$ heißt *(partiell) korrekt* (Notation $\models \{V\}Q\{N\}$), falls für alle σ_1 mit $\sigma_1 \models V$ gilt:

$$Q \mid \sigma_1 \mapsto \sigma_2 \quad \curvearrowright \quad \sigma_2 \models N.$$

Es ist dabei zu beachten, dass wir mit dieser Definition keine Aussage dazu machen, was für den Fall dass Q nicht terminiert zu gelten hat!

Beispiel 3.9

Betrachte die Endlosschleife $Q \equiv \mathbf{While}$ (True) **do** ε **end**; Für sie gilt das Tripel $\{\mathsf{True}\}Q\{\mathsf{False}\}$ und damit sogar $\{\mathsf{True}\}Q\{N\}$ für beliebige Aussagen N. Der Grund hierfür ist einfach: Damit $\{V\}Q\{N\}$ gilt, fordern wir nur, dass wenn Q in einem die Vorbedingung V erfüllenden Zustand ausgeführt wird **und** Q **hält**, der resultierende Zustand Bedingung N erfüllt; wenn Q aber nicht anhält, ist $\{V\}Q\{N\}$ korrekt, was immer die Aussage der Nachbedingung auch ist.

Betrachte $Q \equiv \mathbf{While}$ $(x \leq 2)$ **do** ε **end**; Hier gilt $\{\mathsf{True}\}Q\{x > 2\}$, da Q nur für $x > 2$ terminiert. Würden wir hier eine Nachbedingung angeben, die für x Werte ≤ 2 fordern, so würden die Eingaben, für die Q terminiert, einen Widerspruch zur Nachbedingung hervorrufen.

Enthält eine Aussage A eine Variable x, so repräsentieren wir die Aussage, die dadurch entsteht, dass x uniform durch einen Ausdruck E ersetzt wird, durch $A[E/x]$. Mit dieser Notation können wir nun ein Kalkül angeben, das den Beweis der partiellen Korrektheit von Programmen erlaubt. Ein solches Kalkül heißt auch HOARE-*Logik*.

Definition 3.23

Die HOARE-*Logik* hat folgende Axiome:

1. $\dfrac{}{\{A\}\varepsilon\{A\}}$ (Skip)

2. $\dfrac{}{\{A[E/x]\}x := E;\{A\}}$ (Assign)

Weitere Regeln sind:

Conc $\quad \dfrac{\{A\}S;\{C\}, \quad \{C\}Q\{F\}}{\{A\}S;Q\{F\}}$

If $\quad \dfrac{\{A \wedge B\}Q_1\{C\}, \quad \{A \wedge \neg B\}Q_2\{C\}}{\{A\}\mathbf{if}\ B\ \mathbf{then}\ Q_1\ \mathbf{else}\ Q_2\ \mathbf{end};\{C\}}$

While $\quad \dfrac{\{A \wedge B\}Q\{A\}}{\{A\}\mathbf{While}\ B\ \mathbf{do}\ Q\ \mathbf{end};\{A \wedge \neg B\}}$

Weak $\quad \dfrac{\models A \Rightarrow A', \quad \{A'\}Q\{C'\}, \quad \models C' \Rightarrow C}{\{A\}Q\{C\}}$

Dabei gilt $\models A \Rightarrow C$ genau dann, wenn für alle σ gilt: $\sigma \models A \Rightarrow \sigma \models C$.

Die Weak-Regel bedeutet anschaulich, dass die Vorbedingung stets *verstärkt* und die Nachbedingung stets *abgeschwächt* werden kann, ohne die Korrektheit zu beeinflussen. Die Aussage A der While-Regel bezeichnet man als Schleifeninvariante; in den meisten Fällen ist es enorm schwer, sie zu bestimmen. Gibt es in der HOARE-Logik einen Beweis für $\{V\}Q\{N\}$, dann schreiben wir

$\vdash \{V\}Q\{N\}$ (ein Beweis ist dabei wie zuvor durch einen einwachsenden Baum gegeben, dessen Blätter alle Axiome sind etc.). Der folgende Satz garantiert uns dabei, dass keine falschen Aussagen mittels der HOARE-Logik herleitbar sind (man sagt dann, ein Beweissystem ist *sound*).

Satz 3.7

$\vdash \{V\}Q\{N\}$ impliziert $\models \{V\}Q\{N\}$.

Beweis: Für den Beweis des Satzes führen wir eine Induktion über den Beweisbaum T für $\{V\}Q\{N\}$:

Besteht T nur aus einem Blatt, dann sind zwei Fälle möglich:

- $Q \equiv \varepsilon$: Hier besteht der Beweisbaum nur aus dem Skip-Axiom und $\vdash \{V\}Q\{N\}$ impliziert $V = N$. Für das leere Programm gilt aber $\varepsilon \mid \sigma_1 \mapsto \sigma_2 \curvearrowright \sigma_1 \equiv \sigma_2$ und mit $\sigma_1 \models V$ folgt damit $\sigma_1 = \sigma_2 \models N = V$.

- $Q \equiv x := E;$: Es gelte $\sigma_1 \models A[E/x]$ und es sei $\sigma_2 = \sigma_1 \oplus \{x \mapsto [\![E]\!]\sigma_1\}$. Zu zeigen ist dann $\sigma_2 \models A$ (siehe Assign-Axiom der HOARE-Logik): Wir betrachten den Ausdruck E', der in A vorkommt und in dem jedes Vorkommen von x durch den Ausdruck E ersetzt wird.
  1. Fall, E' ist Integerausdruck: Hier kann man mittels struktureller Induktion zeigen, dass $[\![E']\!]\sigma_2 = [\![E'[E/x]]\!]\sigma_1$ gilt (der Beweis sei dem interessierten Leser zur Übung belassen).
  2. Fall, E' ist BOOLEscher Ausdruck: Für $E' \equiv B_1 \circ B_2$, $\circ \in \{=, <\}$, gilt dann nach Definition der Semantik für BOOLSCHE Ausdrücke $[\![E']\!]\sigma_2 = [\![B_1 \circ B_2]\!]\sigma_2 = ([\![B_1]\!]\sigma_2) \circ ([\![B_2]\!]\sigma_2) = ([\![B_1[E/x]]\!]\sigma_1) \circ ([\![B_2[E/x]]\!]\sigma_1) = [\![B_1[E/x] \circ B_2[E/x]]\!]\sigma_1$. Die BOOLEschen Ausdrücke mit $\circ \in \{\neg, \wedge, \vee\}$ können analog behandelt werden.

Besteht T nicht nur aus einem Blatt, so unterscheiden wir nach der zuletzt angewandten Regel:

- **Weak:** $$\frac{\models A \Rightarrow A', \quad \{A'\}Q\{C'\}, \quad \models C' \Rightarrow C}{\{A\}Q\{C\}}$$

  Es gelte $\vdash \{A'\}Q\{C'\}$ und σ_1 sei eine Variablenbelegung mit $\sigma_1 \models A$. Wegen $\models A \Rightarrow A'$ gilt dann aber auch $\sigma_1 \models A'$. Ist nun der Effekt von Q durch $Q \mid \sigma_1 \mapsto \sigma_2$ gegeben, dann gilt nach Induktionsannahme[3] $\sigma_2 \models C'$ und damit auch $\sigma_2 \models C$ (wegen $\models C' \Rightarrow C$).

- **Conc:** $$\frac{\{A\}S;\{C\}, \quad \{C\}Q\{F\}}{\{A\}S;Q\{F\}}$$

  Es gelten $\{A\}S;\{C\}$ und $\{C\}Q\{F\}$ und es sei $S;Q \mid \sigma_1 \mapsto \sigma_2$ für $\sigma_1 \models A$. Dann gibt es eine Variablenbelegung σ mit $S; \mid \sigma_1 \mapsto \sigma$ und $Q \mid \sigma \mapsto \sigma_2$. Nach Induktionsvoraussetzung gilt aber für $\{A\}S;\{C\}$ dann $\sigma \models C$ und entsprechend gilt nach Induktionsvoraussetzung für $\{C\}Q\{F\}$ schließlich $\sigma_2 \models F$.

- **If:** $$\frac{\{A \wedge B\}Q_1\{C\}, \quad \{A \wedge \neg B\}Q_2\{C\}}{\{A\} \, \mathbf{if} \, B \, \mathbf{then} \, Q_1 \, \mathbf{else} \, Q_2 \, \mathbf{end};\{C\}}$$

  Es gelten $\{A \wedge B\}Q_1\{C\}$ und $\{A \wedge \neg B\}Q_2\{C\}$ und es sei $\mathbf{if} \, B \, \mathbf{then} \, Q_1 \, \mathbf{else} \, Q_2 \, \mathbf{end}; \mid \sigma_1 \mapsto$

---

[3]Bei der Art Induktion wie wir sie hier führen, besagt die Induktionsannahme, dass die Aussage des Satzes für alle Prämissen der gerade betrachteten Regeln gilt und wir müssen sie im Induktionsschritt auf die Konklusion fortsetzen.

σ_2 für $\sigma_1 \models A$.

1. Fall, $\sigma_1 \models B$: Dann gilt insbesondere $\sigma_1 \models A \wedge B$ und wegen $[\![B]\!]\sigma_1 = \text{True}$ folgt $Q_1 \mid \sigma_1 \mapsto \sigma_2$. Nach Induktionsannahme für $\{A \wedge B\}Q_1\{C\}$ gilt dann $\sigma_2 \models C$

2. Fall, $\sigma_1 \models \neg B$: Hier schließt man mit $\sigma_1 \models A \wedge \neg B$ auf Basis der Induktionsannahme für $\{A \wedge \neg B\}Q_2\{C\}$ analog auf $\sigma_2 \models C$.

- While: $$\frac{\{A \wedge B\}Q\{A\}}{\{A\}\,\textbf{While}\ B\ \textbf{do}\ Q\ \textbf{end};\{A \wedge \neg B\}}$$

Es gelte $\{A \wedge B\}Q\{A\}$ und es sei $\underbrace{\textbf{While}\ B\ \textbf{do}\ Q\ \textbf{end};\mid \sigma_1 \mapsto \sigma_2}_{(*)}$ für $\sigma_1 \models A$. Wir zeigen

$\sigma_2 \models A \wedge \neg B$ durch eine Induktion nach der Tiefe d eines Beweisbaumes für $(*)$:

- Anker $d = 1$: In diesem Fall darf die Schleife nicht iteriert werden und es muss folglich $[\![B]\!]\sigma_1 = \text{False}$ gelten. Folglich gilt $\sigma_1 \models \neg B$ und es folgt $\sigma_1 \equiv \sigma_2$. Mit $\sigma_1 \models A$ folgt damit die Induktionsannahme.

- Schritt $d > 1$: In diesem Fall wird die Schleife mindestens einmal iteriert und gibt eine Variablenbelegung σ die aus der ersten Iteration resultiert, mit

  (a) $\sigma_1 \models B$,

  (b) $Q \mid \sigma_1 \mapsto \sigma$, und

  (c) $\textbf{While}\ B\ \textbf{do}\ Q\ \textbf{end};\mid \sigma \mapsto \sigma_2$ mit einem kürzen Beweis.

Wegen (a) und $\sigma_1 \models A$ gilt $\sigma_1 \models A \wedge B$. Aus (b) und der Induktionsvoraussetzung (der *äußeren* Induktion) folgt $\sigma \models A$ und letztlich impliziert (c) zusammen mit der Induktionsannahme (der *inneren* Induktion) $\sigma_2 \models A \wedge \neg B$.

$\square$

Beispiel 3.10

Wir betrachten $Q \equiv \textbf{While}\ (x \neq 0)\ \textbf{do}\ y := y * x;\ x := x - 1;\ \textbf{end};$
Wir zeigen für dieses Programm, dass $\models \{V\}Q\{N\}$ für die Vorbedingung $V \equiv (x = n) \wedge (y = 1)$ und die Nachbedingung $N \equiv (y = n * (n-1) * \cdots * 1)$ (d. h. $y = n!$) gilt.
Um die While-Regel anwenden zu können, müssen wir die Vorbedingung geeignet verstärken und die Nachbedingung abschwächen:

$$\frac{\overbrace{\models V \Rightarrow C}^{P_1},\quad \{C\}Q\{C \wedge \neg B\},\quad \overbrace{\models (C \wedge \neg B) \Rightarrow N}^{P_2}}{\{V\}Q\{N\}}.$$

Nun können wir auf $\{C\}Q\{C \wedge \neg B\}$ mit Schleifeninvariante C die While-Regel anwenden und die Schleife auflösen:

$$\frac{\{C \wedge B\}y := y * x;\ x := x - 1;\{C\}}{\{C\}Q\{C \wedge \neg B\}}.$$

Die Conc-Regel zerlegt jetzt den Schleifenrumpf und führt dabei eine neue Aussage F ein:

$$\frac{\overbrace{\{C \wedge B\}y := y * x;\{F\}}^{A_1},\quad \{F\}x := x - 1;\{C\}}{\{C \wedge B\}y := y * x;\ x := x - 1;\{C\}}.$$

Wie wir unten sehen werden, müssen wir noch einmal mit der Weak-Regel abschwächen:

$$\frac{\overbrace{\{F\}x:=x-1;\{G\}}^{A_2}, \quad \overbrace{\models G \Rightarrow C}^{P_3}}{\{F\}x:=x-1;\{C\}}.$$

Nachdem wir so die Struktur des Beweisbaumes bestimmt haben, müssen wir noch die Aussagen C, F und G angeben. Es gilt

$$
\begin{aligned}
C &\equiv (y = n*(n-1)*\cdots*(x+1)) \text{ (d. h. } y = n!/x!), \\
F &\equiv (y = n*(n-1)*\cdots*(x+1)*x) \wedge (x \neq 0), \text{ und} \\
G &\equiv (y = n*(n-1)*\cdots*(x+1)) \wedge (x \neq -1).
\end{aligned}
$$

Um uns nun davon zu überzeugen, dass wir eine zulässige Wahl für diese Aussagen getroffen haben, müssen wir die Aussagen P_i, $i \in \{1,2,3\}$ und die Axiome A_1 und A_2 überprüfen:

- Betrachte P_1: Ein σ mit $\sigma \models V$ legt $x = n$ und $y = 1$ fest. Setzen wir diese Werte in $y = n*(n-1)* \cdots *(x+1)$ ein, so folgt eine wahre Aussage, da das leere Produkt definitionsgemäß gleich 1 ist.

- Betrachte P_2: Für ein σ, für das $(y = n*(n-1)* \cdots *(x+1))$ und $\neg(x \neq 0)$ gilt, muss $x = 0$ sein und damit $y = n!$. Entsprechend ist N erfüllt.

- Betrachte P_3: Diese Aussage gilt offensichtlich, da C als verundete Teilaussage in G auftritt.

- Betrachte A_1: Wenn für eine Variablenbelegung σ gilt, dass $\sigma \models C \wedge B$, so haben wir zu zeigen, dass die Belegung $\sigma' = \sigma \oplus \{y \mapsto [\![y*x]\!]\sigma\}$ dann F erfüllt. In F sind also im Verglich zu $C \wedge B$ alle Vorkommen von y durch $y*x$ ersetzt, wir betrachten also bzgl. σ den Ausdruck $F[y*x/y]$. Dabei gilt $F[y*x/y] \equiv (y*x = n* \cdots *(x+1)*x) \wedge (x \neq 0) \leftrightarrow (y = n* \cdots *(x+1)) \wedge (x \neq 0) \equiv C \wedge B$, was zu zeigen war.

- Betrachte A_2: Aus den gleichen Gründen wie zuvor, entspricht $G[x-1/x]$ dem Wert von G bzgl. der für F vorliegenden Variablenbelegung. Dabei gilt $G[x-1/x] \equiv (y = n* \cdots *(x-1+1)) \wedge ((x-1) \neq -1) \leftrightarrow (y = n* \cdots *x) \wedge (x \neq 0) \equiv F$.

Es sei noch bemerkt, dass Q für $n < 0$ nicht terminiert. Dieser Umstand bleibt hier jedoch unberücksichtigt (partielle Korrektheit).

Man erkennt an diesem Beispiel sehr gut, dass wir nur dann interessante Eigenschaften unserer Programme beweisen könne, wenn die uns zur Verfügung stehenden Formeln ausdrucksstark genug sind, um Aussagen wie etwa $y = n*(n-1)* \cdots *(x+1)$ formulieren zu können. Deshalb führen wir Prädikate ein, wie etwa das dreistellige Prädikat P passend zu vorherigem Beispiel:

$$(\forall n,x,y): (\mathsf{P}(n,x,y) :\Leftrightarrow (n=x) \wedge (y=1) \vee (n>x) \wedge (\exists z: \mathsf{P}(n,x+1,z) \wedge (y = z*(x+1)))).$$

Wir erlauben also die Quantifizierung von Variablen und müssen des Weiteren für die Syntax unserer Ausdrücke entsprechend Prädikatsymbole wie P(...) zulassen. Eine Variablenbelegung σ erfüllt eine Aussage A dann nur noch relativ einer geeigneten Interpretation I der Prädikatsymbole. Für ein n-stelliges Pradikatsymbol P ist eine Interpretation von P dabei eine Teilmenge von $\mathbb{Z}^n$, die wir als IP notieren wollen. Wir schreiben dann $\sigma \models_I A$, wenn die Variablenbelegung σ bei Interpretation I die Aussage A erfüllt.

Beispiel 3.11
Berechnung des ggT:

$Q \equiv$ **While** $(x \neq y)$ **do**

        If $(x > y)$ **then**

           $x := x - y;$

        else

           $y := y - x;$

        end;

      end;

Mit $V \equiv (x > 0) \wedge (y > 0) \wedge (\mathsf{ggT}(x,y) = d)$, $N \equiv (d > 0) \wedge (x = d) \wedge (x = y)$ und $B \equiv (x \neq y)$ gilt

$$\frac{\{V\}Q\{V \wedge \neg B\}, \quad \models (V \wedge \neg B) \Rightarrow N}{\{V\}Q\{N\}},$$

durch Abschwächen der Nachbedingung. Die While-Regel liefert dann

$$\frac{\{V \wedge B\}\textbf{If } (x > y) \textbf{ then } x := x - y; \textbf{ else } y := y - x; \textbf{ end}; \{V\}}{\{V\}Q\{V \wedge \neg B\}}.$$

Mit Hilfe der If-Regel können wir nun

$$\frac{\overbrace{\{V \wedge B \wedge (x > y)\}x := x - y; \{V\}}^{A_1}, \quad \overbrace{\{V \wedge B \wedge (x \leq y)\}y := y - x; \{V\}}^{A_2}}{\{V \wedge B\}\textbf{If } (x > y) \textbf{ then } x := x - y; \textbf{ else } y := y - x; \textbf{ end}; \{V\}}$$

folgern, wobei die Axiome A_1 und A_2 leicht bewiesen werden können, indem man $\mathsf{ggT}(x,y) = d$ alleine durch BOOLEsche Ausdrücke und Quantoren darstellt (siehe 10. Aufgabe).

Bleibt die Frage nach der Vollständigkeit der HOARE-Logik d. h. die Frage danach, ob **alle** korrekten Aussagen $\models \{V\}Q\{N\}$ auch bewiesen werden können. Die Antwort auf diese Frage hängt davon ab, wie ausdrucksstark die Sprache $\mathscr{L}$ ist, mittels der wir unsere Zusicherungen formulieren.

Definition 3.24

Für ein Programm Q und seine Nachbedingung N nennen wir V eine schwächste Vorbedingung (Notation $V = svb(Q,N)$), falls gilt:

1. $\models \{V\}Q\{N\}$,

2. gilt $\models \{V'\}Q\{N\}$, dann gilt auch $\models V' \Rightarrow V$.

Anschaulich ist $V = svb(Q,N)$ also die *schwächste* Voraussetzung an eine Variablenbelegung σ_1, damit für $Q \mid \sigma_1 \mapsto \sigma_2$ auch σ_2 die Nachbedingung N erfüllt. im Allgemeinen muss es kein V mit dieser Eigenschaft geben. Wir definieren aber:

Definition 3.25

Eine Beschreibungssprache $\mathscr{L}$ für Ausdrücke heißt dann *expressiv*, falls $svb(Q,N)$ für alle Programme Q und alle $N \in \mathscr{L}$ existiert.

Mit den expressiven Beschreibungssprachen haben wir eine Enschränkung gefunden, für die die HOARE-Logik vollständig ist.

Satz 3.8

Ist $\mathscr{L}$ expressiv, dann ist die HOARE-Logik auch vollständig (d. h. gilt $\models \{V\}Q\{N\}$, dann gibt es auch einen Beweis $\vdash \{V\}Q\{N\}$).

Beweis: Wir führen eine Induktion nach der Struktur von Q:

- $Q \equiv \varepsilon$: Es gilt $\sigma \models V$. Mit $Q \equiv \varepsilon$ folgt offensichtlich $Q \mid \sigma \mapsto \sigma$. Damit gilt mit der Voraussetzung der Aussage, die wir beweisen wollen, auch $\sigma \models N$. Also gilt $\models V \Rightarrow N$ und folgender Beweis ist korrekt (Skip-Axiom und Weak-Regel):

$$\frac{\models V \Rightarrow N, \quad \{N\}Q\{N\}}{\{V\}Q\{N\}}.$$

- $Q \equiv x := E;$: Es gelte $\sigma \models V$. Dann folgt aus $\models \{V\}Q\{N\}$ aber $\sigma \oplus \{x \mapsto [\![E]\!]\sigma\} \models N$. Folglich gilt $\sigma \models N[E/x]$ und damit auch $\models V \Rightarrow N[E/x]$. Da nun $\{N[E/x]\}Q\{N\}$ ein Axiom ist, ist folgender Beweis korrekt:

$$\frac{\models V \Rightarrow N[E/x], \quad \{N[E/x]\}Q\{N\}}{\{V\}Q\{N\}}.$$

- $Q \equiv$ **If** B **then** Q_1 **else** Q_2 **end**;: Es gelte $\sigma_1 \models V \wedge B$ und $Q_1 \mid \sigma_1 \mapsto \sigma_2$. Dann gilt insbesondere $\sigma \models V$ und $[\![B]\!]\sigma_1 = \text{True}$. Es folgt $Q \mid \sigma_1 \mapsto \sigma_2$ und damit $\sigma_2 \models N$ (nach der Voraussetzung der zu beweisenden Aussage). Wir schließen $\models \{A \wedge B\}Q_1\{N\}$. Wegen der Induktionsvoraussetzung gibt es aber einen Beweis für $\{A \wedge B\}Q_1\{N\}$, d. h. $\vdash \{A \wedge B\}Q_1\{N\}$ gilt. Analog können wir zeigen, dass ein Beweis für $\{A \wedge \neg B\}Q_2\{N\}$ existiert. Damit sind aber die Prämissen folgenden Beweises gezeigt:

$$\frac{\{A \wedge B\}Q_1\{N\}, \quad \{A \wedge \neg B\}Q_2\{N\}}{\{V\}Q\{N\}}.$$

- $Q \equiv S; Q'$ und $C = svb(Q', N)$: Wir zeigen $\models \{V\}S;\{C\}$ und $\models \{C\}Q'\{N\}$; letzteres gilt aufgrund der Definition von svb: Sei $S; \mid \sigma_1 \mapsto \sigma_2$, dann haben wir $\sigma_2 \models C$ zu zeigen.
  1. Fall, Q' bei Belegung σ_2 terminiert nicht: Dann gilt $\sigma_2 \models C$, weil wir in diesem Fall, wie wir schon gesehen haben, folgern können was immer wir wollen.
  2. Fall, Q' bei Belegung σ_2 terminiert: Hier gibt es eine Variablenbelegung σ mit $Q' \mid \sigma_2 \mapsto \sigma$ und für σ_1 mit $\sigma_1 \models V$ folgt aus $Q \mid \sigma_1 \mapsto \sigma$ dann $\sigma \models N$ (nach Voraussetzung). Damit folgt für jedes σ_1 mit $\sigma_1 \models V$, dass es durch $S;$ in eine Belegung σ_2 überführt wird, für die nach Ausführung von Q' stets N erfüllt ist. Damit gilt für $\sigma_1 \models V$ stets $\sigma_2 \models C$, da C die schwächste Bedingung an σ_2 ist, die N nach Ausführung von Q' garantiert. Wir können damit aus der Induktionsannahme und

$$\frac{\{V\}S;\{C\}, \quad \{C\}Q'\{N\}}{\{V\}Q\{N\}}$$

einen Beweis konstruieren.

- $Q \equiv$ **While** B **do** Q' **end**; : Sei $V_1 = svb(Q, N)$. Wir zeigen:

  1. $\models V \Rightarrow V_1$; dies gilt wegen der Definition von V_1 als schwächste Vorbedingung.

2. $\models \{V_1 \wedge B\}Q'\{V_1\}$: Es gelten $\sigma_1 \models V_1 \wedge B$ und $Q' \mid \sigma_1 \mapsto \sigma_2$. Zu zeigen ist dann $\sigma_2 \models V_1$, wobei wegen $\sigma_1 \models V_1 \wedge B$ im speziellen $\sigma_1 \models B$ gilt, weshalb nach der Ausführung von Q', also bzgl. σ_2 nach einer Iteration der Schleife, dann wieder ganz Q betrachtet wird:

1. Fall, Q auf σ_2 terminiert nicht; in diesem Fall können wir wieder beliebig folgern.

2. Fall, Q auf σ_2 terminiert: Dann gibt es eine Variablenbelegung σ mit $Q \mid \sigma_2 \mapsto \sigma$. Dabei gilt insbesondere auch $Q \mid \sigma_1 \mapsto \sigma$ und folglich $\sigma \models N$ nach Wahl von V_1 und $\sigma_1 \models V_1$. Damit gilt aber auch $\sigma_2 \models V_1$, was zu zeigen war.

3. $\models (V_1 \wedge \neg B) \Rightarrow N$: Es gelte $\sigma \models (V_1 \wedge \neg B)$. Dann wird die While-Schleife nicht ausgeführt und es gilt entsprechend $Q \mid \sigma \mapsto \sigma$. Wegen $\sigma \models V_1$ gilt dann nach Definition einer *svb* auch $\sigma \models N$.

Wir finden nun einen Beweis in

$$\frac{\models V \Rightarrow V_1, \quad \frac{\vdash \{V_1 \wedge B\}Q'\{V_1\}}{\{V_1\}Q\{V_1 \wedge \neg B\}}, \quad \models V_1 \wedge \neg B \Rightarrow N}{\{V\}Q\{N\}},$$

wobei wir den Beweis $\vdash \{V_1 \wedge B\}Q'\{V_1\}$ durch die Induktionsannahme geliefert bekommen und $\frac{\vdash \{V_1 \wedge B\}Q'\{V_1\}}{\{V_1\}Q\{V_1 \wedge \neg B\}}$ dann nach der While-Regel folgt.

$\square$

Dieser Satz ist selbstverständlich nur von Nutzen, wenn es tatsächlich expressive Formalismen $\mathscr{L}$ gibt. In der Tat gibt es solche, wie z.B. die Arithmetik erster Stufe $\mathscr{A}_1$, deren Ausdrücke sich mit folgender kontextfreier Grammatik erzeugen lassen[4]:

$$
\begin{aligned}
E \quad &\to \quad c \mid x \mid (E_1 + E_2) \mid (E_1 * E_2) \mid -E_1 \\
F \quad &\to \quad \text{True} \mid \text{False} \mid (E_1 = E_2) \mid (E_1 < E_2) \mid \neg F_1 \mid \\
&\qquad (F_1 \vee F_2) \mid (F_1 \wedge F_2) \mid (F_1 \Rightarrow F_2) \mid (\exists x)(F) \mid (\forall x)(F),
\end{aligned}
$$

wobei die $\mid$ zur Trennung verschiedener möglicher rechter Regelseiten bei gleicher linker Seite verwandt werden, die Indizierung der Hilfszeichen dient auch hier nur deren Unterscheidung. Es lässt sich zeigen, dass $\mathscr{A}_1$ expressiv ist, dass für $\mathscr{A}_1$ selbst jedoch kein effektives Beweissystem vollständig ist. Für unsere Anwendung heißt das, dass es in $\mathscr{A}_1$ stets Formeln gibt, die zwar gelten, deren Gültigkeit wir mit Hilfe eines Computers aber nicht beweisen können (dazu später mehr). Wenn wir also ein System konstruieren wollen, das automatisch die Korrektheit von Programmen nachweist, so müssen wir uns auf eine schwächere Form der Weak-Regel zurückziehen, nämlich auf das sog. *effektive Weak*

$$\frac{\vdash A \Rightarrow A', \quad \{A'\}Q\{C'\}, \quad \vdash C' \Rightarrow C}{\{A\}Q\{C\}},$$

bei dem wir statt gültiger Formeln $\models A \Rightarrow A'$ bzw. $\models B \Rightarrow B'$ nun (computergestützt) beweisbare Formeln $\vdash A \Rightarrow A'$ bzw. $\vdash B \Rightarrow B'$ voraussetzen müssen, was u. U. schwieriger sein kann,

---

[4]Es sollte an dieser Stelle klar sein, dass wir neben der Syntax auch eine passende Semantik der entsprechende Ausdrücke definieren müssen. Wir wollen an dieser Stelle darauf verzichten und setzen voraus, dass die Ausdrücke aus $\mathscr{A}_1$ mit der in der Mathematik üblichen Bedeutung versehen sind.

da wie gesagt letztere eine echte Teilmenge der ersteren sind. Bei Verwendung der effektiven Weak-Regel resultiert entsprechend ein unvollständiges System, d. h. es gibt gültige aber nicht beweisbare Formeln. Als Quintessenz ist es ist auf Basis von $\mathscr{A}_1$ nicht möglich, alle korrekten Aussagen computergestützt zu beweisen.

Ein anderer Ausweg als die Modifikation der Weak-Regel liegt in einer modifizierten Wahl der Beschreibungssprache $\mathscr{L}$. Verzichtet man in $\mathscr{A}_1$ beispielsweise auf die Multiplikation, so resultiert die sog. PRESBURGER Arithmetik $\mathscr{P}$, die *sound* und *complete* ist und deren Formeln alle computergestützt bewiesen werden können.

Nachdem wir nun relativ schwammig darüber gesprochen haben, was im Spezialfall des computergestützen Beweisens möglich oder nicht möglich ist, wollen wir uns ganz allgemein der Frage zuwenden, was wir mit einem Computer alles berechnen können, und dieser Fragestellung dabei einen sauberen formalen Rahmen verleihen.

3.4 Quellenangaben und Literaturhinweise

Bei der Ausarbeitung dieses Kapitels habe ich mich am Skript zur Vorlesung "Formale Semantik" von Prof. Dr. Helmut Seidl orientiert. Eine kompakte Einführung in das Themengebiet kann in [SH96] nachgelesen werden. Leser, die sich vertieft mit der Programmverifikation auseinandersetzen möchten, sei [AO94] zur Lektüre empfohlen. In [Rey09] findet man einen breiten und dennoch gründlichen Überblick über die theoretischen Grundlagen für den Entwurf, die Definition und die Implementierung von Programmiersprachen sowie für Systeme zur Spezifikation und Verifikation des Programm-Verhaltens. Das Buch [Ten02] fokussiert in diesem Zusammenhang auf das Problem der Spezifikation und enthält etliche illustrative Beispiele zur Verifikation.

3.5 Aufgaben

1. Aufgabe

Bestimmen Sie für die folgenden Programme und Eingaben jeweils das Ergebnis der Berechnung mit der Small-Step-Semantik:

a)
```
If  (y  <  0)  then
    y  :=  (−y);
else  end;
z  :=  1;
While  ¬(y  =  0)  do
    y  :=  y  −  1;
    z  :=  z  *  x;
end;
```

mit der Eingabe $x = 4$, $y = 2$.

b)
```
y  :=  1;
z  :=  1;
While  (y  <  x)  do
    a  :=  1;
    While  (a*y  <  x)  do
        a  :=  a  +  1;
    end;
    If  (a*y  =  x)  then
        z  :=  z  +  1;
    else  end;
    y  :=  y+1;
end;
```

mit der Eingabe $x = 2$.

c)
```
If  (y  <  0)  then
    y  :=  (−y);
    x  :=  (−x);
else  end;
z  :=  0;
While  ¬(y  =  0)  do
    y  :=  y  −  1;
    z  :=  z  +  x;
end;
```

mit der Eingabe $x = 5$, $y = 1$.

2. Aufgabe

Bestimmen Sie für die folgenden Programme und Eingaben jeweils das Ergebnis der Berechnung mit der Big-Step-Semantik.

a) Das Programm aus der 1. Aufgabe, a) mit der Eingabe $x = 5$, $y = 1$.

b) Das Programm aus der 1. Aufgabe, b) mit der Eingabe $x = 1$.

c) Das Programm aus der 1. Aufgabe, c) mit der Eingabe $x = 3$, $y = 3$.

3. Aufgabe

Bestimmen Sie für die folgenden Programme und Eingaben jeweils das Ergebnis der Berechnung mit der Denotationellen Semantik.

a) Das Programm aus der 1. Aufgabe, a) mit der Eingabe $x = 3$, $y = 1$.

b) Das Programm aus der 1. Aufgabe, b) mit der Eingabe $x = 3$.

b) Das Programm aus der 1. Aufgabe, c) mit der Eingabe $x = 9$, $y = 2$.

4. Aufgabe

Zeigen Sie: Aus $Q_1 \mid \sigma_1 \to^* \varepsilon \mid \sigma$ folgt $Q_1 Q_2 \mid \sigma_1 \to^* Q_2 \mid \sigma$.

5. Aufgabe

Zeigen Sie: Aus $\vdash Q \mid \sigma_1 \mapsto \sigma_2$ folgt $Q \mid \sigma_1 \to^* \varepsilon \mid \sigma_2$.

6. Aufgabe

Welche Funktion $z = f(x,y)$ bzw. $z = f(x)$ berechnen die folgenden Programme jeweils für die angegeben Eingaben? Beweisen Sie ihre Behauptungen mit der HOARE-Logik.

a) Das Programm aus der 1. Aufgabe, a) mit Eingaben $x, y \in \mathbb{Z}$.

b) Das Programm aus der 1. Aufgabe, b) mit Eingaben $x \in \mathbb{Z}^+$.

c) Das Programm aus der 1. Aufgabe, c) mit Eingaben $x, y \in \mathbb{Z}$.

7. Aufgabe

Füllen Sie im Beweis zu Satz 3.6 die für den Fall $Q \equiv$ **If** B **then** Q_1 **else** Q_2 **end;** gelassenen Lücken (beide Richtungen).

8. Aufgabe

Wir führen als neues Programmkonstrukt für unsere Programmiersprache Zählerschleifen ein. Dazu erweitern wir die Syntax um die Produktion

$$S \to \textbf{For } (x = E) \textbf{ do } Q_1 \textbf{ end,}$$

die wir als äquivalent zum Java-Konstrukt „for $(x = E; x > 0; x--)\{Q_1\}$" auffassen wollen. Erweitern Sie die Small-Step- und die Big-Step-Semantik entsprechend und zeigen Sie, dass die Äquivalenz der Semantiken für ihre Erweiterung erhalten bleibt.

9. Aufgabe

Wir betrachten das Konstrukt $S \equiv (Q_1 \| Q_2)$, das ausdrückt, dass Q_1 und Q_2 parallel ausgeführt werden.
Ergänzen Sie die Small-Step und die Big-Step-Semantik um Regeln für das neue Konstrukt und zeigen Sie an einem Beispiel, dass die Semantiken hier nicht äquivalent sind.

10. Aufgabe

Beweisen Sie die Axiome A_1 und A_2 aus Beispiel 3.11

4 Die Grenzen des Berechenbaren

Wir haben nun gesehen, wie wir syntaktisch korrekte Programme spezifizieren und diesen eine Bedeutung zuordnen können. Doch welche Funktionen sind es überhaupt, die wir programmieren können? Dieser Frage gilt es in diesem Kapitel nachzugehen, indem wir untersuchen, welche Funktionen wir tatsächlich berechnen können. Dabei werden wir verschiedene Modelle eines Computers betrachten – die uns schon bekannte Turingmaschine ist nur eines davon, mit der wir unsere Betrachtungen zur Berechenbarkeit eigentlich beginnen könnten. Dies wollen wir hier jedoch nicht tun, sondern unsere Studien entlang der historischen Entwicklung der Rechenmaschinen aufbauen. Dabei wollen wir die ersten mechanischen Maschinen zur Addition und Subtraktion zum Startpunkt unserer Reise erklären und deren *Können* zunächst in ein mathematisches Modell übersetzen, das uns erlaubt, präzise Aussage über das *Berechenbare* zu formulieren. Von dort aus werden wir unser Modell auf verschiedene Arten erweitern und dabei als Quintessenz sehen, dass alle denkbaren Ansätze letztlich dieselbe Menge berechenbarer Funktionen liefern.

4.1 Registermaschinen und primitive Rekursion

Die Anfänge des *maschinenunterstützen* Rechnens liegen weit zurück, wie beispielsweise der römische Abacus belegt. Wir wollen jedoch nicht so weit in die Vergangenheit blicken und starten unsere Betrachtung mit einer mechanischen Handrechenmaschine, wie sie zur Mitte des vorherigen Jahrhunderts durchaus gebräuchlich war (Abbildung 4.1 zeigt ein Exemplar einer solchen Maschine). Eine solche Maschine hat in der Regel drei Zahlenspeicher EW, UW und RW von begrenzter Stellenzahl und eine Kurbel. Mit Hilfe einer Mechanik, lassen sich im Zahlenspeicher EW (Einstellwerk) natürliche Zahlen einstellen. Jede Rechtsdrehung der Kurbel addiert den Inhalt des EW zum Inhalt des Resultatwerkes RW und erhöht den Inhalt des Umdrehungswerkes UW um 1. Eine Linksdrehung der Kurbel subtrahiert den Inhalt des EW vom Inhalt des RW und vermindert der Inhalt des UW um 1. Da nur natürliche Zahlen gespeichert werden können, muss eine Verabredung getroffen werden, was in dem Fall geschieht, dass eine Linksdrehung (Subtraktion) zu einem negativen Inhalt eines der Zahlenspeicher führen würde.

Maschinen dieser Art wurden besonders für das kaufmännische Rechnen eingesetzt. So führte man eine Addition aus, indem man zunächst RW und UW löschte (Wert 0), anschließend den ersten Summand im EW einstellte und mit einer Rechtsdrehung der Kurbel in das RW übertrug. Nun wurde der zweite Summand in das EW gebracht; eine weitere Rechtsdrehung lieferte das gewünschte Ergebnis im Resultatwerk. Die Multiplikation wurde auf die wiederholte Addition

Abbildung 4.1: Eine Handrechenmaschine – moderne Technik im Jahre 1950.

zurückgeführt; man benutzte also, dass

$$a \cdot b = \underbrace{a + a + \cdots + a}_{b-\mathrm{mal}}$$

gilt. Hier erlangt nun das UW seine Bedeutung, an dem man ablesen konnte, wieviele der Additionen bereits durchgeführt wurden.

Wir wollen nun sehen, wie wir durch Abstraktion von der soeben beschriebenen Handrechenmaschine zu einem idealisierten Modell einer solchen Maschine gelangen, um dessen Möglichkeiten im AnSchluss zu studieren.

4.1.1 Eine ideale Registermaschine

Unser Ziel ist ein Modell obiger Handrechenmaschine, das mit möglichst wenigen Elementaroperationen auskommt und mit der man durch geschicktes Programmieren für möglichst viele berechenbare Funktionen mit Argumenten aus $\mathbb{N}_0$ deren Funktionswert berechnen kann. Wir gehen dabei davon aus, dass unsere Rechenmaschine (kurz RM) Register besitzt, in denen jeweils eine natürliche Zahl gespeichert werden kann – wir sprechen deshalb auch von einer *Registermaschine*. Damit Größenbeschränkungen keinen Einfluss darauf haben, was als für unsere Maschine berechenbar zu gelten hat, gehen wir davon aus, daß eine feste, beliebig große Anzahl an Registern zur Verfügung steht. Des Weiteren sollen die Register in der Lage sein, beliebig große natürliche Zahlen zu speichern. Zur Identifikation werden die Register beginnend bei 0 durchnummeriert. Wir wollen die Schreibweise $< i >$ verwenden, um den Inhalt des Registers mit Nummer i zu bezeichnen. Ist $< i > = 0$, so sagen wir Register i ist *leer*; per Definition gelte dies für alle nicht explizit belegten Register.

Als Grund- oder Elementaroperationen stehen die Addition sowie die (modifizierte) Subtraktion der 1 auf den bzw. vom Inhalt eines beliebigen Registers zur Verfügung. Wir wollen dabei die folgenden Schreibweisen benutzen:

- Erhöhe den Wert in Register i um 1: $<i>:=<i>+1$.

- Vermindere den Wert in Register i um 1 (sofern er größer als 0 ist): $<i>:=<i>\dot{-}1$, wobei

$$a\dot{-}b \begin{cases} a-b & falls\ a \geq b \\ 0 & sonst \end{cases}$$

gelte.

4.1.1.1 Aufbau von Programmen

Programme für Rechenmaschinen sind Anweisungen, nach denen die Rechenmaschine entsprechende Elementaroperationen hintereinander ausführen soll.

Definition 4.1

Ein *Programm* für eine RM ist induktiv wie folgt definiert:

1. Die beiden Elementaroperationen sind Programme.

2a. Hat man zwei Programme P und Q, so kann man sie hintereinander ausführen. Wir nennen dies *Verkettung*.

2b. Die wiederholte Ausführung eines Programms P, die von der Antwort auf die Frage, ob ein bestimmtes Register leer ist gesteuert wird, ist wieder ein Programm. Wir bezeichnen dieses Vorgehen als *Iteration*.

Darstellung:

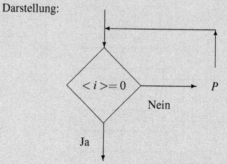

Im Folgenden werden wir auch $+$ für *Ja* und $-$ für *Nein* notieren.

"Gebilde", die nicht nach diesen Regeln konstruiert werden können, sind keine Programme.

Bemerkungen

- Eine Iterationsschleife muss immer mit der Abfrage $<j>=0$ für ein $j \in \mathbb{N}_0$ beginnen. Deshalb ist die folgende Struktur nicht zulässig; innerhalb der Iterationsschleife ist eine Struktur, die schon vor der ersten Abfrage des Registerinhalts aufgerufen wird.

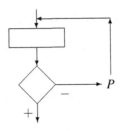

- Da Verzweigungen innerhalb eines Programmes nur für Iteration zulässig sind, diese aber stets eine *Rückkopplung* verlangen, hat jedes Programm genau einen Ausgang.

Was uns jetzt noch fehlt ist die Möglichkeit der Datenein- und -ausgabe. Zu diesem Zweck betten wir ein jedes Programm in eine Eingabeanweisung, in der endlich viele Register mit natürlichen Zahlen belegt werden können (Notation $< i >:= x$, wobei wir dann annehmen, dass das Register mit Nummer i den Wert x zugewiesen bekommt), und eine Ausgabeanweisung, durch die ein Register für das Ergebnis festgelegt wird, ein. Um dies zu verdeutlichen, geben wir nachfolgend zwei Beispielprogramme an: Das linke kopiert seine Eingabe $x \in \mathbb{N}_0$ in das Register mit Name 0, das rechte liefert in Register 0 die Summe zwei natürlicher Zahlen x und y:

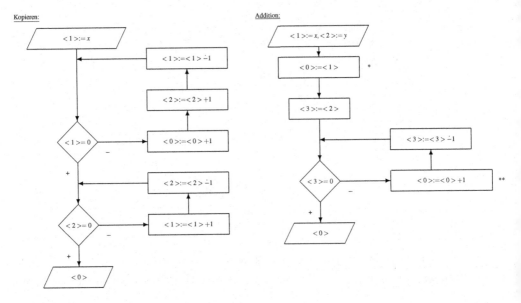

Wir haben dabei das Kopieren der Eingabe seiteneffektfrei realisiert, d. h. auch nach der Ausführung des Programmes liegt im Register mit Nummer 1 noch die Eingabe x vor. So können wir dieses Programm als Unterprogramm verwenden und auch anschließend noch auf den Inhalt des kopierten Registers zurückgreifen. Dabei muss darauf geachtet werden, dass das in obigem Programm zusätzlich benutzte Register 2 u. U. durch ein solches zu ersetzen ist, das im aufrufenden Programm nicht weiter verwendet wird. Da uns aber beliebig viele Register zur Verfügung stehen, kann ein solches stets gefunden werden. Zur Berechnung der Summe haben wir die Addition von $b \in \mathbb{N}_0$ auf die b-malige Addition der 1 zurückgeführt. Dabei verwenden wir z.B. an der mit $*$ markierten Stelle das Kopieren der Eingabe wie soeben beschrieben als Unterprogramm. Wir verwenden dazu die Schreibweise $< i >:=< j >$, um nicht erneut das Kopier-Programm im Detail darstellen zu müssen. Es sollte jedoch klar sein, dass wir dadurch die Möglichkeiten der Registermaschine nicht erweitert haben; es ist stets möglich, ein Programm, das eine Anweisung der Gestalt $< i >:=< j >$ verwendet, auf die Grundfunktionen zurückzuführen. Im Falle der Addition könnte dabei das Register 2 des Kopierprogrammes beispielsweise durch das Register 4 ersetzt werden, wodurch Seiteneffekte ausgeschlossen würden. Im Folgenden werden wir die Schreibweise $< k >:=< i > + < j >$ verwenden, um obiges Additionsprogramm zu referenzieren und darüber hinaus bereits an dieser Stelle die Notation $< k >:=< i > \,\dot{-}\, < j >$ einführen, um ein Programm für die verallgemeinerte Subtraktion zu bezeichnen. Für letztere werden wir erst später sehen, dass sie mit Hilfe unserer Registermaschine berechnet werden kann.

Bevor wir jedoch weitere Programmbeispiele angeben, wollen wir definieren, wie wir die Berechnung einer RM als Funktion interpretieren können.

Definition 4.2
Eine RM mit Programm F *berechnet die n-stellige Funktion f*, wenn für beliebige Argumente $x_1, ..., x_n$ welche in die Register $1, ..., n$ eingegeben werden, die RM das Programm F ausführt und nach endlich vielen Schritten stoppt und im 0-ten Register der Funktionswert $f(x_1, ..., x_n)$ als Ausgabe steht. Wir sagen kurz: Das Programm F berechnet f.

Definition 4.3
Eine Funktion f heißt RM-*berechenbar*, wenn es ein Programm F gibt, das f berechnet.

Um die Arbeitsweise unserer RM noch mehr zu verdeutlichen, betrachten wir zwei weitere Beispiele. Dabei steht $a(x, y)$ für das Unterprogramm, dass x und y addiert (siehe oben):

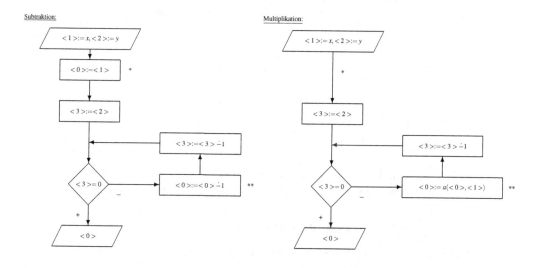

Alle drei Beispielprogramme haben gemeinsam, dass der Funktionswert rekursiv mit Hilfe der Iterationsschleife ausgerechnet wird. In der Iterationsschleife wird ein Unterprogramm ** für eine Funktion benutzt, das man schon kennt (Vorgänger, Nachfolger, Addition). Dieses Unterprogramm benutzt bei jedem Umlauf den Funktionswert, der bei dem vorhergehenden Umlauf ausgerechnet wurde und jeweils im Register 0 steht. Vor der Iterationsschleife steht ein Unterprogramm *, das den Funktionswert an der Stelle 0 (d. h. die Iterationsschleife wird nicht ausgeführt) ausrechnet. Mit $s(x) := x + 1$ und $v(x) := x - 1$ für $x > 0$ und 0 sonst gilt dann:

1. Addition:

$a(x,0) = x$

$a(x,y+1) = \underbrace{s(a(x,y))}_{\text{Nachfolger}}$

denn es gilt:

$x + 0 = x$

$x + (y+1) = (x+y) + 1$

2. Multiplikation:

$m(x,0) = 0$

$m(x,y+1) = a(m(x,y),x))$

$x \cdot 0 = 0$

$(x \cdot (y+1)) = x \cdot y + x$

3. Potenz (nicht als Diagramm dargestellt):

$p(x,0) = 1$

$p(x,y+1) = m(p(x,y),x)$

$x^0 = 1$

$x^{y+1} = x^y \cdot x$

4. Subtraktion:

$sub(x,0) = x$

$sub(x,y+1) = \underbrace{v(sub(x,y))}_{\text{Vorgänger}}$

$x \overset{.}{-} 0 = x$

$x \overset{.}{-} (y+1) = (x \overset{.}{-} y) \overset{.}{-} 1$

Also: An der Stelle 0 wird die neue Funktion durch einfache Funktionen definiert. An der Stelle $y + 1$ greift man auf den Funktionswert der Funktion an der Stelle y zurück.
Insgesamt ergeben sich die folgenden **Rekursionsschemata**:

1. und 4.

$f(x,0) = g(x)$
$f(x,y+1) = h(f(x,y))$

2. und 3.

$f(x,0) = g(x)$
$f(x,y+1) = h(f(x,y),x)$

ebenfalls denkbar:

$f(x,0) = g(x)$
$f(x,y+1) = h(f(x,y),y)$

Betrachtet man diese drei Schemata genauer, so erkennt man eine Möglichkeit, sie zu nur einem Schema zusammenzufassen. Dies führt uns zum Begriff der *primitiven Rekursion*.

4.1.2 Primitive Rekursion

Wir beginnen mit der formalen Definition unseres Rekursionsschemas:

Definition 4.4

Für $n \geq 0$ entsteht die $(n+1)$-stellige Funktion f durch *primitive Rekursion* aus der n-stelligen Funktion g und der $(n+2)$-stelligen Funktion h, wenn f durch die folgenden beiden Zeilen definiert ist:

$$f(x_1, \ldots, x_n, 0) = g(x_1, \ldots, x_n),$$

$$(4.1)$$

$$f(x_1, \ldots, x_n, y+1) = h(f(x_1, \ldots x_n, y), x_1, \ldots, x_n, y).$$

f entsteht durch *beschränkte primitive Rekursion*, wenn f durch primitive Rekursion entsteht und für eine $(n+1)$-stellige Funktion u zusätzlich

$$f(x_1, \ldots, x_n, y) \leq u(x_1, \ldots, x_n, y)$$

für alle $x_1 \ldots, x_n, y$ gilt.

Satz 4.1

Eine durch primitive Rekursion definierte Funktion f ist eindeutig bestimmt.

Beweis: Angenommen es gäbe zwei Funktionen f_1 und f_2, die der Rekursionsgleichung (4.1) genügen. Wir zeigen durch vollständige Induktion nach dem zweiten Argument y, dass dann $f_1 = f_2$ gilt.

Mit $y = 0$ folgt $f_1(x_1, \ldots, x_n, 0) = g(x_1, \ldots, x_n) = f_2(x_1, \ldots, x_n, 0)$, beide Funktionen stimmen also hier überein.

Gelte die Gleichheit für alle Werte des zweiten Argumentes $\leq y$ und betrachte $f_1(x_1, \ldots, x_n, y+1)$ und $f_2(x_1, \ldots, x_n, y+1)$. Wir finden

$$
\begin{aligned}
f_1(x_1, \ldots, x_n, y+1) \quad &= \quad h(f_1(x_1, \ldots, x_n, y), x_1, \ldots, x_n, y) \\
\overset{\text{Ind. Vor.}}{=} \quad &\quad h(f_2(x_1, \ldots, x_n, y), x_1, \ldots, x_n, y) \\
&= \quad f_2(x_1, \ldots, x_n, y+1),
\end{aligned}
$$

wobei die letzte Gleichung gilt, da nach Annahme auch f_2 der Definition gemäß der primitiven Rekursion (4.1) genügt.

Bleibt zu zeigen, dass die primitive Rekursion überhaupt eine wohldefinierte Funktion liefert. Dies ist jedoch einfach einzusehen, da das zweite Argument von f in jedem Rekursionsschritt um 1 abnimmt und so garantiert irgendwann der *Anker* der Definition $f(x_1, \ldots, x_n, 0)$ erreicht wird; die primitive Rekursion entfaltet sich so zu

$$
\begin{aligned}
&f(x_1, \ldots, x_n, y+1) = \\
&\quad h(h(\cdots h(g(x_1, \ldots, x_n), x1, \ldots, x_n, 0) \cdots, x_1, \ldots, x_n, y-1), x_1, \ldots, x_n, y).
\end{aligned}
$$

Da nach Voraussetzung g und h (wohldefinierte) Funktionen sind, resultiert so ein wohldefiniertes f, das genau dann undefiniert ist, wenn g bzw. h an undefinierten Stellen *aufgerufen* werden. □

Da die Funktion h in einer Definition gemäß primitiver Rekursion nicht direkt von den Variablen x und y abhängen muss (sie können ohne Auswertung übergeben werden wie z.B. in $h(x) = 1$),

kann man auf diese Art und Weise die drei oben dargestellten Rekursionsschemata erzeugen.
Wir werden nun das Schema der primitiven Rekursion mit einer Menge von Grundfunktionen
versehen, um eine Klasse von Funktionen zu definieren:

Definition 4.5

Die Klasse $\mathscr{P}$ der primitiv-rekursiven Funktionen ist wie folgt definiert:

1a. Die (nullstellige) Konstante $C^0 := 0$ gehört zu $\mathscr{P}$.

1b. Die Nachfolgerfunktion $s(x) := x + 1$ gehört zu $\mathscr{P}$.

1c. Für jedes $m \in \mathbb{N}$ und $1 \leq i \leq m$ gehören die Projektionsfunktionen $U_m^i(x_1, ..., x_m) := x_i$ zu $\mathscr{P}$.

2. Mit der m-stelligen Funktion h und den n-stelligen Funktionen g_i aus $\mathscr{P}$, $1 \leq i \leq m$, gehört auch die durch Einsetzung der g_i in h entstandene Funktion (also die Funktion $h(g_1(\vec{x}), g_2(\vec{x}), ..., g_m(\vec{x}))$) zu $\mathscr{P}$.

3. Mit der n-stelligen Funktion g und der $n+2$-stelligen Funktion h gehört auch die primitive Rekursion aus g und h zu $\mathscr{P}$.

4. Nur die gemäß 1–3 definierten Funktionen gehören zu $\mathscr{P}$.

Bemerkung 4.1

Alle primitiv-rekursiven Funktionen sind total, denn die Grundfunktionen nach 1. sind total und die Einsetzung sowie die primitive Rekursion totaler Funktionen bleibt ebenfalls total. Wie wir später noch sehen werden gilt die Umkehrung nicht!

Die alleinige Bereitstellung der Konstante 0 stellte keine Einschränkung dar, da wir durch die Einsetzung und die Nachfolgerfunktion jede andere Konstante erzeugen können. So ist $s(s(s(C^0))) = 3$ und wir verwenden im Folgenden C^m als Abkürzung für die nullstellige primitiv-rekursive Funktion, die nach diesem Schema die Konstante $m \in \mathbb{N}_0$ erzeugt.

Die in 2. gegebene Möglichkeit der Einsetzung liefert auf den ersten Blick keine Möglichkeit der Konstruktion einer Funktion mit einer anderen Stelligkeit als durch die g_i vorgegeben. Dieser Anschein trügt jedoch, da beispielsweise für primitiv-rekursive Funktionen g und h die Funktion $f(x,y,z) := h(z, g(x,y))$ ebenfalls primitiv-rekursiv ist. Zum Beweis führen wir die Hilfsfunktion $G(x,y,z) := g(U_3^1(x,y,z), U_3^2(x,y,z))$ ein, die offensichtlich mit der Einsetzung nach 2. primitiv-rekursiv ist. Durch nochmalige Anwendung der Einsetzung erhalten wir eine primitiv-rekursive Darstellung von f, nämlich $f(x,y,z) = h(U_3^3(x,y,z), G(x,y,z))$.

Satz 4.2

Jede primitiv-rekursive Funktion ist RM-berechenbar.

Beweis: Wir geben RM-Programmstrukturen an, die den Grundfunktionen und den Konstruktionsmöglichkeiten Einsetzung und primitive Rekursion entsprechen:
Programme für die Grundfunktionen:

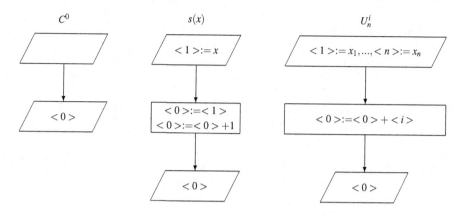

Konstruktionsprozesse:

Einsetzung von g in h (hier für den Fall, dass h eine einstellige Funktion ist; alle anderen Fälle können offensichtlich analog simuliert werden)

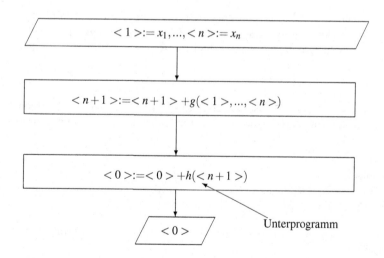

Primitive Rekursion

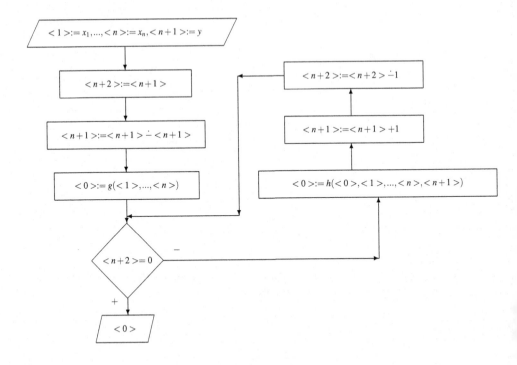

$\square$

Man erkennt: Die Einsetzung entspricht der Hintereinanderausführung von Programmen, die primitive Rekursion der beschränkten Iteration eines Programms, wobei im Allgemeinen eine Iteration nicht zwingend das Steuerregister (Register i in Definition 4.1) in Einerschritten verringern muss.

Ein *Prädikat* P auf $\mathbb{N}_0^n$ ist eine Aussagenform, in der n freie Variablen x_i, $1 \le i \le n$, vorkommen und die je nach Belegung der x_i durch Zahlen aus $\mathbb{N}_0$ zu einer wahren oder falschen Aussage wird. Schreibweise: $P(x_1, .., x_n)$.

Beispiel 4.1
$x \le y$ und $2x < y$ sind Prädikate über $\mathbb{N}_0^2$; $(\forall y \in \mathbb{N}_0)(y \ge x)$ ist ein Prädikat über $\mathbb{N}_0$ mit der einzigen freien Variablen x. Die Variable y ist über den Allquantor gebunden.

Auf natürliche Weise lässt sich jedem Prädikat P eine sog. charakteristische Funktion wie folgt zuordnen:
$$\chi_P(x_1, ..., x_n) := \begin{cases} 1 & \text{falls } P(x_1, ..., x_n) \text{ wahr} \\ 0 & \text{sonst} \end{cases}$$

Definition 4.6

Ein Prädikat P heißt *primitiv-rekursiv*, falls seine charakteristische Funktion χ_P primitiv-rekursiv ist.

Satz 4.3

Die primitiv-rekursiven Prädikate sind abgeschlossen unter $\wedge$, $\vee$ und $\neg$ (d. h. die Anwendung dieser Operationen auf primitiv-rekursive Prädikate führt zu einem primitiv-rekursiven Prädikat).

Beweis: Wir zeigen zuerst, dass die Signum- und die inverse Signum-Funktion

$$sg(x) := \begin{cases} 0 & \text{falls } x = 0 \\ 1 & \text{sonst} \end{cases}$$

und

$$\overline{sg}(x) := \begin{cases} 1 & \text{falls } x = 0 \\ 0 & \text{sonst} \end{cases}$$

primitiv-rekursiv sind. Es gilt: $sg(0) = 0$; $sg(x+1) = U_2^2(sg(x), s(C^0))$ sowie $\overline{sg}(x) = 1 \dot- sg(x)$. Damit ergeben sich die folgenden primitiv-rekursiven charakteristischen Funktionen:

$$\chi_{P \vee Q}(\vec{x}) = sg(\chi_P(\vec{x}) + \chi_Q(\vec{x})),$$

$$\chi_{\neg P}(\vec{x}) = \overline{sg}(\chi_P(\vec{x})) =: \overline{\chi}_P(\vec{x}),$$

$$\chi_{P \wedge Q}(\vec{x}) = \chi_P(\vec{x}) \cdot \chi_Q(\vec{x}).$$

$\square$

Beispiel 4.2

Die folgenden Prädikate sind beispielsweise primitiv-rekursiv:
$P(x,y) = x \geq y$, denn $\chi_P = \overline{sg}(y \dot- x)$; $Q(x,y) = x < y$, denn $\chi_Q = \chi_{\neg P} = \overline{sg}(\overline{sg}(y \dot- x)) = sg(y \dot- x)$.

Definition 4.7

Gegeben seien Funktionen $g_1, ..., g_r$ und Prädikate $P_1, ..., P_r$. Zu jedem Tupel $\vec{x}$ treffe genau eines der Prädikate $P_1, ..., P_r$ zu. Dann heißt die Funktion f mit

$$f(\vec{x}) := \begin{cases} g_1(\vec{x}) & \text{falls } P_1(\vec{x}) \\ \cdot \\ \cdot \\ \cdot \\ g_r(\vec{x}) & \text{falls } P_r(\vec{x}) \end{cases}$$

definiert durch Fallunterscheidung aus den Funktionen g_i und den Prädikaten P_i, $1 \leq i \leq r$.

Satz 4.4

Sind die Funktionen $g_1, ..., g_r$ und die Prädikate $P_1, ..., P_r$ primitiv-rekursiv, so ist auch eine durch Fallunterscheidung aus diesen Funktionen und Prädikaten definierte Funktion f primitiv-rekursiv.

Beweis: Die Funktion f lässt sich schreiben als:

$$f(\vec{x}) = g_1(\vec{x}) \cdot \chi_{P_1}(\vec{x}) + \ldots + g_r(\vec{x}) \cdot \chi_{P_r}(\vec{x}).$$

$\square$

Man kann zeigen, dass das Prädikat $\mathsf{Pr}(x)$, welches wahr ist, falls x eine Primzahl ist, und sonst falsch, primitiv-rekursiv ist (siehe 1. Aufgabe). Wir wollen nun untersuchen, ob wir in der Klasse der primitiv-rekursiven Funktionen die Funktion $p(n)$ definieren können, welche uns die n-te Primzahl berechnet. Eine mögliche Darstellung wäre die folgende:

$$p(0) = 1,$$

$$p(n+1) = \text{die kleinste Zahl } y \text{ mit der Eigenschaft } \mathsf{Pr}(y) \wedge y > p(n).$$

Wir benutzen dabei zur Beschreibung der Rekursion einen Operator, der in Abhängigkeit von den übrigen Argumenten die kleinste Nullstelle y einer Funktion $g(x,y)$ (hier 1 minus[1] der charakteristischen Funktion des Prädikats $\mathsf{Pr}(y) \wedge y > p(n)$) bestimmt. In unserem Fall wissen wir aus der Zahlentheorie, dass die n-te Primzahl kleiner als 2^{2^n} ist, und können damit eine **obere Schranke** z angeben, bis zu der diese Nullstelle zu suchen ist. Wir wollen diesen Operator zunächst formal fassen.

Definition 4.8

Die $(n+1)$-stellige Funktion f entsteht durch Anwendung des *beschränkten μ-Operators* auf die $(n+1)$-stellige Funktion g, wenn gilt:

$$f(\vec{x}, z) := \begin{cases} \text{das kleinste } y \text{ mit } y \leq z \text{ und } g(\vec{x}, y) = 0 & \text{falls } (\exists y \leq z)(g(\vec{x}, y) = 0) \\ z+1 & \text{sonst} \end{cases}$$

Schreibweise: $f(\vec{x}, z) = \mu_{y \leq z}(y, \underbrace{g(\vec{x}, y) = 0}_{\text{Nullstelle}})$ oder kurz $f(\vec{x}, z) = \mu_{y \leq z}(y, g(\vec{x}, y))$.

Satz 4.5

Der beschränkte μ-Operator ist primitiv-rekursiv.

Beweis: Da wir den Suchprozess für y beginnend bei 0 spätestens bei z abbrechen können, lässt sich $f(\vec{x}, z)$ wie folgt darstellen:

$$\underbrace{(z+1) \cdot (1 \dot{-} (\sum_{y \leq z}(1 \dot{-} g(\vec{x}, y))))}_{\text{sonst-Fall}} + \sum_{y \leq z} y \cdot (1 \dot{-} g(\vec{x}, y)) \cdot sg(2 \dot{-} \sum_{u \leq y}(1 \dot{-} g(\vec{x}, u))).$$

Die Summe $\sum_{y \leq z}(1 \dot{-} g(\vec{x}, y))$ liefert die Anzahl der Nullstellen von $g(\vec{x}, y)$ und $y \leq z$; jedes mal, wenn g zu 0 wird, resultiert ein Summand von 1. Entsprechend ist $1 \dot{-} \sum_{y \leq z}(1 \dot{-} g(\vec{x}, y))$ genau

---

[1]Man würde sich das "1 minus" sparen, suchte man nach der ersten "Einsstelle" der charakteristischen Funktion. Der hier einzuführende Operator ist in seiner Anwendung jedoch nicht auf charakteristische Funktionen begrenzt, so dass der mathematisch kanonische Fall die Suche nach Nullstellen ist, auf den alle anderen zurückgeführt werden können.

dann 1, wenn es keine Nullstelle gibt (sonst-Fall), in allen anderen Fällen ist dieser Ausdruck gleich 0. Von den beiden Faktoren $(1 \dot{-} g(\vec{x},y))$ und $sg(...)$ ist immer einer Null, bis auf den Fall der kleinsten Zahl y mit $g(\vec{x},y) = 0$. Dann sind beide Faktoren 1. Man kann zeigen (siehe 3. Aufgabe), dass die endliche Summe Σ (und auch das endliche Produkt $\prod$) primitiv-rekursiv sind, womit die Aussage des Satzes folgt. $\square$

Bemerkung 4.2
Für vorheriges $p(n)$ gilt damit:

$$p(0) = 1 \text{ und } p(n+1) = \mu_{y \leq 2^{2^{n+1}}}\left(y, \overline{\chi}_{\mathrm{Pr}(y) \wedge y > p(n)}(n,y)\right).$$

Wir wollen uns nun überlegen, ob auch jede RM-berechenbare Funktion primitiv-rekursiv ist. Wir werden dabei sehen, dass die Möglichkeiten der RM über die der primitiv-rekursiven Funktionen hinausgeht und wir auch nicht totale Funktionen handhaben können.

4.2 Partiell rekursive Funktionen

Wollen wir die Möglichkeiten der RM durch primitiv-rekursive Funktionen simulieren, so fällt zunächst auf, dass die Grundfunktionen der RM offensichtlich primitiv-rekursiv sind. Wie wir schon gesehen haben, entspricht die Verkettung von Programmen (vorausgesetzt, Ergebnisse werden weiter verwendet) der Einsetzung. Was uns bleibt, ist die Iteration genauer zu betrachten:

Ist dem Programmteil P im Programm F die Funktion g zugeordnet, so soll dem nachfolgend dargestellten Programmteil (also der Iteration von P bzw. g) die Funktion h zugeordnet werden.

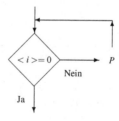

Allgemein können wir die Iteration von g durch die folgende primitive Rekursion darstellen (es wird angenommen, Register i korrespondiere mit Variable y):

$$\bar{g}(\vec{x},0) = \vec{x},$$

$$\bar{g}(\vec{x},y+1) = g(\bar{g}(\vec{x},y), \underbrace{\vec{x},y}_{\text{werden ignoriert}}).$$

Eine Iterationsschleife wird nach der kleinsten Anzahl von Durchläufen verlassen, nach der das abgefragte Register (oben das i-te) den Inhalt 0 hat. Folglich können wir h durch die Anwendung eines μ-Operators definieren. Es gilt:

$$h(\vec{x}) = \bar{g}(\vec{x}, \underbrace{\mu(y, < i >= 0)}_{\text{Anzahl Iterationen}}).$$

Wir sind jedoch nicht in der Lage, von außen eine Schranke für den μ-Operator anzugeben, denn es ist möglich, dass es kein y gibt, für das $< i >= 0$ gilt. Zwar wissen wir aufgrund der Definition der RM-Berechenbarkeit, dass das Gesamtprogramm für jede beliebige Eingabe irgendwann stoppt. Daraus können wir aber **nicht** folgern, dass auch alle Programmteile für jede Eingabe stoppen, wenn man sie losgelöst aus dem Kontext betrachtet. Dies soll das folgende Beispiel untermauern:

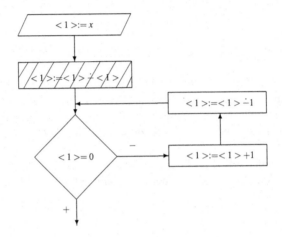

Betrachten wir das Teilprogramm, das entsteht, wenn wir das schraffierte Kästchen weglassen, so erhalten wir ein Programm, das für kein $x \neq 0$ stoppt.
Wollen wir also einem solchen Programmteil eine Funktion h zuordnen, so können wir nicht erwarten, dass h total ist. Wir nennen solche Funktionen *partielle* Funktionen, den Definitionsbereich von f bezeichnen wir mit D_f.

Bemerkung 4.3
Man vermutet an dieser Stelle bereits, dass die RM mehr kann als die primitive Rekursion, denn wir können partielle Funktionen berechnen, wogegen alle primitiv-rekursiven Funktionen total sind. Dies hat allerdings nicht direkt mit dem Begriff der RM-Berechenbarkeit – wie von uns definiert – zu tun, da wir dafür definitionsgemäß nur totale Funktionen betrachteten.

Wir werden nun den *Baukasten* der primitiv-rekursiven Funktionen so erweitern, dass er mit dem Konzept partieller Funktion umgehen kann. Dabei wollen wir zwei partielle Funktionen als gleich ansehen, wenn ihre Definitionsbereiche übereinstimmen und sie dort dieselben Werte besitzen und nicht schon, wenn sie auf dem Durchschnitt ihrer Definitionsbereiche gleiche Werte annehmen.

Definition 4.9

$$f(\vec{x}) \cong g(\vec{x}) :\leftrightarrow (D_f = D_g \land (\vec{x} \in D_f \rightarrow f(\vec{x}) = g(\vec{x}))),$$
$$f \cong g :\leftrightarrow (\forall \vec{x})(f(\vec{x}) \cong g(\vec{x})).$$

Definition 4.10

Die partielle Funktion f entsteht durch *Einsetzung* aus den partiellen Funktionen g_i, $1 \le i \le m$, und der m-stelligen Funktion h genau dann, wenn

1. $(\forall \vec{x})(\vec{x} \in D_f \leftrightarrow (\forall i)(\vec{x} \in D_{g_i} \land (g_1(\vec{x}), \dots, g_m(\vec{x})) \in D_h))$,
2. $(\forall \vec{x})(\vec{x} \in D_f \leftrightarrow f(\vec{x}) = h(g_1(\vec{x}), \dots, g_m(\vec{x})))$.

Punkt 1. vorheriger Definition stellt dabei sicher, dass der Definitionsbereich der durch Einsetzung entstandenen Funktion f nur dadurch Einschränkungen erfährt, dass entweder (mindestens) eines der g_i oder h an den betrachteten Stellen undefiniert sind.

Definition 4.11

Die partielle Funktion f entsteht aus den partiellen Funktionen g und h durch primitive Rekursion genau dann, wenn

$$f(\vec{x}, 0) \cong g(\vec{x}),$$
$$f(\vec{x}, y+1) \cong h(f(\vec{x}, y), \vec{x}, y).$$

Definition 4.12

Die partielle Funktion f entsteht aus der partiellen Funktion g durch Anwendung des (unbeschränkten) μ-Operators genau dann, wenn

$$f(\vec{x}) := \begin{cases} \text{das kleinste } y \text{ mit } g(\vec{x}, y) = 0 & \text{falls } (\exists y)(g(\vec{x}, y) \cong 0 \land (\forall z \le y)((\vec{x}, z) \in D_g)) \\ \text{nicht definiert} & \text{sonst} \end{cases}$$

Schreibweise: $f(\vec{x}) = \mu(y, g(\vec{x}, y) = 0)$.

Definition 4.13

f heißt eine *rekursive partielle* Funktion oder *μ-rekursiv*, wenn sich f aus den Grundfunktionen C^0, s und U_n^i durch Einsetzung, primitive Rekursion und Anwendung des μ-Operators definieren lässt. Die Klasse aller μ-rekursiven Funktionen wollen wir mit $\mathscr{R}$ bezeichnen.

f heißt eine *rekursive* Funktion, wenn f eine μ-rekursive Funktion ist, die für alle natürlichen Zahlen definiert ist. Die Klasse aller rekursiven Funktionen bezeichnen wir mit $\mathscr{T}$.

Bemerkung 4.4

Die vorherige Definition besagt, dass eine rekursive Funktion zwar total ist, dass bei ihrer Konstruktion aber partielle Funktionen (μ-Operator) benutzt werden dürfen.

Wie wir in kürze sehen werden, verlassen wir durch die Benutzung des μ-Operators die Klasse der primitiv-rekursiven Funktionen. Wir erhalten jedoch den folgenden Satz:

Satz 4.6
Jede RM berechenbare Funktion ist rekursiv.

Beweis: Die Definition der RM-Berechenbarkeit liefert die Totalheit, die Grundfunktionen sind rekursiv, Verkettung und Iteration erhält man durch Einsetzung und primitive Rekursion und evtl. partielle Programmteile (Iterationen) durch den μ-Operator. □

Es gilt auch:

Satz 4.7
Jede rekursive Funktion ist RM-berechenbar.

Beweis: Es bleibt uns zu zeigen, dass der μ-Operator RM-berechenbar ist. Das folgende RM-Programm berechnet $h(x_1,...,x_n) \cong \mu(y,g(x_1,...,x_n,y)=0)$:

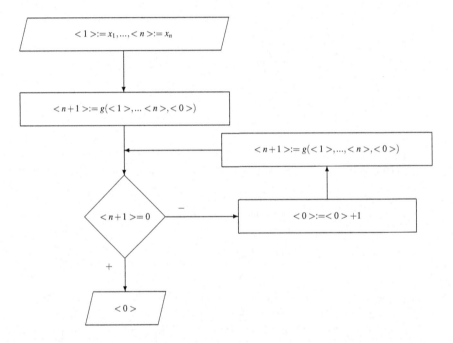

Gibt es kein y mit $g(x,y)=0$, so gerät die RM durch die Iteration in eine Endlosschleife. Dies entspricht der Tatsache, dass der μ-Operator den *Wert* "undefiniert" besitzt. □

Modifiziert man die Definition der RM-Berechenbarkeit hin zu partiellen RM-berechenbaren Funktionen, so erhält man Sätze mit den analogen Aussagen wie zuvor. Diese Betrachtung wollen wir hier jedoch nicht anstellen. Stattdessen wollen wir untersuchen, wo denn nun genau die Grenze zwischen den rekursiven und den primitiv-rekursiven Funktionen verläuft. Um diese Frage zu beantworten werden wir eine Folge von Funktionen definieren, deren Elemente immer stärker wachsen. Idee ist dabei, das Wachstum einer Funktion als Maß derer Komplexität aufzufassen, um letztlich Funktionen zu finden, die zu komplex sind, um sie über eine primitive Rekursion berechnen zu können. Auf ACKERMANN geht dabei die Idee zurück, eine solche Folge mit der Nachfolgerfunktion, der Addition, der Multiplikation und der Potenz zu beginnen. Wir definieren entsprechend das erste Folgenglied $A_0(x,y) := y+1$ und betrachten die rekursiven Definitionen der Addition, der Multiplikation und der Potenz, um zu entsprechenden Darstellungen für die Folgenglieder A_1, A_2 und A_3 gelangen:

$$
\begin{aligned}
x+0 &= x & A_1(x,0) &= x \\
x+(y+1) &= (x+y)+1 & A_1(x,y+1) &= A_0(x,A_1(x,y))
\end{aligned}
$$

$$
\begin{aligned}
x\cdot 0 &= 0 & A_2(x,0) &= 0 \\
x\cdot(y+1) &= x\cdot y+x & A_2(x,y+1) &= A_1(x,A_2(x,y))
\end{aligned}
$$

$$
\begin{aligned}
x^0 &= 1 & A_3(x,0) &= 1 \\
x^{y+1} &= x^y\cdot x & A_3(x,y+1) &= A_2(x,A_3(x,y))
\end{aligned}
$$

Die Rekursion ist dabei in allen drei Fällen vom gleichen Muster, nur bei der Verankerung treten Unterschiede auf. Nehmen wir darauf Rücksicht und setzen die Folge entsprechend auf weitere Glieder fort, ergibt sich letztlich folgende Definition:

Definition 4.14
Die Funktion $A_n \in \mathrm{ABB}(\mathbb{N}_0^2, \mathbb{N}_0)$ mit

$$
\begin{aligned}
A_0(x,y) &:= y+1 \\
A_{n+1}(x,0) &:= \begin{cases} x & \text{falls } n=0 \\ 0 & \text{falls } n=1 \\ 1 & \text{sonst} \end{cases} \\
A_{n+1}(x,y+1) &:= A_n(x,A_{n+1}(x,y))
\end{aligned}
$$

heißt n-te *Ackermannfunktion*. Die Funktion A mit $A(n,x,y):=A_n(x,y)$ heißt *Ackermannfunktion*.

Beispiel 4.3
Es gilt $A_4(x,y) = \underbrace{x^{\left(x^{(x^{\cdots})}\right)}}_{y\text{-mal}}$ für $y > 0$.

In den Übungsaufgaben werden folgende Eigenschaften der Ackermannfunktionen bewiesen. Sie besagen im wesentlichen, dass die Ackermannfunktionen in beiden Argumenten und in n monoton wachsend sind und dass man Einsetzungen von Funktionen A_n durch Erhöhung des zweiten Argumentes *auffangen* kann.

$$A_n(x,1) = x \text{ für } n \geq 2, x \geq 0, \tag{4.2}$$

$$A_n(1,y) = 1 \text{ für } n \geq 3, y \geq 0,$$

$$A_n(x,y) > y \text{ für } n \geq 0, x \geq 2, y \geq 0 \text{ (für } n = 2 \text{ nur bei } y > 0),$$

$$A_n(x,y+1) > A_n(x,y) \text{ für } n \geq 1, x \geq 2, y \geq 0, \tag{4.3}$$

$$A_n(x+1,y) \geq A_n(x,y) \text{ für } n \geq 0, x \geq 0, y \geq 0,$$

$$A_{n+1}(x,y) \geq A_n(x,y) \text{ für } n \geq 2, x \geq 2, y \geq 0, \tag{4.4}$$

$$A_{n+1}(x+1,y+1) \geq A_n(x,y) \text{ für } n \geq 0, x \geq 0, y \geq 0, \tag{4.5}$$

$$A_n(A_n(x,k),l) \leq A_n(x,k \cdot l) \text{ für } n \geq 2, x \geq 2, k \geq 0, l \geq 0. \tag{4.6}$$

Lange Zeit hoffte man, mit der Klasse der primitiv-rekursiven Funktionen alle berechenbaren totalen Funktionen erfasst zu haben. Diese Hoffnung wurde jedoch von Ackermann durch den folgenden Satz zerschlagen:

Satz 4.8
Die Ackermannfunktion ist total, wächst jedoch schneller als jede primitive Rekursion.

Um diesen Satz beweisen zu können, müssen wir uns zunächst mit der Komplexität von Funktionen im Detail befassen. Wir betrachten dazu zwei verschiedene Maße der Komplexität. Das eine wird darin liegen, die Anzahl der Rekursionen zu zählen, die bei der Definition der Funktion verwendet werden, das andere betrachtet wie bereits angeregt das Wachstum der Funktionen.

Definition 4.15
Für $n \geq 0$ ist $f \in R^n$ genau dann, wenn

1. f eine der Grundfunktionen C^0, U_n^i oder s ist, oder

2. f durch eine Einsetzung aus bereits in R^n enthaltenen Funktionen definiert ist, oder

3. $n \geq 1$ ist und f durch eine primitive Rekursion aus bereits in R^{n-1} enthaltenen Funktionen definiert ist.

Die nachfolgend definierten Funktionenklassen E^n heißen GRZEGORCZYK-Klassen.

Definition 4.16
Für $n \geq 0$ ist $f \in E^n$ genau dann, wenn

1. f eine der Grundfunktionen C^0, U_m^i, s oder A_n ist, oder

2. f durch eine Einsetzung aus bereits in E^n enthaltenen Funktionen definiert ist, oder

3. $n \geq 1$ ist und f durch eine beschränkte primitive Rekursion aus bereits in E^n enthaltenen Funktionen definiert ist (d. h. im speziellen, dass auch die obere Schranke u eine Funktion aus E^n ist).

Satz 4.9
Mit $\vec{x} \in \mathbb{N}_0^m$, $\widehat{\vec{x}} := \max\{x_1, \ldots, x_m, 2\}$ und $n \geq 0$ gibt es zu jeder Funktion $f \in E^n$ eine Zahl k, so dass für alle $\vec{x}$ gilt:

$$f(\vec{x}) \leq A_{n+1}(\widehat{\vec{x}}, k).$$

Beweis: Wir führen den Beweis durch Induktion über den Aufbau von E^n:
Für die Grundfunktionen C^0, U^i_m und s ist die Behauptung für $n = 0$ und $n = 1$ erfüllt, für $n \geq 2$ folgt sie dann mit (4.4). Bleibt zu zeigen, dass die Behauptung auch gilt, wenn wir $f = A_n$ wählen:

$$
\begin{aligned}
A_0(x,y) &= & y+1 \leq \max\{x,y,2\} + 1 = A_1((\widehat{x,y}),1) \\
A_n(x,y) &\leq & A_n((\widehat{x,y}),y) \\
& \overset{(4.3)}{\leq} & A_n((\widehat{x,y}),(\widehat{x,y})) \\
& \overset{(4.2)}{=} & A_n((\widehat{x,y}),A_{n+1}((\widehat{x,y}),1)) \\
&= & A_{n+1}((\widehat{x,y}),2).
\end{aligned}
$$

Damit gilt die Behauptung auch für die Ackermannfunktion als Wahl gemäß 1. der Definition von E^n. Betrachten wir nun die Einsetzung. Es sei $f(\vec{x},\vec{y}) = h(\vec{x},g(\vec{y}))$ für $g,h \in \mathsf{E}^n$. Dann gibt es gemäß der Induktionsbehauptung k_1 und k_2 mit

$$
g(\vec{y}) \leq A_{n+1}(\widehat{\vec{y}},k_1) \qquad \text{und} \qquad h(\vec{x},\vec{y}) \leq A_{n+1}((\widehat{\vec{x},\vec{y}}),k_2).
$$

Nach (4.3) können wir annehmen, dass $k_1, k_2 \geq 2$ sind. Dann gilt für f die folgende Abschätzung:

$$
\begin{aligned}
f(\vec{x},\vec{y}) &\leq & A_{n+1}(\max\{\vec{x},g(\vec{y}),2\},k_2) \\
&\leq & A_{n+1}(A_{n+1}((\widehat{\vec{x},\vec{y}}),k_1),k_2) \\
& \overset{(4.6)}{\leq} & A_{n+1}((\widehat{\vec{x},\vec{y}}),k_1 \cdot k_2),
\end{aligned}
$$

womit der Induktionsschritt vollzogen ist. Da wir für Konstruktionsschritt 3. fordern, dass die primitive Rekursion durch eine Funktion aus E^n beschränkt ist, brauchen wir diesen Fall nicht zu betrachten, da die Existenz der im Satz behaupteten obere Schranke durch diesen Umstand gesichert ist. $\qquad\square$

Wir können nun ohne größere Mühe beweisen, dass die Funktionenklassen E^n eine aufsteigende Hierarchie von ineinander echt enthaltenen Funktionenklassen bilden.

Satz 4.10
Für $n \geq 0$ gilt: E^n ist echt in E^{n+1} enthalten.

Beweis: Mit (4.5) gilt $A_i \in \mathsf{E}^{n+1}$ für $1 \leq i \leq n$. Also gilt $E^n \subseteq E^{n+1}$. dass diese Inklusion echt ist, folgt wieder durch einen DiagonalSchluss:
Die Funktion $f(x) := A_{n+1}(x,x) + 1$ liegt in E^{n+1}. Läge sie auch in E^n, dann gäbe es nach vorherigem Satz eine Zahl[2] $k \geq 2$ mit

$$
f(x) \leq A_{n+1}(x,k)
$$

---

[2]Diese Einschränkung für k benötigen wir, da im zitierten Satz der Operator $\widehat{}$ verwandt wird, also ein erstes Argument x für A_{n+1} der Größe mindestens 2 resultiert. Setzen wir nachfolgend $x = k$, so erlaubt uns $k \geq 2$ entsprechend, den Operator $\widehat{}$ wegzulassen. Der zitierte Satz selbst macht dabei keine Aussage hinsichtlich der Mindestgröße von k. Wie wir jedoch wissen, wachsen die Funktionen A_{n+1} monoton in ihrem zweiten Argument. Von daher ist die Annahme eines größeren k im Kontext einer oberen Schranke zulässig.

für alle $x \geq 2$. Damit ergibt sich der Widerspruch

$$f(k) = A_{n+1}(k,k) + 1 \leq A_{n+1}(k,k).$$

$\square$

Bemerkung 4.5
Man kann nun damit fortfahren, die beiden Komplexitätsmaße Wachstum und Rekursionszahl miteinander zu vergleichen. Wir verzichten auf Details dieses Vergleichs, zitieren jedoch die wesentlichen Ergebnisse:

- $R^0 \subseteq E^0$ und $R^1 \subseteq E^1$,
- $R^n \subseteq E^{n+1}$ für $n \geq 1$,
- $R^n = E^{n+1}$ für $n \geq 2$.

Wir sind nun so weit, den noch ausstehenden Beweis zu führen.

Beweis zu Satz 4.8: Die Beweisidee liegt darin, mit Hilfe der Funktionen A_n eine Majorante für alle primitiv-rekursiven Funktionen zu konstruieren und durch einen DiagonalSchluss zu beweisen, dass diese nicht primitiv-rekursiv sein kann. Wir finden diese Majorante in der Ackermannfunktion A.

Behauptung: Zu jeder primitiv-rekursiven Funktion f gibt es eine Zahl k mit

$$f(\vec{x}) \leq A(k,\widehat{\vec{x}},k)$$

für alle $\vec{x}$. Um diese Behauptung zu beweisen, machen wir uns klar, dass nach Definition für jedes primitiv-rekursive f eine Zahl n existiert, so dass $f \in R^n$ gilt. Nach vorheriger Bemerkung ist dann $f \in E^{n+1}$ und Satz 4.9 impliziert die Existenz einer Zahl k' mit

$$f(\vec{x}) \leq A_{n+2}(\widehat{\vec{x}}, k')$$

für alle $\vec{x}$. Wählen wir k als das Maximum $\max\{n+2, k'\}$, so folgt die Behauptung.
Nehmen wir nun an, A sei primitiv-rekursiv. Dann ist auch die Funktion $A(n,\widehat{n},n) + 1$ primitiv-rekursiv und es gibt also eine Zahl k mit

$$A(n,\widehat{n},n) + 1 \leq A(k,\widehat{n},k)$$

für alle n. Damit folgt mit der Wahl $n = k$ aber der Widerspruch

$$A(k,\widehat{k},k) + 1 \leq A(k,\widehat{k},k).$$

$\square$

Satz 4.11
Die Ackermannfunktion ist rekursiv.

Beweis: Siehe Übungsaufgaben (5. Aufgabe). $\square$

Für eine große Teilmenge der rekursiven Funktionen kann man jedoch nachweisen, dass sie primitiv-rekursiv sind.

Satz 4.12

Sei $f \in \text{ABB}(\mathbb{N}_0^n, \mathbb{N}_0)$ eine rekursive Funktion. Ist

$$|\{\vec{x} \in \mathbb{N}_0^n \mid f(\vec{x}) \neq 0\}| < \infty,$$

so ist f primitiv-rekursiv.

Beweis: Wir zeigen zunächst, dass die Funktionen Mult, Add und Equ aus $\text{ABB}(\mathbb{N}_0^2, \mathbb{N}_0)$ vermöge

1. $(\forall(x,y) \in \mathbb{N}_0^2)(\text{Mult}(x,y) = x \cdot y)$,

2. $(\forall(x,y) \in \mathbb{N}_0^2)(\text{Add}(x,y) = x + y)$,

3. $(\forall(x,y) \in \mathbb{N}_0^2)(\text{Equ}(x,y) = \delta_{x,y})$

primitiv-rekursiv sind ($\delta_{x,y}$ ist KRONECKERs Symbol und genau dann 1, wenn $x = y$ gilt, 0 sonst). Für Add und Mult sei daran erinnert, dass wir einleitend das Schema der primitiven Rekursion gerade so gewählt haben, dass rekursive Definitionen der Addition und der Multiplikation darin eingebettet werden können. Da $\delta_{x,y} = \overline{sg}(|x-y|)$ gilt, und $|x-y| = (x \dot{-} y) + (y \dot{-} x)$, ist auch $\text{Equ} \in \mathscr{P}$.

Wir nehmen an, die von 0 verschiedenen Bilder der Funktion f seien durch die Menge $\{a_1, a_2, \dots, a_N\}$ gegeben und T_i sei die Menge der Urbilder von a_i mit $|T_i| =: r_i$, $1 \leq i \leq N$, d. h.

$$f(\vec{x}) = a_i \neq 0 :\leftrightarrow \vec{x} \in T_i := \bigcup_{1 \leq j \leq r_i} \{(a_{j_1}^{(i)}, a_{j_2}^{(i)}, \dots, a_{j_n}^{(i)}) \mid a_{j_s}^{(i)} \in \mathbb{N}_0, 1 \leq s \leq n\};$$

(wir notieren im Exponenten der Komponenten $a_{j_s}^{(i)}$ also, zu welchem a_i wir ein Urbild betrachten). Offensichtlich gilt $T_i \cap T_j = \emptyset$ für $i \neq j$. Definiere

1. $g_{i,j}^{[w]} \in \text{ABB}(\mathbb{N}_0^n, \mathbb{N}_0)$ durch

$$\begin{aligned}
g_{i,j}^{[w]} &:= \text{Mult}(\text{Equ}(U_n^w, C^{a_{jw}^{(i)}}), g_{i,j}^{[w+1]}), \ 1 \leq w \leq n, \\
g_{i,j}^{[n+1]} &:= C^{a_i}.
\end{aligned}$$

2. $h_i^{[w]} \in \text{ABB}(\mathbb{N}_0^n, \mathbb{N}_0)$ durch

$$\begin{aligned}
h_i^{[w]} &:= \text{Add}(g_{i,w}^{[1]}, h_i^{[w+1]}), \ 1 \leq w < r_i, \\
h_i^{[r_i]} &:= g_{i,r_i}^{[1]}.
\end{aligned}$$

3. $\omega^{[w]} \in \text{ABB}(\mathbb{N}_0^n, \mathbb{N}_0)$ durch

$$\begin{aligned}
\omega^{[w]} &:= \text{Add}(h_w^{[1]}, \omega^{[w+1]}), \ 1 \leq w < N, \\
\omega^{[N]} &:= h_N^{[1]}.
\end{aligned}$$

Offensichtlich sind $g_{i,j}^{[w]}$, $h_i^{[w]}$ und $\omega^{[w]}$ primitiv-rekursiv. Nun ist

$$\omega^{[1]}(\vec{x}) = h_1^{[1]}(\vec{x}) + \omega^{[2]}(\vec{x}) = h_1^{[1]}(\vec{x}) + h_2^{[1]}(\vec{x}) + \omega^{[3]}(\vec{x}) = \cdots = \sum_{1 \leq i \leq N} h_i^{[1]}(\vec{x}), \text{ und}$$

$$h_i^{[1]}(\vec{x}) = g_{i,1}^{[1]}(\vec{x}) + h_i^{[2]}(\vec{x}) = g_{i,1}^{[1]}(\vec{x}) + g_{i,2}^{[1]}(\vec{x}) + h_i^{[3]}(\vec{x}) = \cdots = \sum_{1 \leq j \leq r_i} g_{i,j}^{[1]}(\vec{x}), \text{ und}$$

$$g_{i,j}^{[1]}(\vec{x}) = \mathsf{Equ}(x_1, a_{j_1}^{(i)}) \cdot g_{i,j}^{[2]} = \mathsf{Equ}(x_1, a_{j_1}^{(i)}) \cdot \mathsf{Equ}(x_2, a_{j_2}^{(i)}) \cdot g_{i,j}^{[3]} = \cdots = a_i \prod_{1 \leq s \leq n} \mathsf{Equ}(x_s, a_{j_s}^{(i)}).$$

Damit gilt

$$\omega^{[1]}(\vec{x}) = \sum_{1 \leq i \leq N} \sum_{1 \leq j \leq r_i} a_i \underbrace{\overbrace{\prod_{1 \leq s \leq n} \mathsf{Equ}(x_s, a_{j_s}^{(i)})}^{=1 \,\leftrightarrow\, \vec{x}=(a_{j_1}^{(i)}, a_{j_2}^{(i)}, \ldots, a_{jn}^{(i)})}}_{=a_i \,\leftrightarrow\, \vec{x} \in \bigcup_{1 \leq j \leq r_i} \{(a_{j_1}^{(i)}, a_{j_2}^{(i)}, \ldots, a_{jn}^{(i)})\} = T_i} \quad .$$

Da die $T_1, T_2, \ldots, T_N$ paarweise disjunkt sind, wird durch die erste Summe niemals mehr als ein a_i aufsummiert; es wird genau eines aufsummiert, wenn $f(\vec{x}) \neq 0$ gilt. Folglich gilt $\omega^{[1]}(\vec{x}) = f(\vec{x})$ für ein $\omega^{[1]} \in \mathscr{P}$. □

Bemerkung 4.6
Damit ist auch jedes rekursive Prädikat, dass nur endlich oft wahr oder nur endlich oft falsch wird, stets primitiv-rekursiv.

Zusammen mit den Sätzen 4.6 und 4.7 haben wir damit also gesehen, dass die RM echt mehr kann als die primitive Rekursion. Dies liegt daran, dass die Klasse der primitiv-rekursiven Funktionen nur totale Konstruktionselemente besitzt, wogegen uns der unbeschränkte μ-Operator die Möglichkeit eröffnet, partielle Konstrukte zu verwenden. Dabei stellt sich sofort die Frage, ob auch die mehrfache Anwendung des unbeschränkten μ-Operators ähnlich wie die mehrfache Anwendung der primitiven Rekursion zu immer komplexeren Funktionen führt. Dieser Frage wollen wir uns im Folgenden zuwenden.

4.2.1 Der Normalformsatz von Kleene

Um die soeben aufgeworfene Frage zu beantworten, werden wir wie zuvor auch von den Programmen unserer RM ausgehen[3], diesen aber nicht induktiv eine Funktion zuordnen, sondern jedem Programm eine Nummer (natürliche Zahl) zuweisen, aus der man alle Informationen über das Programm ablesen kann. Eine solche injektive Abbildung von Gegenständen – hier Programme – in die natürlichen Zahlen nennt man *Gödelisierung*, die jeweils zugewiesene Zahl *Gödelnummer*[4]. Bisher haben wir die Programme der Registermaschine als Flußdiagramme dargestellt; hier bietet es sich nun an, eine andere Notation zu verwenden. Für die Elementarbefehle

---

[3]Aufgrund der zuvor bewiesenen Äquivalenz zwischen den rekursiven und den RM-berechenbaren Funktionen, stellt dieser eher anschauliche Zugang offensichtlich keine Einschränkung dar.

[4]Die Namensgebung leitet sich vom Erfinder dieser Technik, Kurt Gödel ab, der 1931 mit ihrer Hilfe den Unvollständigkeitssatz bewies.

$<i>:=<i>+1$ und $<i>:=<i>\dot{-}1$ schreiben wir A_i und S_i und fassen diese als Buchstaben eines Alphabets auf. Die Verkettung (Hintereinanderausführung) von Elementarbefehlen schreiben wir als Konkatenation der entsprechenden Buchstaben zu einem Wort. Die Iteration eines Programmes P

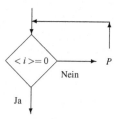

schreiben wir in der Form $(_iP)$. Das Ende der Kodierung eines jeden Programmes markieren wir durch den Buchstaben E. Insgesamt lässt sich so jedes Programm für unsere RM als Wort über dem Alphabet $\{),E\} \cup \bigcup_{0 \leq i \leq n}\{A_i, S_i, (_i\}$ darstellen; wir nennen diese Darstellung *Programmwort*.

Beispiel 4.4

Das Programmwort $(_iS_i)E$ beschreibt das Programm, welches den Inhalt des Register i löscht.

4.2.1.1 Gödelisierung von Programmworten

Ziel dieses Abschnitts ist es, eine Gödelisierung des soeben eingeführten Programmworts zu finden. Dazu ordnen wir zunächst jedem Buchstaben der Programmwörter eine Gödelnummer zu (welche, siehe später). Auf diese Weise entsteht aus einem Programmwort mit r Buchstaben ein r-Tupel natürlicher Zahlen. Aus diesem können wir eine einzelne Gödelnummer ableiten, indem wir auf die Zerlegbarkeit einer jeden natürlichen Zahl in ihre Primfaktoren zurückgreifen. Steht p_i für die i-te Primzahl[5], so ist

$$\prod_{1 \leq i \leq r} p_i^{x_i} =:<x_1,\ldots,x_r>$$

eine so gewonnene Gödelnummer des r-Tupel $(x_1,\ldots,x_r)$. Zur Dekodierung einer Gödelnummer x benötigen wir dann den Exponenten der i-ten Primzahl in der Primfaktorzerlegung der Zahl x, den wir mit $\exp(i,x)$ oder kurz mit $(x)_i$ bezeichnen wollen. Für die Gödelisierung unserer Programmwörter wollen wir dabei folgende Zuordnung von Alphabetszeichen zu Zahlen verwenden:

$A_i \quad \sim \quad 2^i$

$S_i \quad \sim \quad 3^i$

$(_i \quad \sim \quad 5^i \cdot 7^b$, wobei b die Stelle im Programmwort ist, an die bei der Antwort "Ja" gesprungen wird

$) \quad \sim \quad 11^c$, wobei c die Stelle im Programmwort ist, an die bei der Antwort "Nein" gesprungen wird

$E \quad \sim \quad 13$

---

[5]Wir legen fest, dass 2 die 1-te Primzahl ist, etc.

Die Gödelnummer des einzelnen Buchstaben kann also davon abhängig sein, an welcher Stelle im Programmwort er vorkommt, um die Klammerung des Programmwortes mit in die Kodierung zu retten. Dabei stellen wir uns die Buchstaben bei 1 beginnend nummeriert vor; einzige Ausnahme ist der Buchstabe E, dem wir per Definition die Position 0 zuordnen.

Beispiel 4.5
Die Gödelnummer des Programmwortes $(_1 S_1 A_2 A_3)(_3 S_3 A_1)E$ ergibt sich folgendermaßen.

1. $(_1 \sim 5^1 \cdot 7^6$, da der Buchstabe $(_3$ an sechster Stelle im Programmwort steht.

2. $S_1 \sim 3^1$.

3. $A_2 \sim 2^2$.

4. $A_3 \sim 2^3$.

5. $) \sim 11^1$, da der Buchstabe $(_1$ an erster Stelle im Programmwort steht.

6. $(_3 \sim 5^3 7^0$, da der Buchstabe E per Definition Position 0 besitzt.

7. $S_3 \sim 3^3$.

8. $A_1 \sim 2^1$.

9. $) \sim 11^6$, da der Buchstabe $(_3$ an sechster Stelle im Programmwort steht.

10. $E \sim 13$.

Schreibt man nun die Buchstaben des Programmwortes und ihre Gödelnummer untereinander, so ergibt sich

$$
\begin{array}{ccccccccccc}
(_1 & S_1 & A_2 & A_3 &) & (_3 & S_3 & A_1 &) & E \\
5^1 \cdot 7^6 & 3^1 & 2^2 & 2^3 & 11^1 & 5^3 \cdot 7^0 & 3^3 & 2^1 & 11^6 & 13.
\end{array}
$$

Für die Gödelnummer p des gesamten Programmwortes ergibt sich deshalb

$$
\begin{aligned}
p &= \ <5^1 \cdot 7^6, 3^1, 2^2, 2^3, 11^1, 5^3 \cdot 7^0, 3^3, 2^1, 11^6, 13> \\
&= \ 2^{5^1 \cdot 7^6} \cdot 3^{3^1} \cdot 5^{2^2} \cdot 7^{2^3} \cdot 11^{11^1} \cdot 13^{5^3 \cdot 7^0} \cdot 17^{3^3} \cdot 19^{2^1} \cdot 23^{11^6} \cdot 29^{13} \\
&= \ \textit{siehe Webseite zum Buch.}
\end{aligned}
$$

Neben der Gödelisierung des Programmes einer RM, wollen wir auch die Registerinhalte während einer Berechnung mittels einer einzigen natürlichen Zahl darstellen. Die Idee dazu ist dieselbe wie zuvor; mit p_i die i-te Primzahl und n die größte Nummer eines tatsächlich benutzten Registers verwenden wir

$$
\prod_{0 \le i \le n} p_{i+1}^{<i>}
$$

für diesen Zweck. Man erinnere sich daran, dass $<i>$ den Inhalt des i-ten Registers repräsentiert.

4.2.1.2 Konfigurationszahlen

Bearbeitet die RM gerade den j-ten Programmbuchstaben eines durch die Gödelnummer p dargestellten Programmwortes und sind ihre Registerinhalte durch die Zahl x gegeben, so nennt man die Zahl $k = <j, p, x>$ *Konfigurationszahl*. Aus einer Konfigurationszahl k lassen sich alle Details über den Zustand einer RM wie folgt ableiten:

$(k)_1$:	Position des aufgerufenen Programmbuchstabens im Programmwort.
$(k)_1 = 0$:	RM stoppt.
$(k)_2$:	Gödelnummer des Programms.
$(k)_3$:	Gödelnummer der Registerinhalte zum augenblicklichen Zeitpunkt.
$\exp((k)_1,(k)_2)$:	Gödelnummer des aufgerufenen Programmbuchstabens.
$\exp(1,\exp((k)_1,(k)_2))$:	Nummer des adressierten Registers eines Additionsbefehls.
$\exp(2,\exp((k)_1,(k)_2))$:	Nummer des adressierten Registers eines Subtraktionsbefehls.
$\exp(3,\exp((k)_1,(k)_2))$:	Nummer des Registers, nach dem die Iterationsschleife gesteuert wird.
$\exp(4,\exp((k)_1,(k)_2))$:	Position des als nächsten auszuführenden Programmbuchstabens, falls die Abfrage der Schleife "Ja" liefert.
$\exp(5,\exp((k)_1,(k)_2))$:	Position des Programmbuchstabens, an die der Rücksprung der Iterationsschleife erfolgt.

4.2.1.3 Konfigurationsfunktion

Unser Ziel, das wir mit der Gödelisierung und der Einführung der Konfigurationszahl verfolgen, ist die Konstruktion einer sog. *universellen Funktion*, die in der Lage ist, das Verhalten aller RM-Programme zu simulieren. Dazu erhält sie als Eingabe die Gödelnummer des zu simulierenden Programmes und die der Belegung der Register durch die Eingabe. Damit dann eine Simulation des Programmes möglich ist, müssen wir als nächstes einer Konfigurationszahl k durch eine (primitiv) rekursive Funktion diejenige Zahl zuordnen, die der Konfiguration der RM im nächsten Programmschritt entspricht. Wir wollen diese Zahl *Folgekonfigurationszahl* nennen. Dass eine Konfigurationszahl alle dafür notwendigen Informationen enthält, haben wir zuvor ja bereits gesehen.

Wir wollen damit beginnen, das Verhalten der Grundfunktionen Addition und Subtraktion zu realisieren, d. h. die Programmbuchstaben A_i und S_i zu verarbeiten. Da der Inhalt des i-ten Registers im Exponent der $(i+1)$-ten Primzahl kodiert ist, können wir eine Anpassung der Gödelnummer x der Registerinhalte an die Operation $< i >:=< i > +1$ durch folgende Funktion vornehmen:

$$a(i,x) := p_{i+1} \cdot x.$$

Entsprechend gelingt eine Anpassung an $< i >:=< i > \dot{-} 1$ durch

$$s(i,x) := \begin{cases} \frac{x}{p_{i+1}} & \text{falls } p_{i+1} \text{ teilt } x, \\ x & \text{sonst} \end{cases}.$$

Um die gesamte Folgekonfigurationszahl zu berechnen, müssen wir eine Fallunterscheidung danach durchführen, welcher Programmschritt als nächster aufzurufen ist. Für das Verständnis der entsprechend nachfolgend definierten Funktion F sei empfohlen, die zahlentheoretischen Prädikate der Fallunterscheidung in entsprechende anschauliche Aussagen zu übersetzen. Dabei kann die zuvor angegebene Auflistung entsprechender Anschauungen hilfreich sein. Wir verwenden die Notation $a|b$ um auszudrücken, dass die Zahl a die Zahl b teilt.

$$F(k) := \begin{cases} < (k)_1 + 1, (k)_2, a(\exp(1, \exp((k)_1, (k)_2)), (k)_3 > & \text{falls } (k)_1 \neq 0 \wedge 2|\exp((k)_1, (k)_2), \\ < (k)_1 + 1, (k)_2, s(\exp(2, \exp((k)_1, (k)_2)), (k)_3 > & \text{falls } (k)_1 \neq 0 \wedge \neg(2|\exp((k)_1, (k)_2)) \wedge \\ & \quad 3|\exp((k)_1, (k)_2), \\ < (k)_1 + 1, (k)_2, (k)_3 > & \text{falls } (k)_1 \neq 0 \wedge \neg(2|\exp((k)_1, (k)_2)) \wedge \\ & \quad \neg(3|\exp((k)_1, (k)_2)) \wedge 5|\exp((k)_1, (k)_2) \wedge \\ & \quad \exp(\exp(3, \exp((k)_1, (k)_2)), (k)_3) \neq 0, \\ < \exp(4, \exp((k)_1, (k)_2)), (k)_2, (k)_3 > & \text{falls } (k)_1 \neq 0 \wedge \neg(2|\exp((k)_1, (k)_2)) \wedge \\ & \quad \neg(3|\exp((k)_1, (k)_2)) \wedge 5|\exp((k)_1, (k)_2) \wedge \\ & \quad \exp(\exp(3, \exp((k)_1, (k)_2)), (k)_3) = 0, \\ < \exp(5, \exp((k)_1, (k)_2)), (k)_2, (k)_3 > & \text{falls } (k)_1 \neq 0 \wedge \neg(2|\exp((k)_1, (k)_2)) \wedge \\ & \quad \neg(3|\exp((k)_1, (k)_2)) \qquad \qquad \wedge \\ & \quad \neg(5|\exp((k)_1, (k)_2)) \qquad \qquad \wedge \\ & \quad \neg(7|\exp((k)_1, (k)_2)) \wedge 11|\exp((k)_1, (k)_2), \\ < 0, (k)_2, (k)_3 > & \text{sonst.} \end{cases}$$

Die letzte Fallunterscheidung erfasst zum einen den Fall, dass der nächste Programmbuchstabe der Stopp-Befehl ist und zum anderen all die Fälle, in denen die Zahl k nicht die Gestalt einer Konfigurationszahl hat (die Funktion F muss ja für alle natürlichen Zahlen definiert sein).

Nach diesen Vorbereitungen lässt sich nun die dreistellige Funktion $K(p,x,t)$ definieren, die in Abhängigkeit von der Anzahl vollzogener Rechenschritte t (Rechenzeit) die Rechnung der RM mit dem Programm, das der Gödelnummer p entspricht, bei Eingabe mit Gödelnummer x simuliert:

$$K(p,x,0) \quad := \quad <1,p,x> \qquad \text{Konfigurationszahl zu Beginn der Rechnung d. h.}$$
beim Programmbuchstaben an Position 1,

$$K(p,x,t+1) \quad := \quad F(K(p,x,t)) \qquad \text{Folgekonfigurationszahl.}$$

$K(p,x,t)$ ist also die t-te Iterierte von $F(<1,p,x>)$. Wir müssen noch untersuchen, ob die so definierte Funktion rekursiv oder sogar primitiv-rekursiv ist. Man kann nun zeigen (siehe 1. Aufgabe), dass das Prädikat $a|b$ und die Funktion $\exp(i,x) = (x)_i$ primitiv-rekursiv sind. Des Weiteren sind die Verundung, die Negation sowie die Abfrage auf $= 0$ bzw. $\neq 0$ primitiv-rekursiv. Es sei daran erinnert, dass die Funktion $p(n)$, welche die n-te Primzahl berechnet, primitiv-rekursiv ist. Damit sind alle zur Definition von F verwendeten Prädikate und die dort benutzen Funktionen primitiv-rekursiv und Satz 4.4 belegt folglich, dass F primitiv-rekursiv ist.

Mit vorheriger Darstellung von K als primitive Rekursion der Funktionen F und $<\cdot,\cdot,\cdot>$ ist damit belegt, dass K primitiv-rekursiv ist. Wie wir nachfolgend sehen werden, ist sogar eine beschränkte primitive Rekursion zur Berechnung von K ausreichend. Dazu zeigen wir eine obere Schranke für den Wert, den $K(p,x,t)$ annehmen kann.

Nach Konstruktion ist $K(p,x,t)$ gleich der Konfigurationszahl $<v_1,v_2,v_3>$ der Registermaschine mit Gödelnummer p nach dem t-ten Rechenschritt. Die erste Komponente v_1 gibt dabei an, an welcher Position des Programmwortes gerade gerechnet wird; die Länge des Programmwortes mit Gödelnummer p ist offensichtlich eine obere Schranke für v_1. Diese wiederum lässt sich durch p selbst nach oben abschätzen. Die zweite Komponente v_2 bleibt in jedem Schritt unverändert (und damit gleich p); wir können also auch v_2 durch p nach oben abschätzen. Die dritte

Komponente v_3 repräsentiert die Gödelnummer x der Registerinhalte. Nach t Rechenschritten kann sie höchstens durch t-maliges Addieren der 1 in einem Exponenten erhöht worden sein. Dieses Wachstum können wir durch x^t nach oben abschätzen. Insgesamt folgt so

$$K(p,x,t) \leq\, < p,p,x^t > .$$

Diese Abschätzung gilt auch dann, wenn p und/oder x keine Gödelnummern von Programmen bzw. Registerinhalten einer RM sind, da wir bei unserer Argumentation lediglich auf die formale Definition der Funktion F zurückgegriffen haben.

4.2.1.4 Der Normalformsatz

Eine RM stoppt, d. h. der Programmschritt E wird erreicht, genau dann, wenn die erste Komponente der Konfigurationszahl gleich 0 ist[6]. Wir können also den Stopp einer RM bei Ausführung des Progammes mit Gödelnummer p und der Eingabe mit Gödelnummer x durch ein zahlentheoretisches Prädikat fassen, das aus historischen Gründen KLEENE*sches T-Prädikat* genannt wird und wie folgt definiert ist:

$$T(p,x,t) \quad :\leftrightarrow \quad \exp(1, K(p,x,t)) = 0.$$

Die Anzahl der Rechenschritte, die die RM durchführt bis sie stoppt, ist durch

$$\mu(t, T(p,x,t))$$

gegeben. Wenn die RM bei der Berechnung einer n-stelligen Funktion stoppt, so steht nach unserer Konvention das Ergebnis im 0-ten Register. Aus einer Konfigurationszahl k kann man diesen Inhalt über $\exp(1, \exp(3,k))$ extrahieren. Nach diesen Vorüberlegungen können wir nun eine dreistellige universelle Funktion $\mathcal{U}_n$ definieren, die jede n-stellige RM-berechenbare Funktion bis zum t-ten Rechenschritt simuliert:

$$\mathcal{U}_n(p,x,t) := \exp(1, \exp(3, K(p,x,t))).$$

Diese Funktion ist primitiv-rekursiv. Jede RM-berechenbare Funktion lässt sich also aus primitiv-rekursiven Funktionen durch nur eine Anwendung des (unbeschränkten) μ-Operators im Normalfall[7] definieren:

Satz 4.13 (Normalformsatz von KLEENE**)**

Zu jedem $n \in \mathbb{N}_0$ gibt es eine dreistellige primitiv-rekursive Funktion $\mathcal{U}_n$, so dass es zu jeder n-stelligen RM-berechenbaren Funktion f eine Zahl p gibt, so dass für alle $x_1, \ldots, x_n$ gilt:

$$f(x_1, \ldots, x_n) = \mathcal{U}_n(p, < x_1, \ldots, x_n >, \mu(t, T(p, < x_1, \ldots, x_n >, t))).$$

---

[6]Wir erinnern uns, dass in der ersten Komponente die Position des aufgerufenen Programmschrittes gespeichert wird und wir per Definition den Schritt E stets mit Position 0 assoziieren.

[7]Man sagt, die Anwendung des μ-Operators $\mu(y, g(\vec{x}, y) = 0)$ erfolgt *im Normalfall*, wenn es zu jedem $x_1, \ldots, x_n$ ein y gibt mit $g(x_1, \ldots, x_n, y) = 0$. Damit liefert der μ-Operator bei Anwendung im Normalfall stets ein definiertes Ergebnis.

Beweis: Der Beweis ist durch unsere vorbereitende Diskussion bereits erbracht. □

Der Grund, warum mit dieser Normalform nicht alle rekursiven Funktionen auch primitiv-rekursiv sind, liegt darin, dass i.a. die Schrittzahlfunktion zur Berechnung von f keine primitiv-rekursive obere Schranke besitzt, der beschränkte μ-Operator also nicht ausreicht. Aufgrund der von uns bewiesenen Äquivalenz der RM-Berechenbarkeit und der Rekursivität besagt dieses Normalformtheorem aber auch, dass sich jede rekursive Funktion aus primitiv-rekursiven, überall definierten Funktionen durch nur eine Anwendung des μ-Operators im Normalfall definieren lässt. Die Zulassung von partiellen Funktionen und die beliebige Verwendung des μ-Operators auch ohne Normalfall erweitern also die Möglichkeiten unseres Baukastens zur Definition von berechenbaren Funktionen nicht, **solange das Ergebnis eine überall definierte Funktion ist**.

Bemerkung 4.7
In Anlehnung an die Architektur von Mikroprozessoren lässt sich das RM-Konzept auch so abändern, dass nur noch in einem Register (der Akkumulator) gerechnet werden kann und die übrigen Register nur der Speicherung dienen. Neben den Rechenoperationen $A_1 \equiv A$ und $S_1 \equiv S$ müssen dann als weitere Elementaroperationen noch das Vertauschen der Registerinhalte mit dem Inhalt des Registers 1 zugelassen werden. Bezeichnen wir die Vertauschung der Inhalte der Register 1 und i mit V_i und lassen neben der Verkettung nur noch die Iteration nach dem Register 1 zu, so kommen wir mit dem $(n+5)$-elementigen Alphabet $\{A, S, V_i, (,), E\}$ für unsere Programmwörter aus. Man kann dann zeigen (siehe 8. Aufgabe), dass dieses abgewandelte Modell einer Rechenmaschine dieselbe Leistungsfähigkeit besitzt wie unser ursprüngliches.

4.2.2 Nichtberechenbare Funktionen

Eine weitere wesentliche Frage ist die danach, ob alle definierbaren Funktionen (partiell) rekursiv sind. Dieser Frage wollen wir uns im Folgenden zuwenden.

Wir beginnen unsere Untersuchung mit der Betrachtung universeller Funktionen bzgl. einer gegebenen Gödelisierung. Solche Funktionen sollen für alle $f \in K$ in der Lage sein, durch die Eingabe einer f repräsentierenden Nummer i für alle $\vec{x}$ aus D_f dasselbe Verhalten wie f zu besitzen. Formal heißt das:

Definition 4.17
Sei K eine Funktionenklasse und $\mathscr{G}$ eine Gödelisierung von K. Wir bezeichnen mit $F_i^{\mathscr{G}}$ die Funktion aus K mit Gödelnummer i und mit K_n die Menge aller n-stelligen Funktionen aus K. Eine $(n+1)$-stellige Funktion $F^{\mathscr{G}_n}$ mit

$$(\forall i \in \mathbb{N}_0)(F_i^{\mathscr{G}} \in K_n \Rightarrow F^{\mathscr{G}_n}(i, \cdot) \cong F_i^{\mathscr{G}})$$

heißt *universelle Funktion* für K_n bzgl. $\mathscr{G}$.

Es sei darauf hingewiesen, dass diese Definition nicht ausreicht, um eine universelle Funktion für die Klasse K_n eindeutig festzulegen, da wir das Verhalten von $F^{\mathscr{G}_n}(i, \cdot)$ für solche i, die keine Funktion aus K_n beschreiben, beliebig wählen können. Des Weiteren ist nicht jede Gödelisierung gleichermaßen für unsere Untersuchungen geeignet. So möchte man beispielsweise Möglichkeiten wie das aus der funktionalen Programmierung bekannte *Currying*[8] unterstützen. Dies ist jedoch nicht für jede beliebige Gödelisierung/Indizierung möglich. Deshalb definiert man:

---

[8]Currying ist die Umwandlung einer Funktion mit mehreren Argumenten in mehrere Funktionen mit je einem Argument. Es wird überwiegend in Programmiersprachen verwendet, in denen Funktionen nur ein einzelnes Argument erhalten dürfen wie beispielsweise in ML oder Haskell.

Definition 4.18

Eine Gödelisierung $\mathscr{G}$ der Funktionenklasse K hat die smn-Eigenschaft, falls

$$(\forall m, n \in \mathbb{N}_0)(\exists s_{m,n} \in K_{m+1})(s_{m,n} \text{ total } \wedge$$
$$(\forall i \in \mathbb{N}_0)(\forall \vec{x} \in \mathbb{N}_0^m)(\forall \vec{y} \in \mathbb{N}_0^n)(F_{s_{m,n}(i,\vec{x})}^{\mathscr{G}}(\vec{y}) \cong F_i^{\mathscr{G}}(\vec{x}, \vec{y}))).$$

Eine Gödelsisierung $\mathscr{G}$ von K nennen wir *Standard-Gödelisierung*, wenn $\mathscr{G}$ die smn-Eigenschaft besitzt und für jedes $n \in \mathbb{N}_0$ eine universelle Funktion $F^{\mathscr{G}_n}$ der n-stelligen Funktionen in K liegt.

Wenn wir im Kontext einer Standard-Gödelisierung von einer universellen Funktion sprechen, so ist stets eine solche der Klasse K gemeint, also eine universelle Funktion, die innerhalb der betrachteten Klasse berechnet werden kann.

Es lässt sich nun durch eine Diagonalisierung zeigen, dass eine universelle Funktion für totale Funktionen i.a. komplizierter ist als die Funktionen, die sie aufzählt.

Satz 4.14

Sei $\mathscr{G}$ eine Gödelisierung für die Funktionenklasse K totaler Funktionen. K enthalte die Nachfolgerfunktion s, U_1^1 und sei abgeschlossen gegen Einsetzung. Dann liegt $F^{\mathscr{G}_1}$ nicht in K.

Beweis: Wir schließen indirekt und nehmen an, $F^{\mathscr{G}_1}$ läge in K. Dann gehört nach Voraussetzung auch die Funktion $F^{\mathscr{G}_1}(x,x) + 1$ zu K und da $F^{\mathscr{G}_1}$ eine universelle Funktion für K ist, gibt es eine Zahl p mit

$$(\forall x)(F^{\mathscr{G}_1}(p,x) = F^{\mathscr{G}_1}(x,x) + 1).$$

Durch die Wahl $x = p$ erhält man daraus den Widerspruch $F^{\mathscr{G}_1}(p,p) = F^{\mathscr{G}_1}(p,p) + 1$. Folglich kann $F^{\mathscr{G}_1}$ nicht in K liegen. $\qquad \square$

Eine Anwendung des vorherigen Satzes im Kontext einer beliebigen Gödelisierung der rekursiven Funktionen ergibt ein Beispiel für die Existenz von partiellen rekursiven Funktionen, die nicht rekursiv sind:

Korollar 4.1

Es gibt keine rekursive universelle Funktion der einstelligen rekursiven Funktionen.

Offensichtlich kann derselbe Beweis auch für rekursive Funktionen einer anderen Stelligkeit geführt werden (dieser sei dem interessierten Leser als Übung überlassen).

Für die Klasse der n-stelligen rekursiven Funktionen können wir aus der dreistelligen Funktion $\mathscr{U}_n(p,x,t)$ eine universelle Funktion ableiten, indem wir die Anzahl der von $\mathscr{U}_n$ bis zur Terminierung der Berechnung zu simulierenden Rechenschritte t über den (unbeschränkten) μ-Operator bestimmen (siehe Normalformsatz). Wir finden so die universelle Funktion $F^{<\cdot>_n}(i,\vec{x}) :\cong \mathscr{U}_n(i, <\vec{x}>, \mu(t, T(i, <\vec{x}>, t)))$. Die Funktionen $F^{<\cdot>_n}$ wird also mittels primitiv-rekursiver Funktionen und einmaliger Anwendung des (unbeschränkten) μ-Operators definiert. Da $F^{<\cdot>_n}$ nicht rekursiv ist (Satz 4.14), erfolgt die Anwendung des μ-Operators folglich nicht im Normalfall, d. h. es gibt Fälle, in denen keine Nullstelle gefunden wird und der μ-Operator undefiniert bleibt. Die Funktion $F^{<\cdot>_n}$ ist also eine rekursive partielle Funktion.

Es lässt sich zeigen, dass die Gödelisierung $< \cdot >$ die smn-Eigenschaft besitzt (siehe 9. Aufgabe) und entsprechend vorheriger Diskussion damit eine Standard-Gödelisierung von $\mathscr{R}$ ist. Im Gegensatz zum vorherigen Korollar gilt entsprechend:

Satz 4.15
Es gibt eine rekursiv partielle universelle Funktion für alle rekursiven partiellen Funktionen.

Beweis: Folgt mit vorheriger Diskussion.   □

Die Erweiterung der rekursiven Funktionen zu den rekursiven partiellen Funktionen ist also eine wesentliche Erweiterung.

Bemerkung 4.8

1. Es lässt sich beweisen, dass eine beliebige Gödelisierung $\mathscr{G}$ genau dann die smn-Eigenschaft in $\mathscr{R}$ besitzt, wenn es eine rekursive Funktion gibt, die die Indizes in $\mathscr{G}$ aus denen in $< \cdot >$ berechnet und umgekehrt.

2. Der Unterschied zwischen der Funktion $\mathscr{U}_n$ des Normalformsatzes 4.13 und den zuvor diskutierten universellen Funktionen liegt im wesentlichen darin, dass wir im Kontext des Normalformsatzes nur solche Indizes p betrachten, die eine totale Funktion beschreiben. Entsprechend existiert stets eine endliche Schrittzahl, die der μ-Operator bestimmt; seine Anwendung geschieht also im Normalfall. Für die universellen Funktionen zu einer Gödelisierung $\mathscr{G}$ können wir solche Einschränkungen nicht voraussetzen.

Wir hatten festgestellt, dass bei der Definition der Funktion $F^{< \cdot >_n}$ die Anwendung des μ-Operators nicht im Normalfall erfolgt, d. h. es gibt Eingaben, in denen keine Nullstelle existiert. Da der μ-Operator verwendet wird, um die Schrittzahl t zu bestimmen, nach der die simulierte Berechnung stoppt, heißt das anschaulich, dass eine solche Schrittzahl nicht existiert. Damit können wir folgern, dass also nicht jede RM anhält, setzt man sie auf eine beliebige Eingabe an (dieser Sachverhalt war unsere Motivation für die Einführung partieller Funktionen). Damit stellt sich sofort die Frage, in wieweit es (rekursiv) entscheidbar ist, ob eine beliebige gegebene RM angesetzt auf eine beliebige gegebene Eingabe stoppt oder nicht. Wir fragen also danach, ob das Prädikat $\bigvee_t T(p,x,t)$ rekursiv ist (d. h. ob die charakteristische Funktion des Prädikats rekursiv ist).

Satz 4.16
Das Prädikat $\bigvee_t T(p,x,t)$ ist nicht rekursiv.

Beweis: Nehmen wir an, das Prädikat $\bigvee_t T(p,x,t)$ sei rekursiv. Als Konsequenz wäre dann auch das Prädikat $\neg(\bigvee_t T(p,< p >,t))$ rekursiv (vertausche die Ausgaben der charakteristischen Funktion und betrachte nur noch p als Eingabe) und es gäbe eine Zahl z derart, dass die RM mit Gödelnummer z angesetzt auf die Eingabe p stoppt und im nullten Register die Zahl 1 liefert (das Ergebnis der charakteristischen Funktion) genau dann, wenn $\neg(\bigvee_t T(p,< p >,t))$ wahr ist, und sonst enthält das Register eine 0.
Durch Diagonalisierung folgt dann, dass die RM mit der Gödelnummer z angesetzt auf Eingabe z **stoppt** und im nullten Register steht eine 1 genau dann, wenn $\neg(\bigvee_t T(z,< z >,t))$, d. h. genau dann, wenn die RM mit Gödelnummer z angesetzt auf Eingabe z **niemals stoppt**. Damit kann unsere Annahme nicht gelten und das Prädikat $\bigvee_t T(p,x,t)$ ist nicht rekursiv.   □

Die Quintessenz dieses Satzes lässt sich auch etwas anschaulicher formulieren[9]:

---

[9]Wir nehmen dabei an, dass die Rekursivität eine adäquate Präzisierung der effektiven Berechenbarkeit ist.

Korollar 4.2

Es gibt kein effektives Verfahren, das zu beliebiger vorgegebener RM M und beliebigen Tupel $\vec{x}$ entscheidet, ob M angesetzt auf $\vec{x}$ nach endlich vielen Schritten stoppt oder nicht.

Die Aussage dieses Korollars ist in der Literatur als *Unentscheidbarkeit des Halteproblems (für RM)* bekannt.

4.3 Berechenbare Mengen

Im zweiten Kapitel haben wir uns mit dem Wortproblem formaler Sprachen beschäftig, also mit der Aufgabe, zu entscheiden, ob ein gegebenes Wort w zu einer gegebenen Sprache $\mathscr{L}$ gehört oder nicht. Wir betrachteten dort verschiedene Maschinenmodelle (endliche Automaten, Kellerautomaten, linear beschränkte Automaten, Turingmaschine) die dazu geeignet waren, diese Frage für die verschiedenen Stufen der Chomsky-Hierarchie zu beantworten. Hier wollen wir nun sehen, welche Möglichkeiten uns die RM bzw. die rekursiven Funktionen in dieser Hinsicht bieten.

4.3.1 Rekursive und rekursiv aufzählbare Mengen

Bereits im Kapitel 2 haben wir das Wortproblem mit einer Funktion verknüpft, nämlich mit der charakteristischen Funktion der betrachteten Menge bzw. Sprache (siehe Bemerkung 2.5). Daraus lässt sich in naheliegender Weise der Begriff einer rekursiven Menge ableiten.

> **Definition 4.19**
> Sei $A \subseteq \mathbb{N}_0$, dann heißt A *rekursiv*, falls χ_A eine rekursive Funktion ist.

Anschaulich ist eine Menge also genau dann rekursiv, wenn es ein Programm für unsere RM gibt, das die Elemente der Menge identifiziert.

> **Satz 4.17**
> Seien A, B rekursive Mengen und sei $C \subseteq \mathbb{N}_0$ eine endliche Menge. Es gilt
>
> 1. $A \cup B, A \cap B, A \setminus B$ sind rekursiv.
> 2. C ist rekursiv.
> 3. $\mathbb{N}_0 \setminus C$ ist rekursiv.

Beweis:

1. $\chi_{A \cup B}(x) = \chi_A(x) + \chi_B(x) \dot- \chi_A(x) \cdot \chi_B(x)$.
   $\chi_{A \cap B} = \chi_A(x) \cdot \chi_B(x)$.
   $\chi_{A \setminus B}(x) = \chi_A(x) \cdot (1 \dot- \chi_B(x))$.

2. Jede Funktion, die nur endlich oft einen von 0 verschiedenen Wert annimmt ist primitiv-rekursiv und damit rekursiv (siehe Satz 4.12).

3. $\mathbb{N}_0$ ist trivialerweise rekursiv; damit folgt mit 1. die Rekursivität von $\mathbb{N}_0 \setminus C$. $\qquad\square$

Definition 4.20
Eine Menge $A \subseteq \mathbb{N}_0$ heißt *rekursiv-aufzählbar*, falls gilt:

1. $A = \emptyset$, oder

2. es gibt eine einstellige rekursive Funktion f, deren Bild gleich A ist.

Mit den rekursiv-aufzählbaren Mengen betrachten wir also die möglichen Wertebereiche rekursiver Funktionen. Im Formalismus der formalen Sprachen fallen sie mit den Typ-0-Sprachen zusammen, d. h. jede Typ-0-Sprache ist rekursiv-aufzählbar und umgekehrt. Die Bezeichnung *rekursiv-aufzählbar* kommt daher, dass mit f die Funktion aus Punkt 2. der vorherigen Definition die Folge $f(0), f(1), f(2), \ldots$ alle Elemente von A u. U. mit Wiederholungen aufzählt. Für eine rekursiv-aufzählbare Menge gibt es also ein Programm für unsere RM, das die Elemente der Menge auflistet. Es stellt sich damit sofort die Frage, ob es überhaupt nicht rekursiv-aufzählbare Mengen gibt, oder ob es möglich ist, jede Teilmenge der natürlichen Zahlen als Wertebereich einer rekursiven Funktion zu erzeugen.

Satz 4.18
Sei $\mathscr{G}$ eine Standard-Gödelisierung für $\mathscr{R}$. Dann ist die Menge

$$\mathscr{T}_{\mathscr{G}}^{(1)} := \{p \in \mathbb{N}_0 \mid F_p^{\mathscr{G}} \text{ ist total}\}$$

nicht rekursiv-aufzählbar.

Beweis: Wir nehmen an, $\mathscr{T}_{\mathscr{G}}^{(1)}$ sei rekursiv-aufzählbar. Dann gibt es nach Definition eine einstellige rekursive Funktion f, deren Bild $\mathscr{T}_{\mathscr{G}}^{(1)}$ ist. Wir definieren eine einstellige Funktion h durch $h(x) := F^{\mathscr{G}_1}(f(x), x) + 1$. Da $\mathscr{T}_{\mathscr{G}}^{(1)}$ gleich dem Bild von f ist, liefert f nach Definition von $\mathscr{T}_{\mathscr{G}}^{(1)}$ nur solche Nummern, die eine totale Funktion repräsentieren. Folglich ist $F_f^{\mathscr{G}}(x)$ und damit auch h total. Sei nun w ein Index von h. Da h total ist, ist damit w ein Element von $\mathscr{T}_{\mathscr{G}}^{(1)}$ und entsprechend w ein Element des Bildes von f. Damit gibt es ein $u \in \mathbb{N}_0$ mit $w = f(u)$ und es folgt

$$h(u) \stackrel{\text{Def. } h}{=} F^{\mathscr{G}_1}(f(u), u) + 1 \stackrel{w = f(u)}{=} F^{\mathscr{G}_1}(w, u) + 1 \stackrel{w \text{ Index von } h}{=} h(u) + 1,$$

also ein Widerspruch zu Annahme. $\qquad\qquad\qquad\qquad\qquad\qquad\qquad\qquad\qquad\qquad\qquad\Box$

Satz 4.19
A rekursiv $\curvearrowright$ A rekursiv-aufzählbar.

Beweis: Da nach Definition die leere Menge rekursiv-aufzählbar ist, können wir o.B.d.A. annehmen, dass $A \neq \emptyset$ gilt. Sei also $\alpha \in A$ beliebig. Wir definieren die einstellige Funktion f durch

$$f(n) := \begin{cases} n & \text{falls } \chi_A(n) = 1 \\ \alpha & \text{falls } \chi_A(n) = 0 \end{cases}.$$

Da χ_A rekursiv ist, ist auch f rekursiv (und damit total). Ferner gilt

$$(\exists u \in \mathbb{N}_0)(f(u) = x) \quad \leftrightarrow \quad (x \in A)$$

und damit die Behauptung. □

Die Umkehrung des vorherigen Satzes ist im Allgemeinen falsch. Es gilt aber der

---
Satz 4.20
A und $\mathbb{N}_0 \setminus A$ rekursiv-aufzählbar $\curvearrowright A$ rekursiv.

Beweis: Ist $A = \emptyset$ oder $\mathbb{N}_0 \setminus A = \emptyset$ so ist A sicher rekursiv, da in diesen Fällen $A = \emptyset$ bzw. $A = \mathbb{N}_0$ gilt. Wir können also $A \neq \emptyset$ und $\mathbb{N}_0 \setminus A \neq \emptyset$ voraussetzen und nehmen an, A sei das Bild der rekursiven Funktion f_0, $\mathbb{N}_0 \setminus A$ das Bild der rekursiven Funktion f_1. Wir definieren

$$g(x) := \min\{z \in \mathbb{N}_0 \mid f_0(z) = x \vee f_1(z) = x\}.$$

Die Suche nach dem Minimum kann über den (unbeschränkten) μ-Operator definiert werden. Da jedes $x \in \mathbb{N}_0$ entweder in A oder in $\mathbb{N}_0 \setminus A$ liegt, ist jedes $x \in \mathbb{N}_0$ entweder Element des Bildes von f_0 oder des Bildes von f_1. Damit erfolgt die Anwendung des μ-Operators im Normalfall und g ist rekursiv (also total). Nun gilt

$$x \in A \leftrightarrow (\exists u \in \mathbb{N}_0)(f_0(u) = x) \leftrightarrow x = f_0(g(x)),$$

d. h. wir erhalten die charakteristische Funktion von A über

$$\chi_A(x) = \begin{cases} 1 & \text{falls } f_0(g(x)) = x \\ 0 & \text{falls } f_0(g(x)) \neq x \end{cases}.$$

Damit ist χ_A und folglich auch A rekursiv. □

Aus unseren bisherigen Überlegungen leiten wir ohne Beweis folgende Schlussfolgerung ab:

Korollar 4.3
$A \subseteq \mathbb{N}_0$ rekursiv genau dann, wenn A und $\mathbb{N}_0 \setminus A$ rekursiv-aufzählbar.

In unserer Anschauung besagen die bisherigen Ergebnisse das folgende: Kennen wir einen Algorithmus $\mathscr{A}$ (ein Programm), der die Elemente einer Menge A auflistet, so reicht dies nicht aus, um alle Elemente der Menge zu identifizieren. Algorithmus $\mathscr{A}$ muss zwar eine Möglichkeit der Identifikation der Elemente in A besitzen, kann aber i. A. keine Aussage über die Elemente in $\mathbb{N}_0 \setminus A$ treffen. Wie wir nachfolgend sehen werden, kann dieses Problem nicht existieren, wenn $\mathscr{A}$ die Elemente in einer geordneten Art und Weise aufzählt.

Definition 4.21
Eine Menge $A \subseteq \mathbb{N}_0$ heißt *rekursiv-aufzählbar in steigender Anordnung*, falls gilt

1. $A = \emptyset$, oder

2. es gibt eine einstellige rekursive Funktion f, deren Bild gleich A ist und für die $(\forall n \in \mathbb{N}_0)(f(n+1) > f(n))$ gilt.

Bemerkung 4.9
Vorherige Definition impliziert, dass A rekursiv-aufzählbar in steigender Anordnung ist genau dann, wenn eine rekursive Funktion f existiert mit

$$f(0) = \min\{x \mid x \in A\}, \quad f(1) = \min\{x \mid x \in A \setminus \{f(0)\}\}, \quad \text{usw.}$$

Offensichtlich ist jede in steigender Anordnung rekursiv-aufzählbare Menge auch rekursiv-aufzählbar. Die Umkehrung ist im Allgemeinen falsch.

Satz 4.21

Eine unendliche Menge $A \subseteq \mathbb{N}_0$ ist rekursiv genau dann, wenn $A \subseteq \mathbb{N}_0$ rekursiv-aufzählbar in steigender Anordnung ist.

Beweis:

"$\rightarrow$": Sei $\alpha = \min\{x \mid x \in A\}$. Definiere die einstellige Funktion f durch $f(0) := \alpha$ und $f(n + 1) := \min\{x \mid x > f(n) \wedge \chi_A(x) = 1\}$. Da χ_A rekursiv ist und f über den μ-Operator definiert werden kann, ist f eine rekursive partielle Funktion. Nun gilt nach Definition von f, dass $f(0)$, $f(1), f(2), \ldots$ die Elemente von A sind und $(\forall n \in \mathbb{N}_0)(f(n+1) > f(n))$. Da A unendlich ist, ist f für alle $n \in \mathbb{N}_0$ definiert und damit total, womit die Behauptung folgt.

"$\leftarrow$": Sei A das Bild der einstelligen, rekursiven Funktion f für die $(\forall n \in \mathbb{N}_0)(f(n+1) > f(n))$ gilt. Dann gilt aber auch $(\forall n \in \mathbb{N}_0)(f(n) \geq n)$ womit folgt, dass x genau dann im Bild von f liegt, wenn x einer der Werte $f(0), f(1), \ldots, f(x)$ ist. Damit ist die charakteristische Funktion von A gegeben durch

$$\chi_A(x) = \begin{cases} 1 & \text{falls } (\exists n \in [0 : x])(f(n) = x) \\ 0 & \text{sonst} \end{cases}.$$

Diese Funktion lässt sich mittels dem beschränkten μ-Operator definieren, weshalb aus f rekursiv dann A rekursiv folgt. $\qquad\qquad\qquad\qquad\qquad\qquad\qquad\qquad\qquad\qquad\qquad\qquad\qquad\qquad$ $\square$

Beispiel 4.6

Betrachte $f(n) = n^3$. Das Bild von f, also die Menge aller Kubikzahlen, ist rekursiv, da es unendlich ist und f die Kubikzahlen in steigender Anordnung rekursiv aufzählt.

Satz 4.22

$A \subseteq \mathbb{N}_0$ ist rekursiv-aufzählbar genau dann, wenn A das Bild einer einstelligen, rekursiven partiellen Funktion ist.

Beweisskizze:

"$\rightarrow$": Ist $A = \emptyset$, so ist A das Bild der einstelligen total undefinierten Funktion, die offensichtlich eine rekursive partielle Funktion ist. In allen anderen Fällen ist A nach Voraussetzung das Bild einer einstelligen rekursiven Funktion f. Da die rekursiven Funktionen nach Definition einen Spezialfall (Teilmenge) der rekursiven partiellen Funktionen darstellen, folgt die Behauptung.

"$\leftarrow$": Sei f eine einstellige rekursive partielle Funktion und A das Bild von f. Interessant ist hier nur der Fall, dass $A \neq \emptyset$ ist, da sonst A per Definition rekursiv-aufzählbar ist. Wir müssen das Problem umschiffen, dass f, geben wir ein x außerhalb des Definitionsbereichs ein, undefiniert ist, eine RM-Berechnung von f also nicht terminiert. Dadurch ist es nicht möglich, die Elemente von A über die Folge $f(0), f(1), f(2), \ldots$ zu generieren. Der Ausweg liegt darin, die Berechnung eines $f(x)$ nur für eine bestimmte Schrittzahl durchzuführen, und dann zu beenden, falls sie noch nicht terminierte. Dies gelingt uns problemlos mit unserer universellen Funktion $\mathcal{U}_n$, deren eines Argument ja die Anzahl der zu simulierenden Schritte war. Die Elemente in A lassen sich mittels f so entlang folgendem Schema aufzählen:

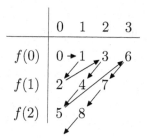

d. h. wir simulieren

- zunächst 0 Schritte der Berechnung von $f(0)$,

- anschließend 1 Schritt der Berechnung von $f(0)$,

- anschließend 0 Schritt der Berechnung von $f(1)$,

- anschließend 2 Schritte der Berechnung von $f(0)$,

- anschließend 1 Schritt der Berechnung von $f(1)$,

- …

Nach jeder Simulation wird geprüft, ob die simulierte RM angehalten hat (Programmbuchstabe E) und ihre Ausgabe gegebenenfalls der Aufzählung der Elemente von A hinzugefügt. Jedes definierte $f(n)$ wird so irgendwann für so viele Schritte simuliert, wie für seine komplette Berechnung notwendig sind. Letztlich erzeugt die Simulation so eine vollständige Aufzählung von A. $\qquad\square$

Die in vorheriger Beweisskizze benutzte Technik nennt man *Timesharing*. Man kann sie oft in solchen Fällen verwenden, in denen es (anschaulich) zum Problem werden kann, dass die Berechnung einer partiellen Funktion nicht terminiert. Mit dem Ergebnis des vorherigen Satzes ist es in vielen Fällen leichter, für ein gegebenes A zu beweisen, dass es rekursiv-aufzählbar ist, da es meist schneller gelingt, eine partielle Funktion mit entsprechendem Bild zu finden als eine totale. Ein Anwendungsbeispiel ist der Beweis der nachfolgenden alternativen Charakterisierung der rekursiv-aufzählbaren Mengen:

Satz 4.23

$A \subseteq \mathbb{N}_0$ ist rekursiv-aufzählbar genau dann, wenn A der Definitionsbereich einer einstelligen rekursiven partiellen Funktion ist.

Beweis:

"$\to$" Für $A = \emptyset$ ist A gleich dem Definitionsbereich der überall undefinierten Funktion. Für $A \neq \emptyset$ folgt die Existenz einer einstelligen, rekursiven Funktion f, deren Bild A ist. Wir definieren dann die geforderte einstellige Funktion h über $h(x) := \min\{n \in \mathbb{N}_0 \mid f(n) = x\}$. Offensichlich ist h partiell rekursiv (der μ-Operator zur Realisierung des Minimums liefert für Eingabe x *undefiniert*, wenn $x \notin A$) und es ist x genau dann im Bild von f, wenn x im Definitionsbereich von h ist.

"←": Sei f die nach Voraussetzung gegebene Funktion, deren Definitionsbereich A ist. Definiere die einstellige Funktion g mit

$$g(n) = \begin{cases} n & \text{falls } f(n) \text{ definiert} \\ \text{undef.} & \text{sonst} \end{cases}.$$

Da f nach Voraussetzung eine rekursive partielle Funktion ist, ist auch g eine rekursive partielle Funktion und das Bild von g ist gleich dem Definitionsbereich von f ist gleich A. Nach Satz 4.22 ist damit A rekursiv-aufzählbar.   □

Wir wollen die Untersuchungen dieses Abschnitts damit abschließen, dass wir Beispiele für Mengen angeben, die unterschiedlich kompliziert sind.

Satz 4.24

Sei $\mathscr{G}$ eine Standard-Gödelisierung für $\mathscr{R}$. Dann ist die Menge

a) $\mathscr{T}_{\mathscr{G}}^{(2)} := \{x \in \mathbb{N}_0 \mid F^{\mathscr{G}_1}(x,x) \text{ ist definiert}\}$ rekursiv-aufzählbar, aber nicht rekursiv,

b) $\mathscr{T}_{\mathscr{G}}^{(3)} := \{x \in \mathbb{N}_0 \mid F^{\mathscr{G}_1}(x,x) \text{ ist undefiniert}\}$ nicht rekursiv-aufzählbar,

c) $\mathscr{T}_{\mathscr{G}}^{(4)} := \{p \in \mathbb{N}_0 \mid F_p^{\mathscr{G}} \text{ ist nicht total}\}$ nicht rekursiv-aufzählbar.

Beweis:

a) Für DEF(f) der Definitionsbereich der Funktion f gilt

$$\chi_{\mathscr{T}_{\mathscr{G}}^{(2)}}(x) = \begin{cases} 1 & \text{falls } x \in \mathscr{T}_{\mathscr{G}}^{(2)} \\ 0 & \text{falls } x \notin \mathscr{T}_{\mathscr{G}}^{(2)} \end{cases} = \begin{cases} 1 & \text{falls } F^{\mathscr{G}_1}(x,x) \text{ definiert} \\ 0 & \text{falls } F^{\mathscr{G}_1}(x,x) \text{ undefiniert} \end{cases} =: d(x),$$

wobei $d(x)$ die sog. Diagonalfunktion ist. Bei $d(x)$ handelt es sich um einen Sonderfall des Prädikats aus Satz 4.16. Für sie lässt sich analog zum Beweis des Satzes 4.16 zeigen, dass sie nicht rekursiv ist (siehe 6. Aufgabe). Folglich ist auch $\mathscr{T}_{\mathscr{G}}^{(2)}$ nicht rekursiv.

Definieren wir die einstellige Funktion g durch

$$g(x) := \begin{cases} x & \text{falls } F^{\mathscr{G}_1}(x,x) \text{ definiert} \\ \text{undef.} & \text{sonst} \end{cases},$$

so ist g eine rekursive partielle Funktion, da auch $F^{\mathscr{G}_1}$ eine rekursive partielle Funktion ist. Ferner ist x genau dann im Bild von g, wenn $F^{\mathscr{G}_1}(x,x)$ definiert ist, also genau dann, wenn $x \in \mathscr{T}_{\mathscr{G}}^{(2)}$ ist.

b) Wir nehmen an, $\mathscr{T}_{\mathscr{G}}^{(3)}$ sei rekursiv-aufzählbar. Dann ist nach Satz 4.23 $\mathscr{T}_{\mathscr{G}}^{(3)}$ gleich dem Definitionsbereich einer rekursiven partiellen Funktion f. Sei w ein Index dieser Funktion f, dann gilt:

$$w \in \mathscr{T}_{\mathscr{G}}^{(3)} \quad \leftrightarrow \quad F^{\mathscr{G}_1}(w,w) \text{ undefiniert} \quad \leftrightarrow \quad f(w) \text{ undefiniert},$$

d. h. $w \in \mathscr{T}_{\mathscr{G}}^{(3)} \to w \notin \text{DEF}(f)$ im Widerspruch zu der Annahme, f sei die Funktion, deren Definitionsbereich $\mathscr{T}_{\mathscr{G}}^{(3)}$ ist.

c) Annahme, $\mathscr{T}_{\mathscr{G}}^{(4)}$ sei rekursiv-aufzählbar. Dann gibt es eine einstellige rekursive partielle Funktion f, deren Definitionsbereich $\mathscr{T}_{\mathscr{G}}^{(4)}$ ist. Man kann zeigen, dass die Funktion r mit

$$F_{r(x)}^{\mathscr{G}} = \begin{cases} C^0 & \text{falls } F^{\mathscr{G}_1}(x,x) \text{ definiert} \\ \Phi & \text{sonst} \end{cases}$$

rekursiv ist (siehe 10. Aufgabe). Wir betrachten nun die rekursiv partielle Funktion $g(x) :=$ $f(r(x))$. Offensichtlich gilt für alle $x \in \mathbb{N}_0$

$$g(x) \text{ definiert} \quad \leftrightarrow \quad f(r(x)) \text{ definiert} \quad \leftrightarrow \quad r(x) \in \text{DEF}(f).$$

Da $\mathscr{T}_{\mathscr{G}}^{(4)} = \text{DEF}(f)$ ist dies gleichbedeutend mit

$$g(x) \text{ definiert} \quad \leftrightarrow \quad r(x) \in \text{DEF}(f) \quad \leftrightarrow \quad r(x) \in \mathscr{T}_{\mathscr{G}}^{(4)} \quad \leftrightarrow \quad F_{r(x)}^{\mathscr{G}} \text{ nicht total}$$

für alle $x \in \mathbb{N}_0$. Nach Definition von r und $\mathscr{T}_{\mathscr{G}}^{(3)}$ (C^0 ist eine totale Funktion) gilt damit für alle x

$$g(x) \text{ definiert} \quad \leftrightarrow \quad F^{\mathscr{G}_1}(x,x) \text{ undefiniert} \quad \leftrightarrow \quad x \in \mathscr{T}_{\mathscr{G}}^{(3)}.$$

Folglich ist $\text{DEF}(g) = \mathscr{T}_{\mathscr{G}}^{(3)}$ und $\mathscr{T}_{\mathscr{G}}^{(3)}$ entsprechend eine rekursiv-aufzählbare Menge. Dies ist jedoch ein Widerspruch zum Teil b) des Satzes. $\square$

Insgesamt ergibt sich so die folgende Hierarchie der Teilmengen von $\mathbb{N}_0$ hinsichtlich ihrer *Kompliziertheit*:

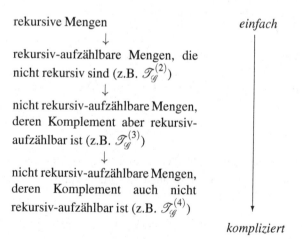

rekursive Mengen   *einfach*

$\downarrow$

rekursiv-aufzählbare Mengen, die nicht rekursiv sind (z.B. $\mathscr{T}_{\mathscr{G}}^{(2)}$)

$\downarrow$

nicht rekursiv-aufzählbare Mengen, deren Komplement aber rekursiv-aufzählbar ist (z.B. $\mathscr{T}_{\mathscr{G}}^{(3)}$)

$\downarrow$

nicht rekursiv-aufzählbare Mengen, deren Komplement auch nicht rekursiv-aufzählbar ist (z.B. $\mathscr{T}_{\mathscr{G}}^{(4)}$)

kompliziert

Bemerkung 4.10

Wir wollen hier kurz auf das computergestützte Beweisen zurückkommen: In unserer nun vorhandenen Nomenklatur können wir festhalten, dass die Menge aller gültigen Formeln in $\mathscr{A}_1$ (Arithmetik erster Stufe) nicht rekursiv-aufzählbar ist (GÖDEL, 1931), dass aber die Menge der beweisbaren Formeln $\{V\}Q\{N\}$ unter Verwendung der effektiven Weak-Regel eine rekursiv-aufzählbare Menge bilden.

Abschließend wollen wir das Konzept der rekursiven Mengen von Teilmengen der natürlichen Zahlen auf Mengen über Tupel verallgemeinern. Um dabei nicht immer damit konfrontiert zu sein, die uns interessierenden Objekte als natürliche Zahlen zu kodieren, lassen wir beliebige Objektmengen zur Konstruktion dieser Tupel zu. Wir kommen dann zu einem der wichtigsten Ergebnisse aus dem Bereich der berechenbaren Funktionen, dem Satz von RICE.

Definition 4.22

Sei S eine Menge von Objekten und $P \subseteq \underbrace{S \times \cdots \times S}_{n\text{-mal}}$ eine Relation. Ein *n-stelliges Entscheidbarkeitspro-*

blem $\mathscr{E}$ über S und P lautet:

$$\text{"Sei } \vec{s} = (s_1, \ldots, s_n) \in S^n \text{: Ist } \vec{s} \in P \text{ oder } \vec{s} \notin P?\text{"}$$

$\mathscr{E}$ heißt *rekursiv entscheidbar*, falls χ_P rekursiv ist.

Die Menge P spiegelt die zu entscheidende Eigenschaft wider. Mit $S = \mathbb{N}$ und $P \subseteq S^2$ mit $(n,m) \in P :\leftrightarrow \mathrm{ggT}(n,m) = 1$ wird beispielsweise die Teilerfremdheit zweier natürlicher Zahlen betrachtet. Das zugehörige Entscheidungsproblem $\mathscr{E}$ über S und P lautet also:

$$\text{"Sind zwei von 0 verschiedene natürliche Zahlen relativ prim oder nicht?"}$$

4.3.1.1 Der Satz von Rice

Wir betrachten nun das Problem, Eigenschaften rekursiver partieller Funktionen zu entscheiden. Der folgende Satz besagt dazu, dass jede nicht triviale Eigenschaft nicht rekursiv entschieden werden kann.

Satz 4.25 (Satz von RICE)

Sei P eine echte, nicht leere Teilmenge von $\mathscr{R}$ und $\mathscr{G}$ eine Standard-Gödelisierung für $\mathscr{R}$. Dann ist die Menge $A := \{p \in \mathbb{N}_0 \mid F_p^{\mathscr{G}} \in P\}$ nicht rekursiv.

Beweis: Wir unterscheiden die Fälle, ob die total undefinierte Funktion Φ in P liegt oder nicht.
1. Fall ($\Phi \notin P$): Da $P \neq \emptyset$ existiert mindestens eine rekursive partielle Funktion f mit $f \in P$. Wir nutzen wieder aus, dass analog zum Beweis des Satzes 4.24 c) die Funktion r mit

$$F_{r(x)}^{\mathscr{G}} = \begin{cases} f & \text{falls } F^{\mathscr{G}_1}(x,x) \text{ definiert} \\ \Phi & \text{sonst} \end{cases}$$

rekursiv ist und dass dabei $F^{\mathscr{G}_1}(x,x)$ definiert ist genau dann, wenn $F_{r(x)}^{\mathscr{G}} \cong f \in P$ gilt.
Annahme: A sei rekursiv, dann ist auch $\chi_A(x)$ und damit die Einsetzung $\chi_A(r(x))$ rekursiv. Nun ist

$$\chi_A(r(x)) = \begin{cases} 1 & \text{falls } r(x) \in A \\ 0 & \text{falls } r(x) \notin A \end{cases} = \begin{cases} 1 & \text{falls } F_{r(x)}^{\mathscr{G}} \in P \\ 0 & \text{falls } F_{r(x)}^{\mathscr{G}} \notin P \end{cases}$$

$$= \begin{cases} 1 & \text{falls } F^{\mathscr{G}_1}(x,x) \text{ definiert} \\ 0 & \text{falls } F^{\mathscr{G}_1}(x,x) \text{ undefiniert} \end{cases} = d(x) \quad \text{(Diagonalfunktion)}.$$

Da die Diagonalfunktion d aber nicht rekursiv ist, folgt ein Widerspruch.

2. Fall ($\Phi \in P$): Betrachte statt P die Menge Q definiert als das Komplement von P (bzgl. der Menge der rekursiven Funktionen). Dann ist $\Phi \notin Q$ und eine analoge Beweisführung zu Fall 1. gelingt. $\qquad\qquad\qquad\qquad\qquad\qquad\qquad\qquad\qquad\qquad\qquad\qquad\qquad\qquad\qquad\qquad$ $\square$

Bemerkung 4.11

a) Wesentlich im Kontext des Satzes von RICE ist das Konzept der *Indexmengen* partiell rekursiver Funktionen. Diese sind dadurch ausgezeichnet, dass sobald ein Index einer Funktion in der Menge liegt, auch alle anderen (unendlich vielen) Indizes derselben Funktion enthalten sein müssen. Im Satz ist A eine Indexmenge, die durch ihre Definition über eine Menge von Funktionen P vorherige Bedingung erfüllt. Wird eine Eigenschaft partiell rekursiver Funktionen über eine Menge spezifiziert, die keine Indexmenge ist, so kann der Satz von RICE nicht angewandt werden, um die Rekursivität der Eigenschaft zu widerlegen. Ein Beispiel ist die Menge

$$B := \{i \in \mathbb{N} \mid F^{\mathscr{G}_1}(i,i) = 26\},$$

für die wir zeigen wollen, dass sie keine Indexmenge ist. Dazu betrachten wir die zweistellige Funktion $g(i,x)$, die genau dann den Wert 26 ausgibt, wenn $x = i$ gilt, 0 sonst. Diese Funktion ist offensichtlich rekursiv und impliziert mindestens ein Index i als Element von B. Um dies einzusehen sei p ein Index von g. Wir bedienen uns der smn-Eigenschaft und betrachten $F^{\mathscr{G}}_{s_{1,1}(p,i)}(x) = g(i,x)$. Mit $f(x) := s_{1,1}(p,x)$ haben wir eine einstellige, totale rekursive Funktion, die gemäß Satz 4.26 einen Fixpunkt q besitzt mit $F^{\mathscr{G}}_q \cong F^{\mathscr{G}}_{f(q)}$. Nun gilt aber $F^{\mathscr{G}}_q(q) = F^{\mathscr{G}}_{f(q)}(q) = F^{\mathscr{G}}_{s_{1,1}(p,q)}(q) = g(q,q) = 26$. Damit folgt $q \in B$. Es können jedoch keine weiteren (sicher existenten) zugehörigen Indizes in B liegen: Sei $\bar{q} \neq q$ ein zweiter Index für $F^{\mathscr{G}}_q$. Dann gilt $F^{\mathscr{G}}_{\bar{q}}(\bar{q}) = g(q,\bar{q}) = 0$ nach Definition von g und damit $\bar{q} \notin B$ aufgrund der Definition von B. Folglich ist B keine Indexmenge.

b) Anschaulich besagt der Satz von RICE, dass für eine Eigenschaft P, die von mindestens einer einstelligen rekursiven Funktion erfüllt und von mindestens einer solchen Funktion nicht erfüllt wird es (rekursiv) unentscheidbar ist, ob die Funktion mit Index x diese Eigenschaft besitzt oder nicht.

c) Der Satz von RICE ist auch von großer praktischer Bedeutung. Wenn wir nämlich mit einer beliebigen Anwendung im Hinterkopf beginnen, ein formales Modell zu erstellen, so ist es zum einen gut, wenn dieses Modell alle rekursiven Funktionen erfasst, da wir dann sicher sein können, dass es uns nicht an Ausdrucksstärke mangeln wird[10]. Umgekehrt handeln wir uns damit aber das Problem ein, nahezu keine interessante Eigenschaft unseres Modells rekursiv entscheiden zu können. Dieser *trade-off* zwischen Ausdrucksstärke und rekursiver Entscheidbarkeit macht es oft schwer, ein für die jeweilige Anwendung gut geeignetes Modell zu finden.

d) In der Theorie der berechenbaren Funktionen ist folgender Satz bekannt, auf dessen Beweis wir verzichten wollen:

> **Satz 4.26 (Fixpunktsatz von KLEENE für rekursive partielle Funktionen)**
> Sei $\mathscr{G}$ eine Standard-Gödelisierung für $\mathscr{R}$. Dann gibt es für jede einstellige rekursive totale Funktion f eine Zahl q, so dass
> $$F^{\mathscr{G}}_q \cong F^{\mathscr{G}}_{f(q)}$$
> gilt.

Man kann sich f im vorherigen Satz als eine Funktion vorstellen, die den Quelltext eines Programmes in den eines anderen Programmes überführt. Dann besagt der Fixpunktsatz, dass eine solche Funktion

---

[10]Ein Beispiel sind die sog. Produktnetze, eine Klasse markierter Petrinetze, für die man zeigen kann, dass sie alle Berechnungen unserer RM simulieren können.

stets einen semantischen Fixpunkt besitzt, d. h. dass es stets ein Programm q gibt, dessen Bild dieselbe Funktion berechnet. Damit gibt es keine (im vorherigen Sinne) fixpunktfreien rekursiven Funktionen (es gibt jedoch viele nicht-berechenbare Funktionen ohne Fixpunkt), im Gegenteil, eine rekursive Funktion besitzt immer unendlich viele verschiedene Fixpunkte.

Der Fixpunktsatz wird oft verwendet, um die Existenz einer bestimmten rekursiven Funktion zu beweisen (siehe Punkt a) dieser Bemerkung). Dabei definiert man sich f dann so, dass die gesuchte Funktion ein Fixpunkt ist. Er kann auch benutzt werden, um den Satz von RICE zu beweisen.

Bevor wir weitere Resultate beweisen, wollen wir drei Anwendungsbeispiele für den Satz von RICE betrachten:

Beispiel 4.7

i) Sei $f \in P :\leftrightarrow f$ total. Da es auch rekursive partielle Funktionen gibt ist P keine triviale Eigenschaft und es ist folglich für beliebiges x nicht rekursiv entscheidbar, ob $F_x^{\mathscr{G}}$ eine totale Funktion ist oder nicht.

ii) Sei $f \in P :\leftrightarrow f = C^0$. Mit dem Satz von RICE folgt, dass es nicht rekursiv entscheidbar ist, ob $F_x^{\mathscr{G}}$ die Konstante 0 berechnet oder nicht. Dasselbe gilt auch für jede beliebige andere Konstante ungleich 0.

iii) Sei $f \in P :\leftrightarrow$ das Bild von f ist unendlich. Mit dem Satz von RICE ist damit für beliebiges x nicht rekursiv entscheidbar, ob das Bild der Funktion $F_x^{\mathscr{G}}$ unendlich ist oder nicht.

Auch wenn der Satz von RICE in vielen Fällen benutzt werden kann, um die *Nichtrekursivität* eines Entscheidbarkeitsproblemes zu belegen, so hilft er dennoch nicht in allen Fällen (siehe Bemerkung 4.11 Punkt a)). Oft verwendet man dann das folgende Prinzip der Reduktion eines Problems auf ein anderes:

"Um zu zeigen, dass $\mathscr{E}_1$ unentscheidbar ist, wird es auf $\mathscr{E}_2$ zurückgeführt, von dem bekannt ist, dass es unentscheidbar ist."

Bevor wir dabei genauer betrachten, was unter ... *auf $\mathscr{E}_2$ zurückgeführt...* zu verstehen ist, wollen wir ein wichtiges unentscheidbares Problem einführen, das im Kontext dieser Beweistechnik häufig verwendet wird.

Definition 4.23 (POSTsches Korrespondenzproblem)
Sei Σ ein Alphabet und seien $x = (x_1, \ldots, x_n)$ und $y = (y_1, \ldots, y_n)$ zwei n-Tupel mit $x_i, y_i \in \Sigma^+$, $1 \le i \le n$. Das POST*sche Korrespondenzproblem* (PCP) besteht in der Bestimmung von Indizes $i_1, i_2, \ldots, i_k$, $1 \le i_j \le n$, $1 \le j \le k$, mit $x_{i_1} x_{i_2} \cdots x_{i_k} = y_{i_1} y_{i_2} \cdots y_{i_k}$; $(i_1, i_2, \ldots, i_k)$ heißt Lösung des PCP.

Beispiel 4.8
Sei $\Sigma = \{a, b\}$.

1. $x = (a, bba, aab)$, $y = (ba, aaa, ba)$.
   Für x, y ist das PCP nicht lösbar, da die ersten Buchstaben in x_i und y_i, $1 \le i \le 3$, verschieden sind.

2. $x = (bbb, abb)$, $y = (bb, babbb)$.
   Für x, y ist das PCP lösbar; eine Lösung ist durch $(i_1, i_2, i_3) = (1, 2, 1)$ gegeben, da gilt:

   $$x_1 x_2 x_1 = bbbabbbbb = y_1 y_2 y_1.$$

Definition 4.24

Sei Σ ein Alphabet und seien $x = (x_1, \ldots, x_n)$ und $y = (y_1, \ldots, y_n)$ zwei n-Tupel mit $x_i, y_i \in \Sigma^+$, $1 \leq i \leq n$. Das *modifizierte* POST*sche Korrespondenzproblem* (MPCP) besteht in der Bestimmung von Indizes $i_1, i_2, \ldots, i_k$, $1 \leq i_j \leq n$, $1 \leq j \leq k$, mit $x_1 x_{i_1} x_{i_2} \cdots x_{i_k} = y_1 y_{i_1} y_{i_2} \cdots y_{i_k}$; $(1, i_1, i_2, \ldots, i_k)$ heißt Lösung des MPCP.

Satz 4.27

PCP hat Lösung $\curvearrowright$ MPCP hat Lösung.

Beweis: Seien $x = (x_1, \ldots, x_n)$ und $y = (y_1, \ldots, y_n)$ mit $x_i = x_{i,1} x_{i,2} \cdots x_{i,s_i}$, $y_i = y_{i,1} y_{i,2} \cdots y_{i,r_i}$, $x_{i,j} \in \Sigma$, $y_{i,k} \in \Sigma$ für $1 \leq j \leq s_i$, $1 \leq k \leq r_i$, $1 \leq i \leq n$, zwei n-Tupel. Sei $\Sigma' := \Sigma \,\dot\cup\, \{\alpha, \beta\}$ und $\varphi_1, \varphi_2 \in \mathrm{ABB}(\Sigma, \Sigma')$ die beiden Homomorphismen definiert durch

$$(\forall a \in \Sigma)(\varphi_1(a) = \alpha a \wedge \varphi_2(a) = a\alpha).$$

Definiere $x' := (x'_1, x'_2, \ldots, x'_{n+2})$ und $y' := (y'_1, y'_2, \ldots, y'_{n+2})$ durch

$$
\begin{aligned}
x'_1 &:= \alpha \varphi_2(x_1) & y'_1 &:= \varphi_1(y_1), \\
x'_{i+1} &:= \varphi_2(x_i),\ 1 \leq i \leq n & \text{und} \qquad y'_{i+1} &:= \varphi_1(y_i),\ 1 \leq i \leq n, \\
x'_{n+2} &:= \beta & y'_{n+2} &:= \alpha\beta.
\end{aligned}
$$

Wir zeigen: PCP hat für x', y' eine Lösung genau dann, wenn MPCP für x, y eine Lösung hat.
"$\leftarrow$": Sei $(1, i_1, i_2, \ldots, i_k)$ Lösung des MPCP für x, y. Dann gilt $x_1 x_{i_1} x_{i_2} \cdots x_{i_k} = y_1 y_{i_1} y_{i_2} \cdots y_{i_k}$ und damit $x_{1,1} x_{1,2} \cdots x_{1,s_1} \cdot x_{i_1,1} x_{i_1,2} \cdots x_{i_1,s_{i_1}} \cdots x_{i_k,1} x_{i_k,2} \cdots x_{i_k,s_{i_k}} = y_{1,1} y_{1,2} \cdots y_{1,r_1} \cdot y_{i_1,1} y_{i_1,2} \cdots y_{i_1,r_{i_1}} \cdots y_{i_k,1} y_{i_k,2} \cdots y_{i_k,r_{i_k}}$.
Betrachte $x' := x'_1 x'_{i_1+1} x'_{i_2+1} \cdots x'_{i_k+1} x'_{n+2}$ und $y' := y'_1 y'_{i_1+1} y'_{i_2+1} \cdots y'_{i_k+1} y'_{n+2}$. Es ist

$$
\begin{aligned}
x' &= \underbrace{\alpha x_{1,1} \alpha x_{1,2} \alpha \cdots x_{1,s_1} \alpha}_{x'_1} \underbrace{x_{i_1,1} \alpha x_{i_1,2} \alpha \cdots x_{i_1,s_{i_1}} \alpha}_{x'_{i_1+1}} \underbrace{x_{i_2,1} \alpha \cdots x_{i_2,s_{i_2}} \alpha}_{x'_{i_2+1}} \cdots \underbrace{x_{i_k,1} \alpha \cdots x_{i_k,s_{i_k}} \alpha}_{x'_{i_k+1}} \underbrace{\beta}_{x'_{n+2}} \\
y' &= \underbrace{\alpha y_{1,1} \alpha y_{1,2} \alpha \cdots \alpha y_{1,r_1}}_{y'_1} \underbrace{\alpha y_{i_1,1} \alpha y_{i_1,2} \alpha \cdots \alpha y_{i_1,r_{i_1}}}_{y'_{i_1+1}} \underbrace{\alpha y_{i_2,1} \alpha \cdots \alpha y_{i_2,r_{i_2}}}_{y'_{i_2+1}} \cdots \underbrace{\alpha y_{i_k,1} \alpha \cdots \alpha y_{i_k,r_{i_k}}}_{y'_{i_k+1}} \underbrace{\alpha\beta}_{y'_{n+2}}
\end{aligned}
$$

Damit hat das PCP für x', y' die Lösung $(1, i_1 + 1, i_2 + 1, \ldots, i_k + 1, n + 2)$.

"$\rightarrow$": Sei $(i_1, i_2, \ldots, i_k)$ Lösung des PCP für x', y'. Da nur x'_1 und y'_1 mit dem gleichen Buchstaben α beginnen, folgt $i_1 = 1$. Da nur x'_{n+2} und y'_{n+2} mit dem gleichen Buchstaben β enden, folgt $i_k = n + 2$. Damit folgt analog zu oben, dass $(1, i_2 - 1, \ldots, i_{j-1} - 1)$ eine Lösung für das MPCP für x, y ist, wobei j die kleinste Zahl mit $i_j = n + 2$ ist. $\qquad\square$

Man kann nun zeigen, dass es nicht rekursiv entscheidbar ist, ob ein PCP eine Lösung besitzt oder nicht. Für diesen Beweis reduziert man das Problem (das PCP) auf das Halteproblem und belegt, dass die Existenz einer Lösung für das MPCP implizierte, dass das Halteproblem rekursiv entscheidbar wäre. Da sich dieser Beweis anschaulicher am Beispiel des Halteproblems der Turingmaschinen führen lässt, wollen wir zunächst jedoch damit fortfahren, die Leistungsfähigkeit dieses Maschinenmodells zu untersuchen.

4.4 Turingmaschinen revisited

Wir haben im zweiten Kapitel die Turingmaschine als Akzeptor, also als Automaten zur Lösung des Wortproblems kennengelernt. Hier wollen wir nun sehen, welche Möglichkeiten sie uns bietet, Funktionen in den natürlichen Zahlen zu berechnen. Dazu passen wir zunächst Definition 2.29 geeignet an:

Definition 4.25

Eine Funktion $f \in \mathrm{ABB}(\mathbb{N}_0^k, \mathbb{N}_0)$ heißt *Turing-berechenbar*, falls es eine (deterministische) Turingmaschine $M = (Z, A, \delta, z_0, E)$ mit $A \supseteq \{0, 1, \#, \square\}$ gibt, so dass für alle $n_1, \ldots, n_k \in \mathbb{N}_0$ gilt:

$$f(n_1, \ldots, n_k) = m \quad \leftrightarrow \quad z_0(n_1)_2 \#(n_2)_2 \# \ldots \#(n_k)_2 \quad \vdash_M^* \quad \square \cdots \square z_e(m)_2 \square \cdots \square,$$

wobei $(n)_2$ die Binärdarstellung von $n \in \mathbb{N}_0$ ohne führende Nullen ist und $z_e \in E$ gilt. Berechnet die Turingmaschine M eine Funktion $f \in \mathrm{ABB}(\mathbb{N}_0^k, \mathbb{N}_0)$, so wollen wir diese kurz mit f_M bezeichnen.

Die Betrachtung ausschließlich deterministischer Turingmaschinen stellt dabei keine Einschränkung dar, da beide dieselben Funktionen berechnen können. Man beachte außerdem, dass vorherige Definition implizit ausdrückt, dass im Falle eines undefinierten $f(x)$ die Maschine M in eine unendliche Schleife geraten kann. Es sei des Weiteren daran erinnert, dass (wie wir bereits wissen) die Beschränkung der Turingmaschine auf nur ein Band keine Einschränkung ihrer Möglichkeiten darstellt.

Wir wollen damit beginnen, zu untersuchen, ob die Turingmaschine die gleiche Berechnungskraft wie unseren bisherigen Modelle besitzt. Dazu werden wir versuchen, die für die Konstruktion rekursiver partieller Funktionen zulässige Grundfunktionen und Konstrukte zu simulieren.

Satz 4.28

Es gibt 1-Band-TM M, M' und M'', mit $f_M = C^0$, $f_{M'} = s$, $f_{M''} = U_n^i$.

Beweis: Zum Beweis skizzieren wir die Arbeitsweise der drei Maschinen:

- Die Maschine M löscht die Eingabe komplett, indem sie solange nach rechts geht und jedes Zeichen durch ein $\square$ überdruckt, bis sie zum ersten mal auf ein $\square$ stößt. Dann druckt sie eine 0, bleibt mit dem Kopf auf derselbe Stelle und wechselt in einen Endzustand.

- Die Maschine M' läuft mit dem Lese-Schreibkopf an das rechte Ende der Eingabe, ohne diese zu verändern. Dort angekommen, bewegt sie ihren Lese-Schreibkopf wieder nach links und überdruckt dabei jede 1 durch eine 0, bis sie die erste Ziffer 0 vorfindet, die sie durch eine 1 ersetzt. Anschließend geht sie solange nach links, bis ihr Kopf wieder auf dem ersten Symbol der Eingabe steht. Bestand die gesamte Eingabe aus Einsen, so werden diese nach dem gleichen Schema überdruckt, nun ersetzt M' aber das erste Leerzeichen $\square$, auf das sie bei ihrer Bewegung nach links stößt, durch eine 1 und terminiert.

- Wir betrachten zunächst eine Maschine $\overline{M}$, die angesetzt auf die Eingabe $(n_1)_2 \#(n_2)_2 \# \ldots \#(n_k)_2$ in die Endkonfiguration $z_1(n_2)_2 \# \ldots \#(n_k)_2$ gelangt. Dazu geht $\overline{M}$ solange nach rechts, wie sie eine 0 oder eine 1 liest und überdruckt diese jeweils durch $\square$. Stößt sie schließlich auf das Symbol #, so wird auch dieses durch $\square$ überdruckt, der Kopf nach rechts bewegt und in den Zustand z_1 gewechselt. Zur Konstruktion von M'' wird diese Maschine nun $(i-1)$-mal hintereinander ausgeführt (wie dies im Detail geschieht, werden wir nachfolgend sehen), wodurch die ersten $i-1$ Komponenten der Eingabe entfernt werden. M'' läuft dann zum nächsten # nach rechts und überdruckt dieses Symbol und alle rechts von ihm stehenden Symbole der Eingabe durch $\square$. Anschließend bewegt M'' den Lese-Schreibkopf auf das linkeste verbliebene Symbol der Eingabe zurück und wechselt in einen Endzustand. Auf diese Weise steht nun $(n_i)_2$ auf dem Band, wie verlangt. $\qquad\square$

An dieser Stelle ist es angebracht, etwas zu den Details der Hintereinanderausführung mehrerer Turingmaschinen zu sagen. Sind beispielsweise $M_i = (Z_i, A_i, \delta_i, z_0^{(i)}, E_i)$, $i \in \{1,2\}$, zwei Turingmaschinen, so verstehen wir unter der Hintereinanderausführung dieser beiden eine neue Turingmaschine $M = (Z_1 \cup Z_2, A_1 \cup A_2, \delta, z_0^{(1)}, E_2)$, wobei wir o.B.d.A. annehmen wollen, dass $Z_1 \cap Z_2 = \emptyset$ gilt. Die Überführungsfunktion von M ergibt sich dabei über $\delta = \delta_1 \cup \delta_2 \cup \{(z_e, a, z_0^{(2)}, a, \mathsf{N}) \mid z_e \in E_1 \wedge a \in A_1\}$, d. h. anschaulich, dass es für jeden Endzustand der TM M_1 einen Übergang zum Startzustand von M_2 gibt, durch den keine Änderung an der Bandinschrift und der Kopfposition hervorgerufen wird. Es wird so sichergestellt, dass M_2 auf die Ausgabe von M_1 angesetzt wird. In ähnlicher Art und Weise können wir die Einsetzung zweier Funktionen simulieren, wie folgender Satz zeigt.

Satz 4.29

Sind M und M_i 1-Band-Turingmaschinen mit $f_M \in \mathsf{ABB}(\mathbb{N}_0^m, \mathbb{N}_0)$ und $f_{M_i} \in \mathsf{ABB}(\mathbb{N}_0^n, \mathbb{N}_0)$, $1 \le i \le m$, dann gibt es eine 1-Band-Turingmaschine M_E mit

$$f_{M_E}(x_1, \dots, x_n) \cong f_M(f_{M_1}(x_1, \dots, x_n), f_{M_2}(x_1, \dots, x_n), \dots, f_{M_m}(x_1, \dots, x_n))$$

für alle $(x_1, \dots, x_n) \in \mathbb{N}_0^n$.

Beweis: Wir beginnen mit der Bemerkung, dass M_E ihre Berechnung mit der Bandinschrift $(x_1)_2 \# (x_2)_2 \# \cdots \# (x_n)_2$ startet, wobei sich der Lese-Schreibkopf auf der linkesten Ziffer von $(x_1)_2$ befindet. M_E bewegt den Kopf nach rechts und markiert das Feld rechts neben der Eingabe mit $\star$, wobei wir o.B.d.A. annehmen können, dass $\star$ weder zum Alphabet von M noch zu den Alphabeten der M_i gehört, $1 \le i \le m$. Nun kopiert M_E die Eingabe rechts neben das Symbol $\star$, wodurch letztlich die Bandinschrift

$$(x_1)_2 \# (x_2)_2 \# \cdots \# (x_n)_2 \star (x_1)_2 \# (x_2)_2 \# \cdots \# (x_n)_2$$

entsteht. M_E bewegt nun ihren Lese-Schreibkopf auf das Feld rechts des Symbols $\star$. Anschließend simuliert sie die Maschine M_1, von der wir nach unseren früheren Überlegungen zu Turingmaschinen annehmen können, dass sie nie ein Feld links der Position des Lese-Schreibkopfes zu Beginn ihrer Berechnung besucht (damit bleiben die Eingabe und später auch bereits berechnete f_{M_i} unberührt) und dass der Kopf am Ende ihrer Berechnung auf dem ersten Ausgabezeichen steht. Endet die Ausführung von M_1 im Endzustand z_e, so liegt folglich folgende Konfiguration vor:

$$(x_1)_2 \# \cdots \# (x_n)_2 \star \underbrace{\square \cdots \square}_{j\text{-mal}} z_e (f_{M_1}(x_1, \dots, x_n))_2.$$

Ist $j > 0$, so kopiert M_E nun die Ausgabe von M_1 um j Positionen nach links, so dass letztlich $(f_{M_1}(x_1,\ldots,x_n))_2$ direkt rechts neben dem Symbol $\star$ steht. M_E geht nun nach rechts und erzeugt am rechten Rand der Bandinschrift erneut das Symbol $\star$ zusammen mit einer Kopie der Eingabe rechts davon. Danach bewegt sie ihren Kopf auf das Feld rechts des neu erzeugten $\star$ zurück und simuliert M_2, für die wir dieselben Annahmen wie zuvor machen wollen. Nach deren Simulation liegt entsprechend folgende Bandinschrift vor:

$$(x_1)_2\#\cdots\#(x_n)_2 \star (f_{M_1}(x_1,\ldots,x_n))_2 \star \underbrace{\Box\cdots\Box}_{j-\text{mal}} z_e(f_{M_2}(x_1,\ldots,x_n))_2.$$

Im Falle von $j > 0$ wird auch hier die Ausgabe von M_2 um j Positionen nach links verschoben, so dass sie sich bündig neben dem Symbol $\star$ auf dem Band befindet. Nun wiederholt M_E dieselben Schritte, um nacheinander auch noch die Ausgaben $f_{M_i}(x_1,\ldots,x_n)$, $3 \le i \le m$, zu erzeugen. Danach werden die x_i der Eingabe gelöscht (mit $\Box$ überdruckt), und anschließend alle Symbole $\star$ durch $\#$ überdruckt. Dann bewegt M_E ihren Lese-Schreibkopf auf das linkeste verbliebene Symbol der Bandinschrift, so dass für z ein Zustand von M_E folgende Konfiguration resultiert:

$$z(f_{M_1}(x_1,\ldots,x_n))_2\#(f_{M_2}(x_1,\ldots,x_n))_2\#\ldots\#(f_{M_m}(x_1,\ldots,x_n))_2.$$

In dieser Situation beginnt M_E nun die Simulation von M, wodurch offensichtlich das gewünschte Resultat erzeugt wird. $\qquad\Box$

Satz 4.30
Sind M_1 und M_2 zwei 1-Band-Turingmaschinen mit $f_{M_1} \in \text{ABB}(\mathbb{N}_0^n, \mathbb{N}_0)$ und $f_{M_2} \in \text{ABB}(\mathbb{N}_0^{n+2}, \mathbb{N}_0)$, dann gibt es eine 1-Band-Turingmaschine M mit

$$f_M(\vec{x},0) = f_{M_1}(\vec{x}), \text{ und}$$

$$f_M(\vec{x},y+1) = f_{M_2}(f_M(\vec{x},y),\vec{x},y).$$

Beweis: Wir nehmen o.B.d.A. an, dass weder M_1 noch M_2 nie ein Feld links der Position des Lese-Schreibkopfes zu Beginn ihrer Berechnungen besuchen und dass der Kopf am Ende ihrer Berechnungen auf dem ersten Ausgabezeichen steht. Dann beginnen wir unseren Beweis mit der Bemerkung, dass

$$f_M(\vec{x},y+1) = \underbrace{f_{M_2}(f_{M_2}(\ldots f_{M_2}}_{(y+1)-\text{mal}}(f_{M_1}(\vec{x}),\vec{x},0)\ldots),\vec{x},y-1),\vec{x},y)$$

gilt. Diese Darstellung verwenden wir nun, indem wir f_M von innen nach außen durch wiederholtes Einsetzen berechnen. Dazu bewegt unsere TM zunächst ihren Kopf direkt hinter das Ende der Eingabe $(x_1)_2\#(x_2)_2\#\cdots(x_n)_2\#(y)_2$, und schreibt dort das Wort $\$^{l(y)_2|}0\star$ auf das Band (wir nehmen o.B.d.A. an, dass $\$$ und $\star$ weder zum Alphabet von f_{M_1} noch zu dem von f_{M_2} gehören). Wir werden diese Zellen des Bandes verwenden, um einen Zähler z zu realisieren, der von 0 (das ist die vorgenommene Initialisierung) bis y zählt; die Symbole $\$$ dienen als Platzhalter für später benötigte Ziffern der Binärdarstellung des Zählers, das linkeste $\$$ zur Abgrenzung des Zähler zu

$(y)_2$. Anschließend kopieren wir den $\vec{x}$ repräsentierenden Teil der Eingabe hinter das Trennsymbol $\star$, bewegen den Kopf zurück auf die Zelle direkt hinter $\star$ und starten die Turingmaschine M_1. Am Ende deren Berechnung erhalten wir die Bandinschrift

$$(x_1)_2\#(x_2)_2\#\cdots(x_n)_2\#(y)_2\$^{|(y)_2|}0\star\square^j(f_{M_1}(\vec{x}))_2.$$

Ist $j > 0$, so kopiert M die Bandinschrift $(f_{M_1}(\vec{x}))_2$ nach links, so dass sie direkt neben dem Symbol $\star$ steht[11]. Nun vergleicht TM die Ziffern des Zählers z mit denen von $(y)_2$ und terminiert im Falle einer Übereinstimmung. Ansonsten wird das Wort $\#(x_1)_2\#(x_2)_2\#\cdots\#(x_n)_2\#(z)_2$ durch M rechts hinter die Bandinschrift $f_{M_1}((\vec{x}))_2$ kopiert, der Zähler z um eins erhöht (wie das zu bewerkstelligen ist, haben wir bereits gesehen) und der Lese-Schreibkopf auf die Position rechts neben dem Symbol $\star$ bewegt. Danach wird die TM M_2 gestartet, die die Bandinschrift

$$(x_1)_2\#(x_2)_2\#\cdots(x_n)_2\#(y)_2\$^{|(y)_2|}1\star(f_{M_2}(f_{M_1}(\vec{x}),\vec{x},0))_2$$

erzeugt. Von nun an, wiederholt M stets dieselben Aktionen: Der Zähler z wird mit y verglichen und die Berechnung gestoppt, wenn Übereinstimmung herrscht. Sonst wird die Darstellung von $\vec{x}$ und der Zähler hinter die zuvor erzeugte Ausgabe kopiert, der Zähler um 1 erhöht und anschließend M_2 gestartet. Es ist klar, dass M so letztlich obige entfaltete Darstellung der Rekursion berechnet. Wir können dann die Bandinschrift bereinigen, so dass sie letztlich nur noch aus dem berechneten Funktionswert besteht. $\square$

Bemerkung 4.12

Mit den Grundfunktionen, deren Turing-Berechenbarkeit wir bisher nachgewiesen haben, kann eine Turingmaschine auch jeden beliebigen Wert ungleich 0 erzeugen, denn der Wert $m \in \mathbb{N}_0$ ergibt sich durch die primitive Rekursion

$$\begin{aligned}
f(0) &= C^0, \\
f(y+1) &= s(U_2^1(f(y),y)),
\end{aligned}$$

für die $f(m) = m$ gilt. Da es für eine TM offensichtlich auch möglich ist (der Beweis sei als Übung geführt), die Binärdarstellung zweier Zahlen zu addieren oder entsprechend der modifizierten Subtraktion voneinander abzuziehen, können wir damit Zuweisungen der Form $x := y + c$ bzw. $x := y \dot{-} c$ durchführen. Hierbei ist x ein ausgewählter Bereich des Bandes, in dem das Ergebnis abgespeichert wird, y und c sind Bereiche des Bandes, die die Binärdarstellungen der beiden Argumente enthalten.

Um zu zeigen, dass die TM alle μ-rekursiven Funktionen berechnen kann, ist noch zu belegen, dass sie in der Lage ist, den unbeschränkten μ-Operator zu simulieren. Wie dies möglich ist, zeigt der Beweis folgenden Satzes.

Satz 4.31

Sei M_1 eine 1-Band-Turingmaschine mit $f_{M_1} \in \mathrm{ABB}(\mathbb{N}_0^{n+1},\mathbb{N}_0)$. Dann gibt es eine 1-Band-Turingmaschine M mit $f_M(\vec{x}) = \mu(y, f_{M_1}(\vec{x},y) = 0)$ für alle $\vec{x} \in \mathbb{N}_0^n$.

---

[11] Im Folgenden werden wir auf die Möglichkeit, dass eine TM ihr Ergebnis rechts von der Startposition des Lese-Schreibkopfes erzeugt, nicht weiter eingehen. Es sollte klar sein, dass es stets möglich ist, die Ausgabe an die entsprechende Position zu verschieben.

Beweisskizze: Mit der zuvor beschriebenen Konstruktion für die Berechnung der primitiven Rekursion genügt eine Skizze der Berechnung von M, um deren Existenz einzusehen. Wie auch für die primitive Rekursion, plazieren wir hinter der eigentlichen Eingabe einen Zähler (hier y genannt), den wir mit 0 initialisieren, und der jeweils zusammen mit der Eingabe $\vec{x}$ weiter rechts auf das Band kopiert wird, um dort als Eingabe der Turingmaschine M_1 zu dienen. Jedesmal, wenn M_1 terminiert, wird der von ihr berechnete Wert mit 0 verglichen und bei Übereinstimmung der aktuelle Stand des Zählers zur Ausgabe von M gemacht. Andernfalls wird der Zähler um 1 erhöht, die Eingabe für M_1 erzeugt, M_1 gestartet usw. Auf diese Weise wird das kleinste y mit $f_{M_1}(\vec{x}, y) = 0$ erzeugt, für das alle Vorgänger zusammen mit $\vec{x}$ zum Definitionsbereich von f_{M_1} gehören (siehe Definition 4.12). Starten wir aber M_1 irgendwann mit einer Eingabe, für die f_{M_1} undefiniert ist, so hält M_1 und damit M niemals an, und f_M ist wie verlangt für das eingegebene $\vec{x}$ undefiniert.   □

Als Zusammenfassung unserer bisherigen Diskussion erhalten wir:

Korollar 4.4

Jede μ-rekursive Funktion ist auch Turing-berechenbar.   □

Bevor wir uns der Frage zuwenden, ob auch die Umkehrung gilt, wollen wir noch einige Bemerkungen zu unseren bisherigen Ergebnissen machen.

Bemerkung 4.13

1. Die Turingmaschinen können nicht nur alle rekursiven partiellen Funktionen berechnen, auch andere Eigenschaften der zuvor betrachteten Modelle lassen sich übertragen. So kann man die Turingmaschinen wie nachfolgend beschrieben gödelisieren:

   Sei $M = (Z, A, \delta, z_0, E)$ eine 1-Band-Turingmaschine mit $\{0, 1, \#, \Box\} \subseteq A$. O.B.d.A. sei $Z = \{z_0, z_1, \ldots, z_t\}$ und $A = \{a_0, a_1, \ldots, a_r\}$ mit $a_0 = 0$, $a_1 = 1$, $a_2 = \#$ und $a_3 = \Box$. Wir ordnen jeder Transition $\delta(z_i, a_j) = (z_k, a_l, B)$ das Quintupel

   $$w_{ijklm} = \#\#(i)_2\#(j)_2\#(k)_2\#(l)_2\#(m)_2$$

   zu, wobei $m = \begin{cases} 0 & \text{falls } B = N \\ 1 & \text{falls } B = R \\ 2 & \text{falls } B = L \end{cases}$ gilt. Die 0-1-Strings $(i)_2$, $(j)_2$, $(k)_2$, $(l)_2$ und $(m)_2$ heißen Blöcke des Quintupels w_{ijklm}. Konkateniert man alle die den Transitionen einer Turingmaschine M zugeordneten Quintupel, so erhält man eine Kodierung von M in $\{0, 1, \#\}^\star$. Wir verwenden dabei die Konvention, dass in dieser Kodierung stets die Quintupel mit dem Startzustand von M im ersten Block am Anfang stehen und kodieren so implizit, welcher Zustand der Startzustand ist. Sei nun $\varphi \in \text{ABB}(\{0, 1, \#\}^\star, \{0, 1\}^\star)$ der Monoidhomomorphismus definiert durch

   $$\varphi(x) = \begin{cases} 00 & \text{falls } x = 0 \\ 01 & \text{falls } x = 1 \\ 11 & \text{falls } x = \# \end{cases}.$$

   Dann ist die Zahl $g \in \mathbb{N}_0$ mit $(g)_2 = \varphi(u)$ die Gödelnummer der TM mit Kodierung u.

   Dies ist nicht die einzige Art und Weise, wie eine Gödelisierung der Turingmaschinen gelingt, stets jedoch existiert eine universelle Turingmaschine, die bei Eingabe einer Gödelnummer (Index) die entsprechende Turingmaschine simuliert. Auch der Fixpunktsatz und alle sonstigen Resultate lassen sich auf die Welt der Turingmaschinen übertragen; auf Details wollen wir an dieser Stelle jedoch verzichten.

2. Da die Menge der μ-rekursiven (rekursiven partiellen) Funktionen gleich der Menge der RM-berechenbaren Funktionen ist, hätten wir vorheriges Korollar auch herleiten können, indem wir die Funktionen der RM mittels einer Turingmaschine simulieren. Ein einfacher Weg in diesem Zusammenhang, die Register der Machine nachzubilden, besteht darin, zunächst mit einer mehrbändigen TM zu starten, deren k-tes Band mit dem k-ten Register korrespondiert. Es fällt so leicht, die einzelnen Möglichkeiten der RM nachzubilden. Da wir ja bereits bewiesen haben, dass jede TM mit mehreren Bändern durch eine 1-Band-TM simuliert werden kann, ist ein solches Vorgehen völlig ausreichend. Dennoch können wir auch ohne solche Konstruktionen explizit durchzuführen, aus unseren Simulationen der μ-rekursiven Funktionen Rückschlüsse auf die entsprechende Anschauung in der Welt der RM ziehen. So haben wir gesehen, dass der unbeschränkte μ-Operator mit der Iteration in den Programmen unserer RM korrespondiert. Da diese Iteration die Funktionalität einer `While`-Schleife bereitstellt, können wir folgern, dass die TM eine `While`-Schleife nachbilden kann.

Wir wollen nun sehen, ob die Turingmaschine vielleicht mehr leisten kann, als die RM und die zu ihr äquivalenten Modelle. Dazu werden wir versuchen, die Rechnungen einer Turingmaschine durch μ-rekursive Funktionen zu simulieren, wobei wir dies auf Basis der Konfigurationen einer TM angehen. Da eine solche Konfiguration aber eine Zeichenreihe (Wort) ist, die μ-rekursiven Funktionen jedoch ausschließlich auf den natürlichen Zahlen arbeiten, bedarf es zunächst einer Darstellung der Konfigurationen als natürliche Zahl. Dies gelingt durch folgende Kodierung: Für $M = (Z, A, \delta, z_0, E)$ eine 1-Band-TM definieren wir $\Psi \in \mathsf{ABB}((Z \cup A)^+, \mathbb{N})$ wie folgt: Für $A \cup Z := \{a_1, a_2, \ldots, a_p\}$ setzen wir

$$\Psi(a_i) \quad := \quad i \text{ für } a_i \in A \cup Z, 1 \le i \le p,$$
$$\Psi(v_1 v_2 \cdots v_s) \quad := \quad \sum_{1 \le i \le s} \Psi(v_i)(p+1)^{s-i}, \text{ für } v_i \in A \cup Z, 1 \le i \le s.$$

Wir brauchen dann Funktionen, die es uns erlauben, Operationen auf Zeichenreihen durch Operationen auf natürlichen Zahlen zu beschreiben. Nachfolgender Satz liefert solche Funktionen und zeigt, dass sie primitiv-rekursiv sind.

Satz 4.32

Sei $M = (Z, A, \delta, z_0, E)$ eine 1-Band-Turingmaschine, $b, c \in (A \cup Z)^+$ und Ψ die zuvor definierte Kodierung, dann sind die folgenden Funktionen primitiv-rekursiv:

1. Die Länge von b definiert über $(\forall b \in (A \cup Z)^+)(\mathsf{L}(\Psi(b)) := |b|)$.

2. Die Kontakenation von b und c definiert über $(\forall b, c \in (A \cup Z)^+)(\mathsf{Concat}(\Psi(b), \Psi(c)) := \Psi(b \cdot c))$.

3. Der Präfix der Länge i von b definiert über $(\forall b \in (A \cup Z)^+)(\forall i \in [1 : |b|])(\mathsf{Pref}(\Psi(b), i) := \Psi(b_1 \cdots b_i))$.

4. Das Suffix der Länge $n - i + 1$ von b definiert über $(\forall b \in (A \cup Z)^+)(\forall i \in [1 : |b|])(\mathsf{Suff}(\Psi(b), i) := \Psi(b_i \cdots b_n))$.

5. Das erste Zeichen von b definiert über $(\forall b \in (A \cup Z)^+)(\mathsf{First}(\Psi(b)) := \Psi(b_1))$.

6. Das letzte Zeichen von b definiert über $(\forall b \in (A \cup Z)^+)(\mathsf{Last}(\Psi(b)) := \Psi(b_{|b|}))$.

7. Das i-te Zeichen von b definiert über $(\forall b \in (A \cup Z)^+)(\forall i \in [1 : |b|])(\mathsf{Sel}(\Psi(b), i) := \Psi(b_i))$.

Beweis:

1. Es ist $\mathsf{L}(x) = \min\{m \mid m \le x < (p+1)^m\}$, was wir mittels dem beschränkten μ-Operator berechnen können.

2. $\mathsf{Concat}(x,y) = x(p+1)^{\mathsf{L}(y)} + y \in \mathscr{P}$ (nachrechnen).

3. $\mathsf{Pref}(x,i) = \left\lfloor \frac{x}{(p+1)^{\mathsf{L}(x)-i}} \right\rfloor \in \mathscr{P}$ (nachrechnen).

4. $\mathsf{Suff}(x,i) = x \mathbin{\dot{-}} (p+1)^{\mathsf{L}(x)-i+1} \left\lfloor \frac{x}{(p+1)^{\mathsf{L}(x)-i+1}} \right\rfloor \in \mathscr{P}$ (nachrechnen).

5. $\mathsf{First}(x) = \mathsf{Pref}(x,1) \in \mathscr{P}$.

6. $\mathsf{Last}(x) = \mathsf{Suff}(x,\mathsf{L}(x)) \in \mathscr{P}$.

7. $\mathsf{Sel}(x,i) = \mathsf{First}(\mathsf{Suff}(x,i)) \in \mathscr{P}$. $\square$

Satz 4.33

Sei $M = (Z,A,\delta,z_0,E)$ eine 1-Band-TM und bezeichne $\Delta(k)$ die Nachfolgekonfiguration einer Konfiguration k von M. Es gibt primitiv-rekursive Funktionen $\underline{\Delta} \in \mathrm{ABB}(\mathbb{N}_0,\mathbb{N}_0)$ und $\mathsf{END} \in \mathrm{ABB}(\mathbb{N}_0,\mathbb{N}_0)$, so dass für alle Konfigurationen k von M, die mit $\square\square$ beginnen und enden, gilt:

$$\underline{\Delta}(\Psi(k)) = \Psi(\square\Delta(k)\square) \quad \text{und}$$

$$\mathsf{END}(\Psi(k)) = \begin{cases} 0 & \text{falls } \Psi(k) \text{ Kodierung einer Endkonfiguration} \\ 1 & \text{sonst} \end{cases}.$$

Beweis: Sei $z(x) := \min\{i \mid i < x \wedge \mathsf{Sel}(x,i) \in \Psi(Z)\}$. Für $x = \Psi(\tilde{\alpha}q\alpha)$, $\alpha,\tilde{\alpha} \in A^\star$, $q \in Z$ gilt:

$$z(\Psi(\tilde{\alpha}q\alpha)) = \min\{i \mid i < \Psi(\tilde{\alpha}q\alpha) \wedge \mathsf{Sel}(\Psi(\tilde{\alpha}q\alpha),i) \in \Psi(Z)\} = |\tilde{\alpha}| + 1.$$

Es ist $z \in \mathscr{P}$, da das Prädikat $x \in \Psi(Z)$ primitiv-rekursiv ist (ist nur für endlich viele x wahr). Definiere

$$\begin{aligned} u(x) &:= \mathsf{Pref}(x,z(x) \mathbin{\dot{-}} 2), \\ v(x) &:= \mathsf{Suff}(x,z(x)+2), \\ w(x) &:= \mathsf{Concat}(\mathsf{Concat}(x_{z(x)\mathbin{\dot{-}}1},\mathsf{Sel}(x,z(x))),x_{z(x)+1}), \end{aligned}$$

wobei wir für $x = \Psi(k)$ dabei x_r als Bezeichner für das r-te Zeichen von links in der Konfiguration k verwenden. Mit vorherigem Satz sind u,v und w primitiv-rekursiv und nachrechnen liefert für $\alpha,\tilde{\alpha} \in A^+$, $a,b \in A$ und $q \in Z$:

$$\begin{aligned} u(\Psi(\tilde{\alpha}bqa\alpha)) &= \Psi(\tilde{\alpha}), \\ v(\Psi(\tilde{\alpha}bqa\alpha)) &= \Psi(\alpha), \\ w(\Psi(\tilde{\alpha}bqa\alpha)) &= \Psi(bqa). \end{aligned}$$

Definiere nun $\underline{\delta} \in \mathrm{ABB}(\mathbb{N}_0,\mathbb{N}_0)$ durch ($b,a \in A, q \in Z$):

$$\underline{\delta}(\Psi(bqa)) := \begin{cases} \Psi(bcq') & \text{falls} & \delta(q,a) = (q',c,\mathsf{R}) \\ \Psi(q'bc) & \text{falls} & \delta(q,a) = (q',c,\mathsf{L}) \\ \Psi(bq'c) & \text{falls} & \delta(q,a) = (q',c,\mathsf{N}) \\ 0 & \text{sonst} \end{cases}.$$

Da $\underline{\delta}(x)$ nur für endlich viele x von 0 verschieden ist, gilt $\underline{\delta} \in \mathscr{P}$. Definiere $\underline{\Delta}$ nun durch

$$\underline{\Delta}(\Psi(k)) := \mathsf{Concat}(\mathsf{Concat}(\Psi(\square), \mathsf{Concat}(\mathsf{Concat}(\underbrace{u(\Psi(k))}_{=\Psi(\tilde{\alpha})}, \underbrace{\underline{\delta}(w(\Psi(k)))}_{=\Psi(bqa)}), \underbrace{v(\Psi(k))}_{=\Psi(\alpha)})), \Psi(\square)),$$

wobei die hervorgehobenen Identitäten für $k = \tilde{\alpha}bqa\alpha$, $\alpha, \tilde{\alpha} \in A^+$, $a, b \in A$ und $q \in Z$ gelten. $\underline{\Delta}$ ist primitiv-rekursiv und für vorheriges k ist

$$\underline{\Delta}(\Psi(k)) = \begin{cases} \Psi(\square\tilde{\alpha}bcq'\alpha\square) & \text{falls} \quad \delta(q,a) = (q',c,\mathsf{R}) \\ \Psi(\square\tilde{\alpha}q'bc\alpha\square) & \text{falls} \quad \delta(q,a) = (q',c,\mathsf{L}) \\ \Psi(\square\tilde{\alpha}bq'c\alpha\square) & \text{falls} \quad \delta(q,a) = (q',c,\mathsf{N}) \end{cases} = \Psi(\square\Delta(\tilde{\alpha}bqa\alpha)\square).$$

Ferner ist mit

$$\mathsf{END}(k) := \begin{cases} 0 & \text{falls} \quad \mathsf{Sel}(\Psi(k), z(\Psi(k))) \in \{\Psi(e) \mid e \in E\} \\ 1 & \text{sonst} \end{cases}$$

$\mathsf{END} \in \mathscr{P}$ und mit

$$\mathsf{END}(\Psi(\tilde{\alpha}bqa\alpha)) \;=\; \begin{cases} 0 & \text{falls} \quad \mathsf{Sel}(\Psi(\tilde{\alpha}bqa\alpha), z(\Psi(\tilde{\alpha}bqa\alpha))) \in \{\Psi(e) \mid e \in E\} \\ 1 & \text{sonst} \end{cases}$$

$$=\; \begin{cases} 0 & \text{falls} \quad \mathsf{Sel}(\Psi(\tilde{\alpha}bqa\alpha), |\tilde{\alpha}b| + 1) \in \{\Psi(e) \mid e \in E\} \\ 1 & \text{sonst} \end{cases}$$

$$=\; \begin{cases} 0 & \text{falls} \quad \Psi(q) \in \{\Psi(e) \mid e \in E\} \\ 1 & \text{sonst} \end{cases}$$

folgt die Behauptung des Satzes. $\qquad\square$

Bemerkung 4.14
Die in vorherigem Satz geforderte Voraussetzung, dass die Konfigurationen mit $\square\square$ beginnen und enden müssen, ist nicht wirklich notwendig, erspart aber einige Schreibarbeit, aufgrund von nicht auftretenden Sonderfällen (man muss nicht berücksichtigen, ob er Lese-Schreibkopf am Ende oder Anfang der Bandinschrift steht, da jede Konfiguration wegen der Voraussetzung die Form $\tilde{\alpha}bqa\alpha$ mit $\alpha, \tilde{\alpha} \in A^+$ und $b, a \in A$, $q \in Z$ hat).

Satz 4.34
Sei $M = (Z, A, \delta, z_0, E)$ eine 1-Band-TM. Es gibt primitiv-rekursive Funktionen $\mathsf{E} \in \mathsf{ABB}(\mathbb{N}_0^r, \mathbb{N}_0)$ und $\mathsf{F} \in \mathsf{ABB}(\mathbb{N}_0, \mathbb{N}_0)$, so dass für alle $x_1, x_2, \ldots, x_r, x \in \mathbb{N}_0$ und alle $q \in Z$ gilt

$$\begin{aligned} \mathsf{E}(x_1, \ldots, x_r) &= \Psi(\square\square z_0(x_1)_2 \# (x_2)_2 \# \cdots \# (x_r)_2 \square\square), \\ \mathsf{F}(\Psi(\square\square q(x)_2\square\square)) &= x. \end{aligned}$$

Beweis: Definiere $\mathsf{E}' \in \mathsf{ABB}(\mathbb{N}_0^2, \mathbb{N}_0)$ durch $\mathsf{E}'(n,x) := \left\lfloor \frac{1}{2^{n-1}}(x \dotminus 2^n \lfloor \frac{x}{2^n} \rfloor) \right\rfloor$. Es ist $\mathsf{E}' \in \mathscr{P}$ und $\mathsf{E}'(n,x)$ ist die n-te Ziffer von rechts in $(x)_2$ (nachrechnen). Definiere $\mathsf{E}'' \in \mathsf{ABB}(\mathbb{N}_0^2, \mathbb{N}_0)$ durch

$E''(n,x) := \sum_{1 \le i \le n} \Psi(E'(i,x))(p+1)^{i-1}$. Auch E'' ist primitiv-rekursiv und mit $(x)_2 = x_k x_{k-1} \cdots x_2 x_1$ gilt

$$E''(k,x) = \sum_{1 \le i \le k} \Psi(E'(i,x))(p+1)^{i-1} = \sum_{1 \le i \le k} \Psi(x_i)(p+1)^{i-1}$$

$$= \sum_{0 \le i < k} \Psi(x_{k-i})(p+1)^{k-1-i} = \Psi(x_k \ldots x_2 x_1) = \Psi((x)_2).$$

Die geforderte Funktion E entsteht nun durch endlich viele Anwendungen der primitiv-rekursiven Funktion Concat auf E'', wobei wir die benötigte Länge $k = |(x)_2|$ analog zu obiger Funktion L primitiv-rekursiv berechnen und als Argument einsetzen können.

Um die Aussage für F zu beweisen, definiere die Funktionen

$$F_1(x) := \text{Suff}(x, z(x)+1),$$
$$F_2(x) := \min\{i \mid i \le L(x) \wedge \text{Sel}(x,i) = \Psi(\square)\},$$
$$F_3(x) := \text{Pref}(x, F_2(x) \dot{-} 1),$$

die alle drei offensichtlich in $\mathscr{P}$ liegen. Es gilt nun

$$F_3(F_1(\Psi(\square\square q(x)_2 \square\square))) = F_3(\text{Suff}(\Psi(\square\square q(x)_2 \square\square), z(\Psi(\square\square q(x)_2 \square\square)+1)))$$

$$= F_3(\text{Suff}(\Psi(\square\square q(x)_2 \square\square), 4)) = F_3(\Psi((x)_2 \square\square)) = \text{Pref}(\Psi((x)_2 \square\square), F_2(\Psi((x)_2 \square\square)) \dot{-} 1).$$

Da offensichtlich $F_2(\Psi((x)_2 \square\square)) = \min\{i \mid i \le L(\Psi((x)_2 \square\square)) \wedge \text{Sel}(\Psi((x)_2 \square\square), i) = \Psi(\square)\} = |(x)_2| + 1$ gilt, folgt

$$F_3(F_1(\Psi(\square\square q(x)_2 \square\square))) = \text{Pref}(\Psi((x)_2 \square\square), |(x)_2|) = \Psi((x)_2).$$

Ist nun F_4 die primitiv-rekursive Funktion definiert durch $(\forall y \in \mathbb{N}_0)(F_4(\Psi((y)_2)) = y)$, so gilt

$$F(x) = F_4(F_3(F_1(x)))$$

und $F \in \mathscr{P}$. $\qquad\qquad\qquad\qquad\qquad\qquad\qquad\qquad\qquad\qquad\qquad\qquad\qquad\qquad$ $\square$

Wir können nun beweisen, dass wir jede Turingmaschine durch eine μ-rekursive Funktion simulieren können.

Satz 4.35
Sei $f \in \text{ABB}(\mathbb{N}_0^n, \mathbb{N}_0)$ Turing-berechenbar, dann ist f eine μ-rekursive (rekursive partielle) Funktion.

Beweis: Wir skizzieren die Simulation der Berechnung einer TM durch eine μ-rekursive Funktion.

Sei $M = (Z, A, \delta, z_0, E)$ eine 1-Band-TM mit $f_M = f$. Nach Satz 4.33 gilt:

$$(\exists \underline{\Delta} \in \text{ABB}(\mathbb{N}_0, \mathbb{N}_0) \cap \mathscr{P})(\underline{\Delta}(\Psi(k)) = \Psi(\square \underline{\Delta}(k) \square)),$$

wobei $k \vdash_M \Delta(k)$ einem Berechnungsschitt von M entspricht.

Definiere $D \in \text{ABB}(\mathbb{N}_0^2, \mathbb{N}_0)$ durch

$$D(x, 0) := x$$
$$D(x, n+1) := \underline{\Delta}(D(x, n)).$$

Offensichtlich gilt $D \in \mathscr{P}$ und es lässt sich durch Induktion leicht zeigen, dass $D(\Psi(k), n)$ die Kodierung einer Konfiguration k' ist, welche aus k durch n Schritte der Maschine M entsteht. Betrachte nun $\tau \in \mathsf{ABB}(\mathbb{N}_0, \mathbb{N}_0)$ mit

$$\tau(x) := \begin{cases} \min\{i \mid D(x, i) \text{ ist Kodierung einer Endkonfiguration}\} & \text{falls Minimum existiert,} \\ \text{undefiniert} & \text{sonst.} \end{cases}$$

Es ist

$$\mu(i, \mathsf{END}(D(x, i)) = 0)$$

$$= \begin{cases} \min\{i \mid \mathsf{END}(D(x, i)) = 0\} & \text{falls Minimum existiert,} \\ \text{undefiniert} & \text{sonst,} \end{cases}$$

$$= \begin{cases} \min\{i \mid D(x, i) \text{ ist Kodierung einer Endkonfiguration}\} & \text{falls Minimum existiert,} \\ \text{undefiniert} & \text{sonst.} \end{cases}$$

Folglich gilt $\tau = \mu(i, \mathsf{END}(D(x, i)) = 0)$ und damit ist τ eine μ-rekursive Funktion. Anschaulich ist $\tau(\Psi(k))$ die Anzahl Schritte, die M – gestartet in Konfiguration k – macht, bis ihre Berechnung terminiert; hält M beginnend in der Konfiguration k nicht an, so ist $\tau(\Psi(k))$ undefiniert (eine solche Funktion sollte uns bekannt vorkommen). $D(\Psi(k), \tau(\Psi(k)))$ ist damit die Kodierung einer Konfiguration, die aus k nach $\tau(\Psi(k))$ vielen Schritten der Maschine M entsteht.

Setzen wir $f(x_1, \ldots, x_r) := F(D(E(x_1, \ldots, x_r), \tau(E(x_1, \ldots, x_r))))$ für F und E die Funktionen aus Satz 4.34, so resultiert offensichtlich eine μ-rekursive Funktion, für die gilt:

$$f(x_1, \ldots, x_r) =$$
$$F(D(\underbrace{\overbrace{\Psi(\square\square z_0(x_1)_2\#(x_2)_2\#\cdots\#(x_r)_2\square\square)}, \underbrace{\tau(\Psi(\square\square z_0(x_1)_2\#(x_2)_2\#\cdots\#(x_r)_2\square\square))}_{\substack{\text{Anzahl der Schritte von Startkonfiguration bis Endkonfiguration } k_e.}}})}).$$

Kodierung der Konfiguration k_e

aus Konfiguration ausgelesenes Resultat der Berechnung

Andernfalls ist f undefiniert. $\square$

Damit haben wir nachgewiesen, dass die Turingmaschine ein weiteres Modell der berechenbaren Funktionen ist, das zu derselben Klasse berechenbarer Funktionen führt wie unsere bisherigen. Wir können folglich auf sie zurückgreifen, um den noch ausstehenden Beweis dafür zu führen, dass das PCP nicht entscheidbar ist. Es sei zuvor jedoch noch bemerkt, dass wir in vorigem Beweis ein zweites mal gesehen haben, dass jede rekursive partielle Funktion so definiert werden kann, dass nur einmal der unbeschränkte μ-Operator angewendet wird, und zwar auf eine primitiv-rekursive Funktion (KLEENEsche Normalform).

Satz 4.36

Für $|\Sigma| \geq 2$ ist das PCP nicht algorithmisch lösbar, d. h. es gibt keine Turingmaschine (rekursive Funktion, …), die mit den beiden Tupeln $x = (x_1, \ldots, x_n)$ und $y = (y_1, \ldots, y_n)$ als Eingabe entscheidet, ob es Indizes $(i_1, \ldots, i_k)$ mit $x_{i_1} x_{i_2} \cdots x_{i_k} = y_{i_1} y_{i_2} \cdots y_{i_k}$ gibt oder nicht.

Beweis: Wir reduzieren das MPCP auf das Halteproblem für Turingmaschinen. Da wir nachgewiesen haben, dass das entsprechend Problem für die RM unentscheidbar ist, beide Modelle aber äquivalent sind, ist somit die Reduktion auf ein unentscheidbares Problem gelungen.

Sei $M = (Z, \Sigma, \delta, z_0, \{e\})$ eine 1-Band-TM. Wir definieren folgende *korrespondierende Paare* (x_i, y_i):

i	x_i	y_i	
1	#	$\#z_0 w\#$	
2	$e\#\#$	#	
3	#	#	
4	a	a	für alle $a \in \Sigma \setminus \{\square\}$
Typ I	za	$z'b$	falls $\delta(z,a) = (z',b,\mathsf{N})$
Typ II	za	bz'	falls $\delta(z,a) = (z',b,\mathsf{R})$
Typ III	cza	$z'cb$	falls $\delta(z,a) = (z',b,\mathsf{L})$
Typ IV	$z\#$	$bz'\#$	falls $\delta(z,\square) = (z',b,\mathsf{R})$
Typ V	$cz\#$	$z'cb\#$	falls $\delta(z,\square) = (z',b,\mathsf{L})$
Typ VI	$z\#$	$z'b\#$	falls $\delta(z,\square) = (z',b,\mathsf{N})$
5	aeb	e	
6	$ae\#$	$e\#$	
7	$\#eb$	$\#e$	

Dabei gelten die gelisteten Paare für alle $z \in Z \setminus \{e\}$, $z' \in Z$ und $a,b,c \in \Sigma \setminus \{\square\}$.

Behauptung 1: Falls $z_0 w \vdash_M \alpha_1 z_1 \beta_1 \vdash_M \alpha_2 z_2 \beta_2 \vdash_M \dots \vdash_M \alpha_k z_k \beta_k$ mit $z_i \neq e$, $1 \leq i < k$, und $(\alpha_k, \beta_k) \notin \{\square\} \times (\Sigma^\star \setminus \{\square\})$, so folgt, dass für

$$(u,v) :=$$
$$(\#z_0 w\#\alpha_1 z_1 \beta_1 \#\alpha_2 z_2 \beta_2 \# \cdots \#\alpha_{k-1} z_{k-1}\beta_{k-1}\#, \#z_0 w\#\alpha_1 z_1 \beta_1 \#\alpha_2 z_2 \beta_2 \# \cdots \#\alpha_k z_k \beta_k\#)$$

u und v durch korrespondierende Paare entstanden sind (beachte, dass u ein Präfix von v ist).

Wir führen dazu eine Induktion über k und beginnen mit $k = 1$: Da wir das MPCP betrachten, beginnen Lösungen immer mit dem Index 1, womit $(u,v) = (x_1, y_1) = (\#, \#z_0 w\#)$ folgt; diese beide korrespondieren nach Eintrag 1 obiger Tabelle. Gelte die Aussage also für $k \geq 1$ mit $z_k \neq e$. Wir haben

$$u = \#z_0 w\#\alpha_1 z_1 \beta_1 \#\alpha_2 z_2 \beta_2 \# \cdots \#\alpha_{k-1} z_{k-1}\beta_{k-1}\#,$$
$$v = \#z_0 w\#\alpha_1 z_1 \beta_1 \#\alpha_2 z_2 \beta_2 \# \cdots \#\alpha_k z_k \beta_k\#.$$

An u und v ist ein korrespondierendes Paar (x_j, y_j) gemäß obiger Tabelle anzuhängen. Des Weiteren muss x_j als *Verlängerung* von u mit dem Präfix $\alpha_k z_k \beta_k$ beginnen. Nach unserer Tabelle gibt es aber höchstens ein Paar (entsprechend dem Übergang $\alpha_k z_k \beta_k \vdash_M \alpha_{k+1} z_{k+1} \beta_{k+1}$), welches mit dieser Bedingung verträglich ist; dieses Paar ist vom Typ I, ..., VI (die restlichen Buchstaben im Präfix $\alpha_k z_k \beta_k$ werden durch die Paare (x_3, y_3) und (x_4, y_4) erzeugt). Damit folgt die Aussage für $k + 1$.

Sei nun $z_k = e$, d. h.

$$u = \dots \#,$$
$$v = \dots \#\alpha_k e \beta_k\#.$$

Mit den Paaren 2, 3, 4, 5, 6, 7 kann u zu u' und v zu v' mit $u' = v'$ verlängert werden. Also können wir folgern, dass für den Fall des Terminierens der Berechnung von M bei Eingabe w das von uns konstruierte MPCP eine Lösung besitzt. Terminiert M allerdings nicht (d. h. ist $z_k \neq e$), so kann u eindeutig zu u' verlängert werden, wobei dann (u', v') wiederum Behauptung 1 erfüllt und unser MPCP besitzt entsprechend keine Lösung (u' ist Präfix von v').

Damit ist es für diese Instanz äquivalent, ob das MPCP eine Lösung hat und ob die TM M mit Eingabe w hält. Eine Turingmaschine, die diese Instanz des MPCP entscheiden würde, könnte also auch das Halteproblem für M lösen. Da wir aber keinerlei Annahmen hinsichtlich der Wahl von M gemacht haben, gilt dies für alle möglichen Turingmaschinen und entsprechend wäre mit dem MPCP auch das Halteproblem für Turingmaschinen entscheidbar. Das dem nicht so ist, haben wir bereits gesehen, womit die Unentscheidbarkeit des MPCP und damit des PCP folgt. $\square$

Bevor wir einen letzten Versuch unternehmen, durch die Betrachtung der in einer modernen Programmiersprache gängigen Konzepte zu einem mächtigeren Begriff des Berechenbaren zu gelangen, wollen wir uns daran erinnern, dass wir die Turingmaschine eigentlich als einen Akzeptor für formale Sprachen eingeführt haben und entsprechend fragen, ob es denn nicht auch in diesem Kontext Probleme gibt, die unentscheidbar sind. Leider müssen wir auch hier beobachten, dass viele auf den ersten Blick nicht schwierig anmutende Fragen tatsächlich nicht algorithmisch entschieden werden können. Wir wollen hier keine Details betrachten, sondern uns mit einer Tabelle begnügen, in der viele Probleme und deren Entscheidbarkeit für die verschiedenen Sprachklassen aufgelistet sind (+ bedeutet entscheidbar, − nicht entscheidbar).

Problem	reguläre Mengen	DKL	CFL	CSL	rekursive Mengen	rekursiv-aufzählbare Mengen (Typ 0)
$w \in \mathcal{L}$?	+	+	+	+	+	−
$\mathcal{L} = \emptyset$?	+	+	+	−	−	−
$\mathcal{L} = T^\star$?	+	+	−	−	−	−
$\mathcal{L}_1 = \mathcal{L}_2$?	+	+	−	−	−	−
$\mathcal{L}_1 \subseteq \mathcal{L}_2$?	+	−	−	−	−	−
$\mathcal{L}_1 \cap \mathcal{L}_2 = \emptyset$?	+	−	−	−	−	−
$\mathcal{L}$ regulär?	+	+	−	−	−	−
Durchschnitt in gleicher Sprachklasse ?	+	−	−	+	+	+
Komplement in gleicher Sprachklasse?	+	+	−	+	+	−

Des Weiteren ist für eine beliebige kontextfreie Grammatik unentscheidbar, ob sie mehrdeutig ist oder nicht.

4.5 Loop-, While- und Goto-Berechenbarkeit

Wir haben bisher unseren Begriff der Berechenbarkeit an antik anmutenden Modellen eines Computers ausgerichtet. Von daher scheint es nicht verwunderlich, dass es definierbare Funktionen gibt, die wir mit einer solch primitiven Hardware nicht berechnen können. Wir wollen nun betrachten, in wieweit uns eine *modernere Sicht* der Dinge weiter bringt, indem wir eine einfache Programmiersprache – Loop genannt – betrachten.

Loop-Programme bestehen aus folgenden syntaktischen Komponenten:

- Variablen: $x_0, x_1, x_2, \ldots$

- Konstanten: $0, 1, 2, \ldots$

- Trennsymbole: ; und :=

- Operationszeichen: $+, \dot{-}$

- Schlüsselwörter: Loop, Do, End

Die Syntax der Loop-Programme definieren wir dann induktiv wie folgt:

1. Für c eine Konstante, ist jede Wertzuweisung der Form $x_i := x_j + c$ bzw. $x_i := x_j \dot{-} c$ ist ein Loop-Programm.

2. Falls P_1, P_2 Loop-Programme sind, dann ist auch $P_1; P_2$ ein solches.

3. Ist P ein Loop-Programm und x_i eine Variable, dann ist auch Loop x_i Do P End ein Loop-Programm.

Die Semantik von Loop-Programmen ist wie folgt definiert: Bei einem Loop-Programm, das eine k-stellige Funktion berechnen soll, gehen wir davon aus, dass die Eingaben $n_1, n_2, \ldots, n_k \in \mathbb{N}_0$ zu Beginn in den Variablen $x_1, x_2, \ldots, x_k$ stehen, alle anderen Variablen mit 0 vorbelegt sind. Die Wertzuweisung $x_i := x_j \circ c$ mit $\circ \in \{+, \dot{-}\}$ wird wie üblich interpretiert; der neue Wert der Variablen x_i berechnet sich zu $x_j \circ c$. Ein Loop-Programm der Form $P_1; P_2$ wird so interpretiert, dass zuerst P_1 und dann P_2 auszuführen ist. Ein Loop-Programm der Form Loop x_i Do P End führt dazu, dass das Programm P sooft ausgeführt wird, wie der Wert der Variablen x_i **zu Beginn** angibt. Änderungen des Variablenwertes von x_i im Innern von P haben also keinen Einfluss auf die Anzahl der Wiederholungen.

Das Resultat der Berechnung eines Loop-Programms nach seiner Ausführung ergibt sich als Wert der Variablen x_0.

Definition 4.26
Eine Funktion $f \in \text{ABB}(\mathbb{N}_0^k, \mathbb{N}_0)$ heißt Loop-*berechenbar*, falls es ein Loop-Programm P gibt, das f in dem Sinne berechnet, dass P, gestartet mit $n_1, n_2, \ldots, n_k$ in den Variablen $x_1, x_2, \ldots, x_k$ (und 0 in den restlichen Variablen) mit dem Wert $f(n_1, n_2, \ldots, n_k)$ in der Variablen x_0 stoppt.

Offensichtlich sind alle Loop-berechenbaren Funktionen total, denn jedes Loop-Programm stoppt zwangsläufig nach endlicher Zeit – es ist nicht möglich, eine unendliche Schleife zu programmieren. Dennoch genügen ihre beschränken Mittel, um wesentliche Konstrukte wie eine bedingte Verzweigung zu simulieren. Auch sind Zuweisungen der Form $x_i := x_j$ (man setzt $c = 0$) und $x_i := c$ (man verwendet eine nicht weiter benutzte Variable x_j, die noch ihren Anfangswert 0 trägt) möglich. Die Simulation von If $x = 0$ Then A End gelingt über das Loop-Programm

$y := 1$;
Loop x Do y:=0 End;
Loop y Do A End

Dabei ist y eine beliebige ansonsten ungenutzte Variable; man überzeuge sich selbst von der Korrektheit der Simulation. Komplizierte If-Bedingungen kann man entsprechend formulieren. Wir werden nachfolgend die soeben beschriebenen simulierbaren Konstrukte wie If und obige Zuweisungen bei der Angabe spezieller Loop-Programme verwenden, um Schreibarbeit zu sparen. Weitere gängige Loop-berechenbare Funktionen sind die Additionsfunktion (sie wird durch das Programm $x_0 := x_1$; Loop x_2 Do $x_0 := x_0 + 1$ End simuliert und im Folgenden durch $x_0 := x_1 + x_2$ abgekürzt, wobei wir offensichtlich auch auf beliebig andere Variablen-Indizes wie etwa $x_i := x_j + x_k$ zurückgreifen können) und die Multiplikationsfunktion (berechnet durch $x_0 := 0$; Loop x_2 Do $x_0 := x_0 + x_1$ End, wir verwenden die verkürzte Schreibweise $x_0 := x_1 * x_2$ und beliebige andere Paare Indizes). Des Weiteren können die Operationen mod und div auf ähnliche Weise simuliert werden, weshalb wir uns erlauben, im Folgenden komplizierte Wertzuweisungen wie etwa

$$x := (y \operatorname{div} z) + (x \operatorname{mod} 5) * y$$

in unseren Loop-Programmen zu verwenden, ohne dadurch deren Ausdrucksstärke zu verändern. Damit haben wir ein Großteil der Möglichkeiten einer modernen Programmiersprache, was noch fehlt ist die Möglichkeit, Endlosschleifen zu programmieren. Bevor wir jedoch die Loop-Programme entsprechend um ein weiteres Konstrukt, die While-Schleife, erweitern, wollen wir uns überlegen, welche Funktionen Loop-berechenbar sind. Betrachten wir die für die Loop-Programme eingeführten Konstrukte genauer, so erkennen wir mit unseren obigen Überlegungen (Vergleich der RM mit den primitiv-rekursiven Funktionen) sofort, dass sie genau den Möglichkeiten der primitiv-rekursiven Funktionen entsprechen. Wir erhalten, ohne hier die für einen Beweis notwendigen Simulationen in beiden Richtungen durchzuführen, folgendes Ergebnis:

Satz 4.37
Die Klasse der primitiv-rekursiven Funktionen stimmt mit der Klasse der Loop-berechenbaren Funktionen überein.

Wir haben ja bereits zuvor bemerkt, dass die Loop-Programme keine Möglichkeit besitzen, eine Endlosschleife zu erzeugen. Von daher ist ihre zuvor beobachtete beschränkte Berechnungskraft nicht verwunderlich und wir müssen, um ein den heute gängigen Programmiersprachen ebenbürtiges Berechnungsmodell zu erhalten, diesen Mangel beseitigen. Entsprechend betrachten wir nun die um ein Konstrukt für Endlosschleifen erweiterten Programme, die sog. While-Programme. Die Syntax der While-Programme enthält alle Konzepte der Loop-Programme, mit folgendem Zusatz: Falls P ein While-Programm ist und x_i eine Variable, dann ist auch

$$\text{While } x_i \neq 0 \text{ Do } P \text{ End}$$

ein While-Programm. Die Semantik dieses neuen Konstruktes ist so definiert, dass das Programm P solange wiederholt ausgeführt wird, bis die Variable x_i nach der Ausführung der letzten Anweisung von P den Wert 0 besitzt. Anders als bei der Loop-Schleife haben also Änderungen des Inhalts der Variable x_i durch P eine Auswirkung auf das Programmverhalten. Umgekehrt können wir nun nachträglich das Konzept der Loop-Schleife wieder fallen lassen, da wir das Programmstück Loop x Do P End durch $y := x$; While $y \neq 0$ Do $y := y - 1$; P End für y eine bisher unbenutzte Variable simulieren können.

Definition 4.27
Eine Funktion $f \in \mathrm{ABB}(\mathbb{N}_0^k, \mathbb{N}_0)$ heißt While-*berechenbar*, falls es ein While-Programm P gibt, das f in dem Sinne berechnet, dass P, gestartet mit $n_1, n_2, \ldots, n_k$ in den Variablen $x_1, x_2, \ldots, x_k$ (und 0 in den restlichen Variablen) mit dem Wert $f(n_1, n_2, \ldots, n_k)$ in der Variablen x_0 stoppt, sofern $f(n_1, \ldots, n_k)$ definiert ist, und ansonsten nie anhält.

Im Abschnitt 4.4 haben wir gesehen, wie Wertzuweisungen, die Hintereinanderausführung und While-Schleifen durch eine Turingmaschine simuliert werden können. Gleiches ist offensichtlich problemlos für die Addition und die (modifizierte) Subtraktion möglich. Entsprechend erhalten wir aus diesen Überlegungen (ohne detaillierten Beweis):

Satz 4.38
Jede While-berechenbare Funktion ist auch Turing-berechenbar.

Damit ist unsere Hoffnung, mit einer modernen Programmiersprache mehr zu können, als es unsere zuvor betrachteten primitiven Maschinenmodelle vermögen, gescheitert. Zumindest jedoch können wir auch nicht weniger, wie wir gleich sehen werden. Um also zu zeigen, dass auch jede Turing-berechenbare Funktion While-berechenbar ist, betrachten wir als Zwischenschritt die sog. Goto-Programme.

Ein Goto-Programm ist eine Folge von Anweisungen A_i, die jeweils durch eine Marke M_i eingeleitet werden:
$$M_1 : A_1; \quad M_2 : A_2; \quad \ldots; \quad M_k : A_k$$
Als Anweisungen A_i sind zugelassen:

- Wertzuweisungen: $x_i := x_j + c$ bzw. $x_i := x_j \dot{-} c$

- unbedingter Sprung: Goto M_i

- bedingter Sprung: If $x_i = c$ Then Goto M_i

- Stopanweisung: Halt

Marken eines Goto-Programmes, die niemals angesprungen werden, lassen wir aus Gründen der Vereinfachung oft einfach weg.

Die Semantik solcher Programme sollte klar sein (Halt-Anweisungen beenden eine Goto-Programm – die letzte Anweisung eines Goto-Programmes sollte, wenn es kein unbedingter Sprung ist, ein Halt sein). Auch verzichten wir auf die formale Definition der Goto-Berechenbarkeit, die analog der While-Berechenbarkeit festgelegt wird (es ist klar, dass Goto-Programme in Endlosschleifen geraten können, wie das Beispiel M_1 : Goto M_1 belegt). Auch ist die Verwendung des unbedingten Sprunges kein Nachteil gegenüber der While-Schleife, denn
$$\text{While } x_i \neq 0 \text{ Do } P \text{ End}$$
kann durch das Goto-Programm

M_1: If $x_i = 0$ Then Goto M_2;
   P;
   Goto M_1;
M_2: ...

simuliert werden. Entsprechend gilt offensichtlich der folgende Satz:

Satz 4.39

Jede While-berechenbare Funktion ist auch Goto-berechenbar.

Wir werden nun auch die – nicht ganz offensichtliche – Umkehrung beweisen. Dazu müssen wir die Frage beantworten, wie man ein Goto-Programm durch ein While-Programm simuliert. Sei das Goto-Programm

$$M_1 : A_1; \ M_2 : A_2; \ \ldots; \ M_k : A_k$$

gegeben. Wir simulieren dieses Programm durch ein While-Programm mit nur einer While-Schleife wie folgt:

$count := 1$;
While $count \neq 0$ Do
  If $count = 1$ Then A_1' End;
  If $count = 2$ Then A_2' End;
  $\vdots$
  If $count = k$ Then A_k' End;
End

Hierbei sind die A_i' folgendermaßen definiert:

$$A_i' := \begin{cases} x_j := x_l \pm c; count := count + 1 & \text{falls } A_i = x_j := x_l \pm c \\ count := n & \text{falls } A_i = \text{Goto } M_n \\ \text{If } x_j = c \text{ then } count := n \\ \text{Else } count := count + 1 \text{ End} & \text{falls } A_i = \text{If } x_j = c \text{ Then Goto } M_n \\ count := 0 & \text{falls } A_i = \text{Halt} \end{cases}$$

Wie wir dabei die If Then Else-Struktur als While-Programm realisieren können, werden wir in den Aufgaben betrachten. Insgesamt haben wir so gesehen:

Satz 4.40

Jede Goto-berechenbare Funktion ist auch While-berechenbar.

Bemerkung 4.15

Es sei darauf aufmerksam gemacht, dass vorherige Simulation mit nur einer While-Schleife auskommt. Damit haben wir quasi nebenbei den KLEENEschen Normalformsatz für While-Programme hergeleitet der (wie wir uns schon denken können) besagt, dass jede While-berechenbare Funktion durch ein While-Programm mit nur einer While-Schleife berechnet werden kann. Wie wir diese Beobachtung aus unseren bisherigen Ergebnissen sauber ableiten können, werden wir in der 16. Aufgabe sehen.

Als nächstes zeigen wir, dass Turingmaschinen durch Goto-Programme simuliert werden können und haben damit durch einen RingSchluss gezeigt, dass Turing-Berechenbarkeit, While-Berechenbarkeit und Goto-Berechenbarkeit ein und dasselbe sind. Aus unseren Überlegungen aus Abschnitt 4.4 können wir dann folgern, dass die While- und Goto-Berechenbarkeit mit der μ-Rekursivität und der RM-Berechenbarkeit zusammenfallen – letztlich liefern also alle Konzepte, so verschieden ihre Ansätze auf den ersten Blick auch sein mögen, dieselbe Menge berechenbarer Funktionen.

Sei $M = (Z, A, \delta, z_0, E)$ eine Turingmaschine zur Berechnung einer Funktion f. Wir simulieren M durch ein Goto-Programm, das folgendermaßen aufgebaut ist:

$$M_1 : P_1; \ M_2 : P_2; \ M_3 : P_3$$

Dabei kommt P_1 die Aufgabe zu, die eingegebenen Anfangswerte der Variablen für die Turingmaschine passend (in Binärdarstellung) zu kodieren. Anschließend erzeugt P_1 eine Darstellung der Startkonfiguration von M, welche in den Variablen x, y und z abgelegt wird (Details zu dieser Darstellung folgen). P_2 hat die Aufgabe, eine Schritt-für-Schritt-Simulation der Rechnung von M durchzuführen; dazu werden die eine Konfiguration von M repräsentierenden Variablen x, y und z entsprechend verändert. P_3 schließlich erzeugt aus der Kodierung der Endkonfiguration die eigentliche Ausgabe der Berechnung in der Ausgabevariable x_0. Es sei darauf aufmerksam gemacht, dass weder P_1 noch P_3 von der Überführungsfunktion δ der zu simulierenden Turingmaschine abhängen. Doch kommen wir zu den Details der Simulation: Wir nehmen o.B.d.A. an, dass $Z = \{z_1, \ldots, z_k\}$ und $A = \{a_1, \ldots, a_m\}$ gilt. Sei außerdem b eine Zahl mit $b > |A|$. Die Konfiguration $a_{i_1} a_{i_2} \cdots a_{i_p} z_l a_{j_1} a_{j_2} \cdots a_{j_q}$ der Turingmaschine M wird dann wie folgt repräsentiert:

$$
\begin{aligned}
x &= (i_1 \ldots i_p)_b, \\
y &= (j_q \ldots j_1)_b, \\
z &= l,
\end{aligned}
$$

wobei $(i_1 \ldots i_p)_b$ die Zahl ist, deren b-näre Darstellung die Ziffern $i_1 \ldots i_p$ besitzt (also $x = \sum_{1 \leq \mu \leq p} i_\mu \cdot b^{p-\mu}$), $(j_q \ldots j_1)_b$ entsprechend bei reverser Ziffernfolge. Das Goto-Programmstück $M_2 : P_2$ hat nun folgende Form ($\text{\textcircled{S}}$ ist Platzhalter für ein Programmstück, das wir erst nachfolgend detailliert erörtern):

$$
\begin{aligned}
&M_2 : \ a := y \bmod b; \\
&\qquad \text{If } (z = 1) \text{ And } (a = 1) \text{ Then Goto } M_{1,1}; \\
&\qquad \text{If } (z = 1) \text{ And } (a = 2) \text{ Then Goto } M_{1,2}; \\
&\qquad \vdots \\
&\qquad \text{If } (z = k) \text{ And } (a = m) \text{ Then Goto } M_{k,m}; \\
&M_{1,1} : \ \text{\textcircled{S}} \\
&\qquad \text{Goto } M2; \\
&M_{1,2} : \ \text{\textcircled{S}} \\
&\qquad \text{Goto } M2; \\
&\qquad \vdots
\end{aligned}
$$

$M_{k,m} : \circledS$
    Goto M_2;

Kommen wir zur Funktionalität von $\circledS$ und betrachten das zur Marke $M_{i,j}$ korrespondierende Programmstück. Marke $M_{i,j}$ steht für die Situation, in der die Turingmaschine sich im Zustand z_i befindet und sich unter dem Kopf das Symbol a_j befindet. Gilt dann

$$\delta(z_i, a_j) = (z_{i'}, a_{j'}, \mathsf{L}),$$

so erzeugen wir die Nachfolgekonfiguration in den Variablen x, y und z mittels der Anweisungen

$$
\begin{aligned}
z &:= i'; \\
y &:= y \operatorname{div} b; \\
y &:= b * y + j'; \\
y &:= b * y + (x \operatorname{mod} b); \\
x &:= x \operatorname{div} b;
\end{aligned}
$$

Falls z_i ein Endzustand ist (hier ist kein $\delta(z_i, a_j)$ definiert), so springt $\circledS$ zur Marke M_3.
Wie wir die Fälle einer Rechtsbewegung des Lese-Schreibkopfes bzw. den Fall eines unbewegten Kopfes entsprechend simulieren, werden wir als Übungen (17. Aufgabe) betrachten. Insgesamt können wir so die Berechnung der Turingmaschine schrittweise simulieren. Die Konstruktion der Programmstücke P_1 und P_3 sind einfach und sollen hier nicht genauer betrachtet werden. Insgesamt erhalten wir aus unserer Diskussion:

Satz 4.41
Jede Turing-berechenbare Funktion ist auch Goto-berechenbar.

Damit haben wir insgesamt gesehen, dass auch dieser neue Anlauf, den Begriff des Berechenbaren zu formalisieren, zu derselben Klasse von Funktionen führte, die wir berechnen können. Unsere RM und die Turingmaschine sind also höchstens hinsichtlich ihrer Programmierung nicht aber hinsichtlich ihrer Möglichkeiten primitiv, und auch der eher axiomatische Ansatz der μ-rekursiven Funktionen liefert das gleiche Resultat. Nehmen wir unsere While-Programme als ein für Programmiersprachen repräsentatives Modell[12], so bedeutet diese Beobachtung aber auch, dass "programmierbar" und "berechenbar" ein und dasselbe sind. All diese Beobachtungen führten ALONZO CHURCH letztlich dazu, die im Folgenden behandelte These zu formulieren. Bevor wir uns dieser jedoch zuwenden, wollen wir auf einen Aspekt der verschiedenen Modelle eingehen, in dem sie sich sehr wohl unterscheiden, man einen Unterschied oft aber gar nicht wünscht.

Neben der reinen Berechenbarkeit einer Funktion kann mach sich fragen, wieviele Ressourcen für die Berechnung des Funktionswertes aufgebracht werden müssen. Ressourcen können dabei beispielsweise der benötigte Platz (Anzahl Register, Zellen eines Bandes, Variablen) oder die benötigte Zeit (Anzahl Konfigurationsübergänge der Berechnung) sein. Für letztere hat die Turingmaschine einen deutlichen Nachteil gegenüber der RM oder den While-Programmen, da sie

---

[12] Diese Annahme können wir getrost machen, da keine ausdrucksstärkere Programmiersprache bekannt ist.

stets auf einer ziffernweisen Darstellung der Zahlen arbeiten muss und für die Modifikation einer Ziffer mindestens ein Rechenschritt anfällt, wogegen die RM den Inhalt eines Registers bzw. das While-Programm den Inhalt einer Variable als ganzen in nur einem Rechenschritt verändert. Folgendes Beispiel soll diese Diskrepanz verdeutlichen. Bei Eingabe n berechnet folgendes Loop-Programm

$$x := 2;$$
$$\text{Loop } n \text{ Do } x := x * x \text{ End};$$

die Funktion $f(n) = 2^{2^n}$. Nehmen wir dabei an, dass eine Multiplikation $x * x$ in einem Rechenschritt durchgeführt werden kann, so ist die insgesamt benötigte Schrittzahl ein Polynom in n. Umgekehrt besitzt aber das Ergebnis 2^{2^n} eine Binärdarstellung mit 2^n Ziffern, d. h. eine Turingmaschine benötigt alleine für das Hinschreiben des Ergebnisses 2^n Schritte (was für hinreichend große n schneller wächst wie jedes Polynom) und auch die Verwendung einer anderen (konstanten) Basis für die Zahlendarstellung liefert nur eine Einsparung um einen konstanten Faktor. Will man also Maschinenmodelle mit Registern oder Variablen hinsichtlich der Rechenzeit fair mit der Turingmaschine vergleichen, muss diesem Umstand Rechnung getragen werden. Man erreicht dies durch die Verwendung eines sog. *logarithmischen Kostenmaßes* für das wir die Kosten einer Wertzuweisung oder anderer elementarer Operationen auf den Registern/Variablen als proportional zur Anzahl der verarbeiteten Bits (also z.B. gleich $\log(x_i)$ beim Zugriff auf x_i) annehmen. Wenn wir dagegen wie in vorherigem Beispiel die Kosten für elementare Register-/Variablenoperationen als konstant ansehen, so spricht man vom *uniformen Kostenmaß*. Solange die in den Variablen gespeicherten Zahlenwerte hinsichtlich ihrer Größe eine beliebige, jedoch fest zu wählende Konstante nie überschreiten, sind beide Kostenmaße (bis auf einen konstante Faktor) äquivalent. Analoge Überlegungen gelten selbstverständlich auch für den Platzbedarf; da in einem Register/einer Variablen eine beliebig große Zahl gespeichert werden kann, ist auch dort ein uniformer Vergleich zur Turingmaschine unangebracht.

4.6 CHURCHsche These

Bei der CHURCHsche These handelt es sich um kein bewiesenes Theorem, sondern eher um die umgangssprachlich formulierte Quintessenz jahrelanger Forschungen im Bereich der Rekursionstheorie. Dennoch wird sie in der Wissenschaft seit langem akzeptiert, ja sogar gelegentlich als Argument herangezogen:

CHURCHsche These: Die Klasse der Turing-berechenbaren (RM-berechenbaren, μ-rekursiven, ...) Funktionen ist genau die Klasse der intuitiv berechenbaren Funktionen.

Man erkennt sofort, warum es keinen Beweis für diese Aussage gibt – der Begriff der intuitiven Berechenbarkeit ist schlicht nicht zu formalisieren. Dennoch macht eine Formulierung dieser Art *Sinn*, denn sie führt dazu, dass keinerlei Einschränkungen hinsichtlich der Art und Weise vorgegeben werden, wie man die Berechenbarkeit im Detail fassen möchte. Wem diese Formulierung dennoch zu unpräzise ist, der mag in der Aussage der These die *intuitive Berechenbarkeit* durch *eine beliebige korrekte mathematische Definition der Berechenbarkeit* ersetzen. Letztlich bleibt die Quintessenz dieselbe: Wir können mit unseren modernen Computer jetzt und in Zukunft nicht mehr berechnen, als es auch schon mit einer Handrechenmaschine möglich war. Das *jetzt* haben wir dabei bewiesen, das *in Zukunft* ist die Aussage der seit langem unwiderlegten These von CHURCH.

4.7 Schlussbemerkungen

Wir haben gesehen, wie wir formal das **Was** und das **Wie** in der Programmierung trennen, indem wir die Semantik und die Syntax von Programmiersprachen studierten. Des Weiteren haben wir gesehen, dass es durchaus Funktionen gibt (als Beispiel sei das Halteproblem genannt), deren Berechnung wünschenswert wäre, die aber nicht berechenbar sind. In gewisser Hinsicht gibt es jedoch durchaus Möglichkeiten, auch algorithmisch unlösbare Probleme *zu lösen*. So können wir das Problem und seine Eingaben einschränken (es gibt beispielsweise Teilmengen der Turingmaschinen, für die das Halteproblem entscheidbar ist) oder wir geben uns mit Näherungslösungen zufrieden, für die wir den gesuchten Wert nicht exakt, sondern nur *fast exakt* berechnen. Definieren wir beispielsweise eine Menge $M \subseteq \mathbb{N}_0$ für $\varepsilon > 0$ als *ε-entscheidbar*, genau dann, wenn

$$(\exists f \in \mathcal{R})(\exists^\infty n)\left(\frac{|\{x \mid 0 \leq x \leq n \wedge f(x) = \chi_M(x)\}|}{n+1} \geq 1 - \varepsilon \right),$$

so lässt sich zeigen, dass jede rekursiv aufzählbare Menge für jedes $\varepsilon > 0$ stets ε-entscheidbar ist. Wollen wir an unseren anfänglichen Problemen festhalten, so müssen wir uns mit obigen Grenzen des Machbaren abfinden. Nicht abfinden aber müssen wir uns mit schlechten Algorithmen, die wesentlich mehr Ressourcen (Zeit, Platz) verbrauchen als eigentlich notwendig. Deshalb sollten wir uns als nächstes damit auseinandersetzen, wie gute Algorithmen entworfen werden können. Außerdem benötigen wir dann ein Konzept, den Ressourcenverbrauch der Algorithmen sinnvoll und möglichst präzise zu quantifizieren, damit ihre Güte vergleichbar wird und wir das jeweils beste Verfahren für unsere Anwendung auswählen können. Leider wartet in diesem Kontext die nächste Enttäuschung auf uns, denn es gibt Probleme, für die es (höchstwahrscheinlich) gar keinen Algorithmus gibt, der ein eigentlich berechenbares Problem mit einer akzeptablen Rechenzeit löst. Die Theorie bietet in diesem Zusammenhang aber zumindest einen Weg, wie wir unserem Vorgesetzten glaubhaft machen können, dass nicht nur wir, sondern alle Programmierer auf der Welt nicht in der Lage sind, einen solchen effizienten Algorithmus zu entwerfen. Für Details hierzu und zu den anderen angerissenen Themen siehe [Neb12].

4.8 Quellenangaben und Literaturhinweise

Die Ausführungen zu diesem Kapitel von der Einführung der Registermaschine bis hin zum Normalformsatz von KLEENE orientieren sich in wesentlichen Teilen an [CF77]. Die sich anschließenden Betrachtung basieren auf Unterlagen aus meiner eigenen Studienzeit (Skript von Prof. Dr. Rainer Kemp zur Vorlesung "Theoretische Informatik II" an der Goethe Universität Frankfurt; hier dürfte [Hen77] als eine Orientierung gedient haben), finden sich in ähnlicher Form aber auch in [Koz05]. Hiesige Betrachtung zur Loop-, While- und Goto-Berechenbarkeit wurden mit [Sch08] als Vorlage ausgearbeitet. Neben den genannten Quellen laden [Smi96] oder

[SH96] sowie eine Fülle weiterer Bücher zum Thema dazu ein, die Berechenbarkeit unter verschiedenen Blickwinkeln und Ansätzen zu studieren.

4.9 Aufgaben

1. Aufgabe

Zeigen Sie für die folgenden Funktionen und Prädikate jeweils, dass sie primitiv-rekursiv sind:

a) Das Prädikat $x|y$, das wahr ist, wenn x y teilt, falsch sonst.

b) Das Prädikat $\mathrm{Pr}(x)$, das wahr ist, falls x eine Primzahl ist, falsch sonst.

c) Die Funktion $(x)_i$, die den Exponenten der i-ten Primzahl in der Primfaktorzerlegung von x berechnet.

d) Die Funktionen $f_1(x)$ und $f_2(x)$ mit $f_1(0) = f_2(0) = 1$ und $f_1(x+1) = f_1(x) + f_2(x)$, $f_2(x+1) = f_1(x) \cdot f_2(x)$.

e) Die Funktion $Fib(x)$, die die x-te Fibonaccizahl berechnet.

f) Die Funktion $\mathrm{ggT}(a,b)$.

g) Die Funktion $\mathrm{tower}(x)$ mit $\mathrm{tower}(0) = 1$ und $\mathrm{tower}(x) = \underbrace{x^{(x^{(\cdots^x)})}}_{x\text{-mal } x}$ für $x > 0$.

2. Aufgabe

Zeigen Sie für die folgenden Funktionen jeweils, dass sie μ-rekursiv sind:

a) $g(x,y) := \left\lceil \frac{x}{y} \right\rceil$.

b) $h(n) := \begin{cases} 1, & \text{falls die Dezimaldarstellung von } \pi \text{ eine Folge von } n \\ & \text{aufeinanderfolgenden Nullen enthält,} \\ 0, & \text{sonst.} \end{cases}$

c) $\mathrm{fak}(n) := n!$.

3. Aufgabe

Zeigen Sie: Wenn $f(x,z)$ primitiv-rekursiv ist, dann sind auch $g(x,z) := \sum_{y=0}^{z} f(x,y)$ und $h(x,z) := \prod_{y=0}^{z} f(x,y)$ primitiv-rekursiv.

4. Aufgabe

Zeigen Sie die (Un-)gleichungen (4.2) - (4.5) von Seite 134 im Text.

5. Aufgabe

Zeigen Sie: Die Ackermannfunktion ist rekursiv.

6. Aufgabe

Sei $\mathscr{G}$ eine Standard-Gödelisierung für $\mathscr{R}$. Zeigen Sie jeweils durch Diagonalisierung:

a) Die Menge der totalen Funktionen von $\mathbb{N}_0$ nach $\mathbb{N}_0$ ist nicht abzählbar.

b) Die Menge der partiellen Funktionen von $\mathbb{N}_0$ nach $\mathbb{N}_0$ ist nicht abzählbar.

c) Die Menge der positiven reellen Zahlen ist nicht abzählbar.

d) Die Potenzmenge von $\mathbb{N}_0$ ist nicht abzählbar.

e) Die Funktion $d(x)$ aus dem Beweis von Satz 4.24 a) ist nicht rekursiv.

f) $\{x \in \mathbb{N}_0 | F^{\mathscr{G}_1}(x,x) = 26\}$ ist nicht rekursiv.

g) $\{x \in \mathbb{N}_0 | F^{\mathscr{G}_1}(x,x) \text{ ist keine Primzahl}\}$ ist nicht rekursiv.

h) $\{x \in \mathbb{N}_0 | F^{\mathscr{G}_1}(x,2x) \text{ ist undefiniert}\}$ ist nicht rekursiv aufzählbar.

7. Aufgabe

Sei $\mathscr{G}$ eine Standard-Gödelisierung für $\mathscr{R}$. Zeigen Sie jeweils durch Reduktion:

a) $M_1 := \{p \in \mathbb{N}_0 | F_p^{\mathscr{G}} \text{ ist nicht primitiv-rekursiv}\}$ ist nicht rekursiv aufzählbar.

b) $M_2 := \{x \in \mathbb{N}_0 | F^{\mathscr{G}_1}(x,x) \neq 26\}$ ist nicht rekursiv aufzählbar.

c) $M_3 := \{x \in \mathbb{N}_0 | F_x^{\mathscr{G}} \text{ ist total und wächst höchstens so schnell wie } A_6\}$ ist nicht rekursiv aufzählbar.

d) $M_4 := \{x \in \mathbb{N}_0 | F^{\mathscr{G}_1}(x,3x) \text{ ist undefiniert}\}$ ist nicht rekursiv aufzählbar.

e) $M_{5.i} := \{x \in \mathbb{N}_0 | F^{\mathscr{G}_1}(3x+i,x) \text{ ist undefiniert}\}$, $0 \leq i < 3$, sind nicht alle rekursiv aufzählbar.

f) Die Menge der komplexen Zahlen ist nicht abzählbar.

8. Aufgabe

Zeigen Sie: Das abgewandelte Modell einer Rechenmaschine aus Bemerkung 4.7 besitzt dieselbe Leistungsfähigkeit wie das ursprüngliche Modell.

9. Aufgabe

Zeigen Sie, dass die Gödelisierung $< \cdot >$ die smn-Eigenschaft besitzt.

10. Aufgabe

Zeigen Sie: Die Funktion $r(x)$ aus dem Beweis zu Satz 4.24 c) ist rekursiv.

11. Aufgabe

Sei $\mathscr{G}$ eine Standard-Gödelisierung für $\mathscr{R}$. Zeigen Sie jeweils M_i ist nicht rekursiv:

a) $M_1 := \{x \in \mathbb{N}_0 | F_x^{\mathscr{G}}$ ist total und wächst höchstens so schnell wie $A_6\}$.

b) $M_3 := \{x \in \mathbb{N}_0 | F_x^{\mathscr{G}}$ wächst mindestens so schnell wie $A_6\}$.

12. Aufgabe

Sei $\Sigma = \{a, b, c\}$. Ist das PCP für x_i und y_i jeweils lösbar?

a) $x_1 = (ab, cba, aa, bc, ca, cc), y_1 = (ba, cb, ab, b, ba, bc)$.

b) $x_2 = (a, cba, aa, bc, acc, cab), y_2 = (ba, cb, ab, ab, ca, cca)$.

c) $x_3 = (aa, bca, bba, cb, ca), y_3 = (a, abc, bb, ac, acb)$.

d) $x_4 = (a, ab, ba, bb, aab), y_4 = (aa, ba, ab, b, bba)$.

13. Aufgabe

Das *spezielle Halteproblem* besteht in der Beantwortung der Frage, ob eine beliebige vorgegebene RM M bei leerer Eingabe hält. Zeigen Sie, dass das spezielle Halteproblem unentscheidbar ist.

14. Aufgabe

Geben Sie je eine Turingmaschine an, die die Addition bzw. die modifizierte Subtraktion zweier Binärzahlen berechnet.

15. Aufgabe

Geben Sie ein While-Programm an, das

$$\text{If } x_j = c \text{ Then } count := n \text{ Else } count := count + 1 \text{ End};$$

berechnet.

16. Aufgabe

Zeigen Sie: Jede While-berechenbare Funktion kann durch ein While-Programm mit nur einer While-Schleife berechnet werden.

17. Aufgabe

Geben Sie das Programmstück $\circledS$ in der Herleitung von Satz 4.41 für die Fälle "Kopfbewegung nach rechts" und "keine Kopfbewegung" an.

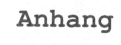

Anhang

A Notationsverzeichnis

∞	unendlich (größer als jede Zahl)
$\mathbb{N}$	Menge der natürlichen (positive ganze) Zahlen
$\mathbb{N}_0$	$\mathbb{N} \cup \{0\}$
$\mathbb{Z}$	Menge der ganzen Zahlen
$\mathbb{Z}^+$	Menge der positiven ganzen Zahlen
$\mathbb{Q}$	Menge der rationalen Zahlen
$\emptyset$	leere Menge
$\{a \mid R(a)\}$	Menge aller a, die $R(a)$ erfüllen
$A \times B$	kartesisches Produkt der Mengen A und B
$A \cup B$	Vereinigung der Mengen A und B
$A \cap B$	Durchschnitt der Mengen A und B
$A \setminus B$	$\{a \in A \mid a \notin B\}$.
$A \subseteq B$	A ist Teilmenge (oder gleich) B
$\wp(A)$	Potenzmenge von A
$x \in A$	x ist ein Element von A
$x \notin A$	x ist kein Element von A
$[a:b]$	$\{x \in \mathbb{Z} \mid a \leq x \leq b\}$
$x \mid y$	x teil y
$x := y$	y definiert x
$\delta_{n,m}$	KRONECKER-Symbol; ist $n = m$ dann 1 sonst 0
$\lfloor x \rfloor$	untere GAUSSklammer; $\max\{k \in \mathbb{N} \mid k \leq x\}$
$\lceil x \rceil$	obere GAUSSklammer; $\min\{k \in \mathbb{N} \mid k \geq x\}$
$\sum_{R(k)} x_k$	Summe alle x_k mit $k \in \{a \in \mathbb{Z} \mid R(a)\}$; 0 wenn diese Menge leer ist
$\prod_{R(k)} x_k$	Produkt alle x_k mit $k \in \{a \in \mathbb{Z} \mid R(a)\}$; 1 wenn diese Menge leer ist
$n!$	Fakultät von n; $\prod_{1 \leq k \leq n} k$
$\binom{n}{k}$	Binomialkoeffizient; "aus n wähle k"
$\mathrm{ABB}(M,N)$	Menge der Abbildungen von der Menge M in die Menge N
$\forall$	für alle
$\exists$	es existiert (mindestens ein)
$\wedge$	Konjunktion
$\vee$	Disjunktion
Σ^+	Menge aller nicht leeren Wörter über Alphabet Σ
$\lvert w \rvert$	Länge des Wortes w (Anzahl Alphabetszeichen)
$\lvert w \rvert_s, s \in \Sigma$	Anzahl Vorkommen des Symbols s im Wort w
ε	leeres Wort mit $\lvert \varepsilon \rvert = 0$
$\Sigma^\star$	$\Sigma^+ \cup \{\varepsilon\}$, Menge aller Wörter über Alphabet Σ
$\mathbb{C}$	Komplement-Operator
$u \cdot v$	Konkatenation der Wörter u und v
$\mathrm{ggT}(x,y)$	größter gemeinsamer Teiler der Zahlen x und y
$(x)_i, \exp(i,x)$	Exponent der t-ten Primzahl in der Faktorisierung von x
$\mathscr{R}$	Menge der μ-rekursiven (gleich rekursiven partiellen) Funktionen
$\mathscr{T}$	Menge der rekursiven (gleich totalen μ-rekursiven) Funktionen
Φ	überall undefinierte Funktion
$F_i^{\mathscr{G}}$	Funktion mit Index i bzgl. Gödelisierung $\mathscr{G}$
$F^{\mathscr{G}_i}$	Universalfunktion der i-stelligen Funktionen bzgl. Gödelisierung $\mathscr{G}$

B Beweistechniken

Nachfolgend wollen wir die wesentlichen Techniken zum Führen eines mathematischen Beweises wiederholen. Dieser Abschnitt kann dabei keinesfalls das intensive Studium dieser Techniken ersetzen, er soll jedoch eine Hilfestellung bieten, um das entsprechende Wissen aufzufrischen. Wir wollen dabei damit beginnen, uns vor Augen zu führen, was ein Beweis überhaupt ist: Ein Beweis ist eine Folge von Aussagen, von denen jede logisch aus den bisherigen folgt (siehe Ableitungsbegriff der Kalküle). Dabei starten wir mit "Dingen", die wir als gültig (wahr) annehmen (siehe Axiome der Kalküle). Als Konsequenz hat ein Beweis drei Teile, einen Anfang, eine Mitte und ein Ende. Der Anfang enthält dabei jene Dinge, die wir als wahr annehmen wollen, wobei die Definitionen der Objekte über die wir sprechen oder aber über sie bewiesene Aussagen dazu gehören. Die Mitte wird aus jenen Aussagen gebildet, die wir jeweils logisch aus dem zuvor gesagten folgern. Das Ende ist die Aussage, die wir beweisen möchten.

Beispiele:

a) Unter Verwendung der Gruppen-Axiome wollen wir zeigen, dass $a \cdot (b-c) = a \cdot b - a \cdot c \ \forall a,b,c \in \mathbb{R}$ gilt. Dabei sei $0 \cdot x = x \cdot 0 = 0 \ \forall x \in \mathbb{R}$ gegeben.

Anfang: Wir machen uns klar, was uns die Gruppen-Axiome liefern (Assoziativität, Kommutativität, Distributivität, neutrale Elemente, Inverse). Des Weiteren vergegenwärtigen wir uns die Definition von $a - b := a + (-b)$, d. h. die Subtraktion entspricht der Addition des inversen Elementes. Wir nehmen als gegeben an (da z. B. an anderer Stelle bewiesen) $0 \cdot x = x \cdot 0 = 0$.

Mitte:

$$
\begin{array}{rcll}
a \cdot (b-c) & = & a \cdot (b + (-c)) & \text{Definition} \\
& = & a \cdot b + a \cdot (-c) & \text{Distributivität} \\
a \cdot c + a \cdot (-c) & = & a \cdot (c + (-c)) & \text{Distributivität} \\
& = & a \cdot 0 & \text{Inverses bzgl. } + \\
& = & 0 & \text{gegeben} \\
\curvearrowright a \cdot (-c) & = & -(a \cdot c) & \text{additives Inverses (Definition)} \\
\curvearrowright a \cdot b + a \cdot (-c) & = & a \cdot b - (a \cdot c) &
\end{array}
$$

Damit folgt mit dem oben gezeigten $a \cdot (b-c) = a \cdot b + a \cdot (-c)$ nun

Ende:

$$a \cdot (b-c) = a \cdot b - (a \cdot c) = a \cdot b - a \cdot c.$$

$\square$

Man mache sich die Bedeutung der letzten Gleichheit klar!

b) Seien f und g Funktionen mit $A \overset{f}{\mapsto} B \overset{g}{\mapsto} C$. Wir zeigen, dass aus f,g injektiv auch $g \circ f$ injektiv folgt.

Anfang: Definition der Injektivität; Definition $(g \circ f)(x) = g(f(x))$; Annahme f,g injektiv (d. h. $(\forall x,x' \in A)(f(x) = f(x') \curvearrowright x = x')$ und $(\forall x,x' \in B)(g(x) = g(x') \curvearrowright x = x')$.

Mitte:

$$
\begin{array}{rll}
(g \circ f)(x) = (g \circ f)(x') \ \curvearrowright & g(f(x)) = f(f(x')) & \text{Definition} \\
\curvearrowright & f(x) = f(x') & g \text{ injektiv} \\
\curvearrowright & x = x' & f \text{ injektiv}
\end{array}
$$

Ende: Also $g \circ f$ injektiv, wie zu beweisen war. $\square$

Ist man erst einmal geübt im Führen von Beweisen, ist es nicht mehr erforderlich, diese strenge Struktu-
rierung einzuhalten und insbesondere im Anfangs-Teil alle Details zusammenzutragen, die in den Beweis
einfließen können. Es hilft jedoch insbesondere dem Ungeübten typische Fehler beim Beweisen zu vermeiden, die da sind:

- falsche Annahmen treffen;

- zu strake Annahmen treffen;

- Definitionen fehlerhaft anwenden oder die Verwendung der falschen Definitionen.

Aber auch

- zu große Schritte machen (so dass eine Aussage nicht offensichtlich aus den vorherigen folgt und
  man dabei insbesondere unzulässige Schritte unternimmt);

- "Handwaving" (es muss doch irgendwie so sein, wie denn auch sonst?); eine solche Argumentation
  ist kein Beweis;

- inkorrekte Logik verwenden, insbesondere die Negation einer Aussage falsch zu bestimmen.

Für die Ausgestaltung eines Beweises stehen verschiedenste Techniken zur Verfügung. Welche dabei sinn-
voller Weise zur Anwendung kommt hängt insbesondere von der Art der zu beweisenden Aussage ab.

Implikationen und Äquivalenzen: Viele Behauptungen haben die Form

$$A \curvearrowright B \quad \text{bzw.} \quad A_1 \wedge A_2 \wedge \cdots \wedge A_k \curvearrowright B.$$

Dabei ist A manchmal nicht ausdrücklich angegeben, in diesem Fall liegt A implizit (z. B. Gruppen-Axiome)
vor. Um $A \curvearrowright B$ zu beweisen, können wir auf folgende Techniken zurückgreifen

- direkter Beweis: Wir zeigen B unter der Annahme A (siehe Beispiel Injektivität);

- indirekter Beweis: Wir zeigen $\neg A$ unter der Annahme $\neg B$ (d. h. wir zeigen $\neg B \curvearrowright \neg A$);

- Beweis durch Widerspruch: Wir zeigen einen Widerspruch unter der Annahme $A \wedge \neg B$ (reductio ad
  absurdum).

Eine Äquivalenz $A \leftrightarrow B$ zeigt man dann, indem man nacheinander die Implikationen $A \curvearrowright B$ und $B \curvearrowright A$
zeigt. Dieses Vorgehen bedeutet insbesondere, dass man die Gleichheit zweier Mengen $A = B$ über die Teil-
mengenbeziehungen $A \subseteq B$ und $B \subseteq A$ beweist ($A \subseteq B$ ist nämlich gleichbedeutend mit $x \in A \curvearrowright x \in B$).

Vollständige Induktion: Diese Technik eignet sich insbesondere, um Aussagen für alle $n \in \mathbb{N}$ zu beweisen.
Das Grundprinzip der vollständigen Induktion ist dabei

- Induktionsanfang (Anker): Die Aussage gilt für $n = 1$ (bzw. für die kleinste natürliche Zahl, für die
  sie behauptet wurde);

- Induktionsschritt: Zeige, dass wenn die Aussage für ein beliebiges aber festes $n \in \mathbb{N}$ gilt, dass daraus
  folgt, die Aussage gilt auch für $n + 1$.

Warum wird so eine Aussage für alle natürlichen Zahlen bewiesen? Hintergrund sind die Peano-Axiome,
die die Menge der natürlichen Zahlen wie folgt definieren: 1 ist eine natürliche Zahl; ist n eine natürliche
Zahl, dann auch $n + 1$. Man mache sich klar, warum so alle $n \in \mathbb{N}$ als natürliche Zahl identifiziert werden
und überlege sich dann, warum entsprechend eine vollständige Induktion tatsächlich einen entsprechenden
Beweis liefert.

Als Variante existiert die *allgemeine Induktion*, bei der man für den Induktionsschritt annimmt, dass die zu beweisende Aussage für alle n' kleiner gleich einem beliebigen aber festen $n \in \mathbb{N}$ (und ggf. größer einem $k \in \mathbb{N}$) gilt.

Eine vollständige Induktion kann *strukturell* geführt werden. Diese Form eines Beweises ist im Kontext der formalen Sprachen besonders bedeutsam und wird beispielsweise herangezogen, um zu zeigen, dass die von einer Grammatik erzeugte Sprache gleich einer gegebenen ist. Nachfolgendes Beispiel sollen das entsprechende Vorgehen im Detail beleuchten:

Beispiel: Gegeben seien $\mathscr{L} = \{a\} \cdot \{b\}^* \cdot \{c,d\}$ sowie $G = (I,T,P,S)$ mit $I = \{S,B,C\}$, $T = \{a,b,c,d\}$ und

$$P = \left\{ \begin{array}{ccc} S & \to & aB, \\ B & \to & bB, \\ B & \to & C, \\ C & \to & c, \\ C & \to & d \end{array} \right\}.$$

Behauptung: G erzeugt *genau* die Sprache $\mathscr{L}$.

Beweis: Wir zeigen zuerst die folgende Hilfsbehauptung. Dazu seien

$$\begin{aligned} M_0 &:= \{S\}, \\ M_1 &:= \{ab^n B \mid n \geq 0\}, \\ M_2 &:= \{ab^n C \mid n \geq 0\}, \\ M_3 &:= \mathscr{L} = \{ab^n c \mid n \geq 0\} \cup \{ab^n d \mid n \geq 0\}. \end{aligned}$$

Hilfsbehauptung: Für die Menge aller Satzformen $\vartheta(G)$ gilt $\vartheta(G) = M_0 \cup M_1 \cup M_2 \cup M_3 =: M$.

1. $\vartheta(G) \subseteq M$ (1)

Die Menge aller Satzformen $\vartheta(G)$ ist (rekursiv) aufzählbar, da sie durch Anwenden der Regeln aus P entstehen. Daher können wir über alle $\beta \in \vartheta(G)$ durch eine *strukturelle Induktion* iterieren, in diesem Fall eine Induktion über die Anzahl N der Ableitungsschritte in G.

Induktionsanfang: Startsymbol [$N = 0$ Schritte] $S \in M_0 \curvearrowright S \in M$. ✓

Induktionsvoraussetzung: Für eine nicht-leere Teilmenge $T \subseteq \vartheta(G)$, die alle Satzformen umfasse, die sich in höchstens N Schritten ableiten lassen, gelte die [Hilfhilfs-]behauptung (1), d. h. $(\forall \beta \in T)\,(\beta \in M)$.

Induktionsschritt: Sei $\beta \in T$ beliebig. Nach Induktionsvoraussetzung gilt dann einer der folgenden Fälle:

a) $\beta \in M_0 \curvearrowright \beta = S$.

Dann kann nur die Regel $S \to aB$ angewendet werden; $\beta' = aB \in M_1$ [mit $n = 0$]. Das bedeutet in diesem Fall sind auch alle Satzformen mit Ableitungen der Länge $N+1$ in M.

b) $\beta \in M_1 \curvearrowright (\exists n \geq 0)\,(\beta = ab^n B)$.

Hier können 2 Regeln angewendet werden

- $B \to bB \curvearrowright \beta' = ab^n bB = ab^{n+1} B \in M_1$,

- $B \to C \curvearrowright \beta' = ab^n C \in M_2$.

Beide Ableitungen enden wieder mit Satzformen in M.

c) $\beta \in M_2 \curvearrowright \exists n \geq 0\,(\beta = ab^n C)$.

Alle möglichen Regeln sind:

- $C \to c \curvearrowright \beta' = ab^n c \in M_3$,

- $C \to d \curvearrowright \beta' = ab^n d \in M_3$.

d) $\beta \in M_3 \curvearrowright \exists n \geq 0 \ (\beta = ab^n c \lor \beta = ab^n d)$.

   Keine Ableitung mehr möglich.

Da es keine weiteren Möglichkeiten für $\beta \in M$ gibt, haben wir für jedes β', das sich in $N+1$ Schritten erzeugen lässt, gezeigt, dass es in M enthalten ist.

Nach dem Induktionsprinzip haben wir damit bewiesen, dass jede in G ableitbare Satzform in einer der 4 Mengen M_0, M_1, M_2 oder M_3 liegt.

Aber warum hilft uns das mit unserer [Haupt-] Behauptung $\mathscr{L}(G) = \mathscr{L}$?

Weil erstens M_3 genau der Menge $\mathscr{L}$ entspricht und zweitens M_0, M_1 und M_2 nur Satzformen enthalten, die mindestens ein *Nichtterminal* enthalten, d. h. „unfertige" Satzformen. Da die Menge $\vartheta(G)$ aber abgeschlossen ist bezüglich Ableitungen in G müssen alle diese unfertigen Satzformen bei weiterer Ableitung letztlich in terminalen Zeichenreihen aus $M_3 = \mathscr{L}$ münden. Klar?

2. $\vartheta(G) \supseteq M$ (2)

   Dieser zweite Teil der [Hilfs-] Behauptung lässt sich aufteilen: Sei $\alpha \in M_0 \cup M_1 \cup M_2 \cup M_3$ beliebig. Dann gibt es offensichtlich ein j mit $\alpha \in M_j$ und es reicht, für jede Menge einzeln zu zeigen, dass sie in $\vartheta(G)$ enthalten ist.

   a) $\alpha \in M_0 \curvearrowright \alpha = S \in \vartheta(G)$, denn jede Ableitung beginnt mit dem Startsymbol S, womit dieses selbst natürlich auch eine ableitbare Satzform ist.

   b) $M_1 \subseteq \vartheta(G)$:

      Das zeigt man mittels vollständiger Induktion über den Parameter n aus der Definition von M_1:

      Induktionsanfang: $n = 0 \curvearrowright \alpha = aB$.

         Es ist $S \Rightarrow aB \in \vartheta(G)$. ✓

      Induktionsvoraussetzung: Sei $ab^n B \in \vartheta(G)$.

      Induktionsschritt: Nach Induktionsvoraussetzung existiert für $ab^n B$ eine Ableitung in G, d. h. $S \overset{*}{\Rightarrow} ab^n B$. Mittels der Regel $B \to bB$ lässt sich diese fortsetzen:

      $$S \overset{*}{\Rightarrow} ab^n B \Rightarrow ab^n bB = ab^{n+1} B.$$

      Damit haben wir eine Ableitung für $ab^{n+1} B$ gefunden, also ist $ab^{n+1} B \in \vartheta(G)$.

   c) $\alpha \in M_2 \curvearrowright \alpha \in \vartheta(G)$:

      Nach Definition ist $\alpha = ab^n C$ für ein $n \geq 0$. Wie gerade gezeigt, ist $ab^n B \in \vartheta(G)$ [mit dem gleichen n]; es gibt also eine Ableitung

      $$S \overset{*}{\Rightarrow} ab^n B$$

      die sich mit $B \to C$ fortführen lässt:

      $$S \overset{*}{\Rightarrow} ab^n B \Rightarrow ab^n C \curvearrowright ab^n C = \alpha \in \vartheta(G).$$

   d) $\alpha \in M_3 \curvearrowright \alpha \in \vartheta(G)$:

      Analog zu eben heißt $\alpha \in M_3$: $(\exists n \geq 0) \ (\alpha = ab^n c \lor \alpha = ab^n d)$.

      Wir verwenden wieder bereits Gezeigtes, nämlich dass es eine Ableitung

      $$S \overset{*}{\Rightarrow} ab^n C$$

      gibt, die wir nun auf zwei Arten vollenden können

      $$S \overset{*}{\Rightarrow} ab^n C \Rightarrow ab^n c \qquad \text{mittels } C \to c,$$

      $$S \overset{*}{\Rightarrow} ab^n C \Rightarrow ab^n d \qquad \text{mittels } C \to d.$$

      Für alle möglichen $\alpha \in M_3$ haben wir also eine Ableitung in G gefunden.

Da $M_3 = \mathscr{L}$ haben wir somit insbesondere für alle $w \in \mathscr{L}$ eine Ableitung gefunden, d. h. alle Wörter von $\mathscr{L}$ lassen sich in G erzeugen.

Zusammen mit dem Resultat aus (1) ergibt sich die Behauptung. $\qquad\qquad\qquad\qquad\qquad$ □

Es bedarf einiger Übung, entsprechende Beweise selbständig führen zu können. In den Aufgaben zu Kapitel 2 wird dazu zahlreich Gelegenheit geboten.

Existenzquantoren: Die Existenz eines Objektes mit einer entsprechenden Eigenschaft zeigt man oft konstruktiv, d. h. durch die Benennung eines Weges, wie man zu dem behaupteten Objekt gelangt. Beispiele finden sich in diesem Buch viele, wie etwa die Konstruktion eines äquivalenten DEA zu gegebenem NEA oder die der Simulation von If $x = 0$ durch Loop. Auch ein indirekter Beweis ist möglich, indem man die Annahme $\neg(\exists x : E(x)) \equiv \forall x : \neg E(x)$ zu einem Widerspruch führt. Hier kann dann ein einfaches Gegenbeispiel genügen. Möchte man zeigen, dass es genau eine $x \in D$ mit einer speziellen Eigenschaft E gibt, so zeigt man

1. $\exists x_0 \in D : E(x_0)$ (mindestens ein Element);

2. $\forall x \in D \setminus \{x_0\} : \neg E(x)$ (kein weiteres), oder
   $(\forall x \in D)(\forall y \in D) : (E(x) \wedge E(y) \curvearrowright x = y)$.

Eine Varinate sind Aussagen, für die die Nicht-Existenz $(\neg(\exists x : E(x)))$ eines Objektes mit Eigenschaft E bewiesen werden soll. Hier kann man die Annahme der Existenz zu einem Widerspruch führen.

Allquantoren: Hier geht es darum, Eigenschaften für alle Objekte eine bestimmten Art zu beweisen. Für viele solche Eigenschaft eignen sich Induktionsbeweise. Oft bietet sich aber auch ein indirekter Beweis ein. Will man Aussage mit Allquantoren direkt beweisen, so ist meist eine Fallunterscheidung (z. B. positive und negative Zahlen) hilfreich. Hier ist auf die Vollständigkeit der Unterscheidung zu achten oder diese sogar u. U. zu beweisen (nämlich dann, wenn ihre Vollständigkeit nicht offensichtlich ist).

Zuletzt sei angemerkt, dass Abhängigkeiten von Quantoren bestehen können. So können Existenzaussagen für alle x einer bestimmten Art A wie etwa in

$$(\forall x \in A)(\exists y \in B) : E(x, y)$$

getroffen werden. Dabei ist das y als dem jeweiligen x zugeordnet zu betrachten (gebunden). Dies kann man sich in einem Beweis zu Nutze machen, indem man beispielsweise zu jedem $x \in A$ ein entsprechendes $y \in B$ konstruktiv angibt, etwa durch die Angabe einer Funktion f, welche y aus x berechnet. Für dieses f ist dann $\forall x \in A : E(x, f(x))$ zu zeigen.

Sachverzeichnis

Literaturverzeichnis

[ALSU08]   AHO, ALFRED V., MONICA S. LAM, RAVI SETHI und JEFFREY D. ULLMAN: *Compiler – Prinzipien, Techniken und Werkzeuge*. Pearson Studium, 2008.

[AMU02]   AHO, ALFRED V., RAJEEV MOTWANI und JEFFREY D. ULLMAN: *Einführung in die Automatentheorie, Formale Sprachen und Komplexitätstheorie*. Pearson Studium, 2002.

[And06]   ANDERSON, JAMES A.: *Automata Theory with Modern Applications*. Cambridge University Press, 2006.

[AO94]   APT, KRZYSZTOF R. und ERNST-RÜDIGER OLDEROG: *Programmverifikation*. Springer, 1994.

[AU72]   AHO, ALFRED V. und JEFFREY D. ULLMAN: *The Theory of Parsing, Translation, and Compiling*, Band I. Prentice-Hall, 1972.

[AU73]   AHO, ALFRED V. und JEFFREY D. ULLMAN: *The Theory of Parsing, Translation, and Compiling*, Band II. Prentice-Hall, 1973.

[AU79]   AHO, ALFRED V. und JEFFREY D. ULLMAN: *Introduction to Automata Theory, Languages and Computation*. Addison-Wesley, 1979.

[CF77]   COHORS-FRESENBORG, ELMAR: *Mathematik mit Kalkülen und Maschinen*. Vieweg, 1977.

[Har78]   HARRISON, MICHAEL A.: *Introduction to Formal Language Theory*. Addison-Wesley, 1978.

[Hen77]   HENNIE, FRED: *Introduction to Computability*. Addison-Wesley, 1977.

[Kel10]   KELLMEYER, LAURA: *Parsing Beyond Context-Free Grammars*. Springer, 2010.

[Koz05]   KOZEN, DEXTER C.: *Theory of Computation*. Springer, 2005.

[KS86]   KUICH, WERNER und ARTO SALOMAA: *Semirings, Automata, Languages*. Springer Verlag, 1986.

[Lin01]   LINZ, PETER: *An Introduction to Formal Languages and Automata*. Jones and Bartlett Publishers, 2001.

[Lot97]   LOTHAIRE, M.: *Combinatorics on Words*. Cambridge University Press, 1997.

[Neb12]   NEBEL, MARKUS E.: *Entwurf und Analyse von Algorithmen*. Vieweg+Teubner, 2012.

[Rey09]   REYNOLDS, JOHN C.: *Theories of Programming Languages*. Cambridge University Press, 2009.

[Sch08]   SCHÖNING, UWE: *Theoretische Informatik – kurz gefasst*. Spektrum, 2008.

[SH96]   SPERSCHNEIDER, VOLKER und BARBARA HAMMER: *Theoretische Informatik, eine problemorientierte Einführung*. Springer, 1996.

[Smi96]   SMITH, EINAR: *Elementare Berechenbarkeitstheorie*. Springer, 1996.

[SS78]   SALOMAA, ARTO und MATTI SOITOLA: *Automata-Theoretic Aspects of Formal Power Series*. Sringer Verlag, 1978.

[Ten02]   TENNENT, R. D.: *Specifying Software*. Cambridge University Press, 2002.

Printed in the United States
By Bookmasters